中国古代名著全本译注丛书

老子

译注

陈　剑　译注

图书在版编目(CIP)数据

老子译注／陈剑译注.—上海：上海古籍出版社，
2016.7（2023.12重印）
（中国古代名著全本译注丛书）
ISBN 978－7－5325－8159－7

Ⅰ.①老…　Ⅱ.①陈…　Ⅲ.①道家②《道德经》—译
文③《道德经》—注释　Ⅳ.①B223.1

中国版本图书馆 CIP 数据核字(2016)第 150834 号

中国古代名著全本译注丛书
老子译注
陈　剑　译注
上海古籍出版社出版发行
（上海市闵行区号景路 159 弄 1－5 号 A 座 5F　邮政编码 201101）
(1)网址：www.guji.com.cn
(2)E－mail：guji1@guji.com.cn
(3)易文网网址：www.ewen.co
江阴市机关印刷服务有限公司印刷
开本 890×1240　1/32　印张 10.75　插页 5　字数 385,000
2016 年 7 月第 1 版　2023 年 12 月第 6 次印刷
印数：10,301—11,600
ISBN 978－7－5325－8159－7
B·955　定价：26.00 元
如有质量问题，请与承印公司联系

前　言

　　《老子》是我国古代的经典著述，又名《道德经》，其作者是春秋晚期的老聃，一般称为老子。《史记·老子列传》是目前最可靠的关于老子生平的记载：

　　　　楚苦县厉乡曲仁里人也，姓李氏，名耳，字聃，周守藏室之史也。孔子适周，将问礼于老子。老子曰："子所言者，其人与骨皆已朽矣，独其言在耳。且君子得其时则驾，不得其时则蓬累而行。吾闻之，良贾深藏若虚，君子盛德，容貌若愚。去子之骄气与多欲，态色与淫志，是皆无益于子之身。吾所以告子，若是而已。"孔子去，谓弟子曰："鸟，吾知其能飞；鱼，吾知其能游；兽，吾知其能走。走者可以为罔，游者可以为纶，飞者可以为矰。至于龙吾不能知，其乘风云而上天。吾今日见老子，其犹龙邪！"

　　　　老子修道德，其学以自隐无名为务。居周久之，见周之衰，乃遂去。至关，关令尹喜曰："子将隐矣，强为我著书。"于是老子乃著书上下篇，言道德之意五千余言而去，莫知其所终。

　　　　或曰：老莱子亦楚人也，著书十五篇，言道家之用，与孔子同时云。

　　　　盖老子百有六十余岁，或言二百余岁，以其修道而养寿也。

　　　　自孔子死之后百二十九年，而史记周太史儋见秦献公曰："始秦与周合，合五百岁而离，离七十岁而霸王者出焉。"或曰儋即老子，或曰非也，世莫知其然否。老子，隐君子也。

　　　　老子之子名宗，宗为魏将，封于段干。宗子注，注子宫，宫玄孙假，假仕于汉孝文帝。而假之子解为胶西王卬太傅，因家于齐焉。

世之学老子者则绌儒学，儒学亦绌老子。"道不同不相为谋"，岂谓是邪？李耳无为自化，清静自正。

由这篇列传可知，老子是春秋晚期楚人，依汉代姓名连用的习惯，可名为李耳，字聃，先秦典籍中多称为老聃。老子做过周王室的守藏室的史官。孔子曾经问礼于老子，老子劝其去除骄气与多欲。盖指孔子尊德似骄人，欲道之行似多欲，这些都与老子的主张不合拍，故而建议去除。孔子评价老子似龙而不能知，不似鸟、鱼、兽可知而有可服之。两者是不同道之人，相见不能相合。老子见周室衰微而离开，出关时为关尹喜所强，乃著书上下篇，即是今见《道德经》（后习称《老子》），之后老子就不知去向了。尽管老子生平不可确知，但相传战国时代魏国将领李宗是老子之子，西汉胶西王刘印的太傅李解是老子八代孙。

像大多先秦典籍一样，学者对《老子》的作者是谁、是何时人，有很大的争议。司马迁《史记·老子列传》中记述了三个老子，早者与孔子同时，晚者后于孔子129年，相差巨大。清代学者崔述、毕沅、汪中对《老子》的作者为谁有不同看法。自1922年梁启超对老子的年代提出质疑以来，不断有学者探讨《老子》以及老子的问题，所论数十万字，可谓洋洋大观。全面而简洁地论述"《老子》和老子"的关系极为困难，我们这里只就一点相对比较确定的问题加以讨论，即战国时人认为《老子》是与孔子同时的老聃所作。

唐兰在《老子时代新考》中引证了《庄子·天下篇》和《韩非子》中之《六反》、《内储说下》篇以说明战国时人对《老子》著者的认识，下文以此为据，略述其要。《庄子·天下篇》云：

以本为精，以物为粗，以有积为不足，淡然独与神明居。古之道术有在于是者，关尹、老聃闻其风而说之……老聃曰："知其雄，守其雌，为天下溪；知其白，守其辱，为天下谷。"……关尹、老聃乎！古之博大真人哉！

《庄子》所引用的"老聃曰"见于《老子》二十八章。《韩非子·六反》说：

> 老聃有言曰："知足不辱，知止不殆。"夫以殆辱之故而不求于足之外者老聃也，今以为足民而可以治，是以民为皆如老聃也。

所引用的老聃的话见于《老子》四十四章。《韩非子·内储说下》：

> 其说在老聃之言失鱼也。……赏罚者，利器也。君操之以制臣，臣得之以拥主。故君先见所赏则臣鬻之以为德，君先见所罚则臣鬻之以为威。故曰："国之利器，不可以示人。"

其引老聃说在《老子》三十六章。《韩非子·喻老》有一节文字解释"鱼不可脱于渊，邦之利器，不可以示人"和《内储说下》略同。根据上面的材料，可以知道《天下篇》的作者和韩非子都以为《老子》里的话是老聃所说。战国时有一本流传的著作和今本《老子》差不多，当时人以为是老聃作。

《礼记·曾子问》记载的孔子言论中有四处说"吾闻诸老聃"，一处提及"吾从老聃助葬于巷党"。依《礼记》的记载，孔子是亲见老聃。《庄子》中九处提及孔子见老聃或孔子与老聃对话。《吕氏春秋·当染》说孔子学于老聃。这些材料都可以证明老子和孔子同时，见过面，年辈比孔子长的事实。

唐兰的论证是可以信据的，老聃当与孔子同时，战国人认为老聃是《老子》的作者。对《老子》和老子关系造成困惑的主要是司马迁《史记·老子列传》（见前引）对老子的记载。其中所说的"姓李氏，名耳，字聃者"，应当就是先秦诸子书中所说的老聃。《老子列传》认为老聃、老莱子、太史儋都有可能是老子，后世之争论皆由此出。《史记》所记最为人指摘处是关于老子后代的世系。梁启超说:"孔子的十三代孙安国,当汉景武时;前辈的老子八代孙和后辈的孔子的十三代孙同时,未免不合情理。"以常情而论,梁启超所说很有道理,老子的八代世系上接晚孔子129年的周太史儋还有可能,但上接春秋晚期的老聃实在过于勉强。不过,司马迁相信这个世系也有其缘故,因为司马迁明言"盖老子百有六十余岁,或言二百余岁,以其修道而养寿也",他相信老聃活了160～200余岁,所以在司马迁看来这个世系也是可能的。

观《史记》之文,司马迁不是不知道老聃、老莱子、太史儋的区别,特别是将"言道德之意五千余言"属之老聃,与老莱子的十五篇区分开,是很清楚明确的。司马迁迷惑的是不知道把当时盛称的"老子"这个名号放在哪个人头上。盖司马迁时代有自称为"老子"的后人者,为世人所信,并有世系为证。司马迁以为老子高寿,其世系也有可能上接春秋时的老聃,而此世系亦可与老莱子或太史儋相合,遂将三者皆写入列传中,不确信何者是"老子"。

不难看出,造成困惑的首先是"老子"高寿的说法,其次是传世的"老子"的世系。"老子"高寿之说,不合情理之至,当摒弃。如果"老子"不能活160～200余岁,则其世系一定不是老聃的世系。如果去掉这个世系,就不需要把老聃同汉代自称为老子后代的人牵扯到一起,老聃自是老聃。这样司马迁所记载的"言道德之意五千余言"的老子与先秦诸子所说的老聃差别不大,老聃大体与孔子同时,而著有道德之意五千言。

先秦诸子和司马迁距离老子时代最近,所说应当有据。1993年湖北荆门郭店一号楚墓出土800余枚竹简,其中71枚抄录的是《老子》。一号楚墓大约是战国中期墓葬,竹简《老子》不会晚于战国中期,那么《老子》的著作年代也不会晚于战国中期。这大大增强了我们对《老子》是春秋晚期作品的信心。因此,我们相信《老子》是春秋晚期的老聃所作。

考察《老子》的文体也可以得出类似结论。冯友兰《中国哲学史》中提出"《老子》之文体，非问答体，故应在《论语》、《孟子》之后。"又云：《论语》为记言体，其记言体又极简约，及《孟子》、《庄子》书，遂由简约的记言进而为铺排的记言。及此以后，则有舍去记言之体而据题抒论者，如《荀子》之一部分是也。舍记言体而据题为论，此乃战国诸子文体演进之第二步。胡适、陈鼓应都对冯友兰据文体判断《老子》为战国作品做了反驳，但基本上是以理论之，没有举出比《论语》更早的类似《老子》文体的实例。那么是否真的没有这样的文献例证呢？

2015年3月，《清华大学藏战国竹简（五）》出版，其中有《命训》一篇，见于今本《逸周书》。《命训》收入《逸周书》当是周人作品无疑。《清华简》是战国时期竹简，《命训》与《清华简》中许多篇章一样都是《尚书》类文献，此类文献大多时间比较早，绝不是战国之衰周所能创作。因此《命训》是战国之前的作品的可能性很大。《逸周书·周书序》说《命训》是文王作，即便不是文王作，也不至于晚至战国。黄怀信《逸周书汇校集注》以为是春秋早期作品，或是。

黄怀信联系《逸周书》的《度训解》、《命训解》、《常训解》以为文体是"训"。黄怀信指出：

> 考周之有训，或系传统。《国语·郑语》载史伯之对郑桓公曰："训语有之，曰：'夏之衰也……'"韦昭注："训语，《周书》。"《周语下》载太子晋谏周灵王之言曰："若启先君之遗训……"《楚语上》申叔时告庄王之言曰："教之训典，使知族类，行比义焉。"

黄说有一定道理。《逸周书》中从第一篇《度训》到第十篇的《大明武》文体都类似，无论是否是"训"，都具有共同的特点：既不记载言论的时间与相关事件，也没有某某曰，更没有问答，而是以论说为主。与冯友兰所说的据题抒论的诸子颇为相似，只是《清华简·命训》原无标题，不能算"据题"，只是"抒论"。以往我们很难确信《逸周书》中这类文献的论说文体在战国之前就存在，《清华简·命训》的出现使我们相信论说文体应当出现得比较早，不是战国晚期才产生的，论说文体不一定就比问答体晚。《老子》的文体本质上也是论说性质，不能因为不是问答体而断定其晚于《论语》。

关于《老子》的思想体系和对后世的影响，实在是很难在这篇短小的《前言》中用三言两语介绍清楚的，因此请读者朋友们参阅本书附录所收的笔者撰写的《略论〈老子〉的思想》一文。

凡　例

一、本书《老子》原文以王弼本为底本（简称王本），以郭店楚简《老子》（简称郭店本）、马王堆帛书《老子》甲乙本（简称帛书甲乙本），北京大学藏西汉竹属《老子》（简称北大本）为参校本。王本指《四部备要》本《老子道德经》（该本是据明华亭张氏原本刊印），同时参考了中华书局1982年出版楼宇烈整理的《王弼集校释》。《四部备要》本“玄”皆作“元”，是辟宋讳，今皆改回。郭店本指文物出版社1998年出版荆门博物馆编的《郭店楚墓竹简》，同时参考福建人民出版社2005年出版刘钊著的《郭店楚简校释》，经济科学出版社2009年出版陈伟著的《楚地出土战国简册［十四种］》，巴蜀书社2011年出版彭裕商、吴毅强合著的《郭店楚简老子集释》。帛书甲乙本指中华书局1996年出版高明著的《帛书老子校注》，同时参考了文物出版社1980年出版国家文物局古文献研究室编的《马王堆墓帛书［一］》。北大本指上海古籍出版社2012年出版的北京大学出土文献研究所编《北京大学藏西汉竹书［二］》。

二、本书每章分“题解”，“原文”，“注释”、“译文”，“述评”五部分。

三、本书校勘不单独列出，写入注释内。校勘限于影响文义者，其他不影响文义者皆不出校。参校本皆是古本，文字用宽式，以通行字表示。

四、原文据校勘后的王弼本写定，有比较确定的错误者，径改原文，注释中标明。不十分确定的错误，在注释中说明，不改原文。分章据王弼本章次，调整了个别句子的章次所属。

五、注释力求简洁，引用他人成果处因丛书体例限制，没有完全标出，不敢掠美，特此申明。

六、译文以原文为准，以"（ ）"内表示增补内容。有些地方的译文参考了他人翻译成果，不敢掠美，特此申明。

七、述评以阐释文意为主，兼及校释。文中引用《老子》文字，除特别标明，皆以本书《老子》原文为准。

八、本书中引用他人成果的出处见书末《引用书目》。参考而不引用的文献略，不出书目。

目　录

前　言 …………………………………………………………… 1

凡　例 …………………………………………………………… 1

第 一 章 ………………………………………………………… 1

第 二 章 ………………………………………………………… 7

第 三 章 ………………………………………………………… 12

第 四 章 ………………………………………………………… 15

第 五 章 ………………………………………………………… 18

第 六 章 ………………………………………………………… 21

第 七 章 ………………………………………………………… 24

第 八 章 ………………………………………………………… 26

第 九 章 ………………………………………………………… 29

第 十 章 ………………………………………………………… 32

第十一章 ………………………………………………………… 39

第十二章 ………………………………………………………… 41

第十三章 ………………………………………………………… 43

第十四章 ………………………………………………………… 47

第十五章 ………………………………………………………… 53

第十六章 ………………………………………………………… 56

第十七章 ………………………………………………………… 65

第 十 八 章…………………………………………………… 67

第 十 九 章…………………………………………………… 69

第 二 十 章…………………………………………………… 75

第二十一章…………………………………………………… 79

第二十二章…………………………………………………… 83

第二十三章…………………………………………………… 86

第二十四章…………………………………………………… 90

第二十五章…………………………………………………… 93

第二十六章…………………………………………………… 101

第二十七章…………………………………………………… 104

第二十八章…………………………………………………… 107

第二十九章…………………………………………………… 110

第 三 十 章…………………………………………………… 114

第三十一章…………………………………………………… 117

第三十二章…………………………………………………… 121

第三十三章…………………………………………………… 125

第三十四章…………………………………………………… 127

第三十五章…………………………………………………… 131

第三十六章…………………………………………………… 134

第三十七章…………………………………………………… 138

第三十八章…………………………………………………… 141

第三十九章…………………………………………………… 146

第 四 十 章…………………………………………………… 151

第四十一章…………………………………………………… 155

第四十二章…………………………………………………… 161

第四十三章‥‥‥‥‥‥‥‥‥‥‥‥‥‥‥‥‥‥‥‥‥‥‥168

第四十四章‥‥‥‥‥‥‥‥‥‥‥‥‥‥‥‥‥‥‥‥‥‥‥171

第四十五章‥‥‥‥‥‥‥‥‥‥‥‥‥‥‥‥‥‥‥‥‥‥‥173

第四十六章‥‥‥‥‥‥‥‥‥‥‥‥‥‥‥‥‥‥‥‥‥‥‥177

第四十七章‥‥‥‥‥‥‥‥‥‥‥‥‥‥‥‥‥‥‥‥‥‥‥179

第四十八章‥‥‥‥‥‥‥‥‥‥‥‥‥‥‥‥‥‥‥‥‥‥‥181

第四十九章‥‥‥‥‥‥‥‥‥‥‥‥‥‥‥‥‥‥‥‥‥‥‥183

第 五 十 章‥‥‥‥‥‥‥‥‥‥‥‥‥‥‥‥‥‥‥‥‥‥‥185

第五十一章‥‥‥‥‥‥‥‥‥‥‥‥‥‥‥‥‥‥‥‥‥‥‥189

第五十二章‥‥‥‥‥‥‥‥‥‥‥‥‥‥‥‥‥‥‥‥‥‥‥194

第五十三章‥‥‥‥‥‥‥‥‥‥‥‥‥‥‥‥‥‥‥‥‥‥‥199

第五十四章‥‥‥‥‥‥‥‥‥‥‥‥‥‥‥‥‥‥‥‥‥‥‥202

第五十五章‥‥‥‥‥‥‥‥‥‥‥‥‥‥‥‥‥‥‥‥‥‥‥205

第五十六章‥‥‥‥‥‥‥‥‥‥‥‥‥‥‥‥‥‥‥‥‥‥‥210

第五十七章‥‥‥‥‥‥‥‥‥‥‥‥‥‥‥‥‥‥‥‥‥‥‥213

第五十八章‥‥‥‥‥‥‥‥‥‥‥‥‥‥‥‥‥‥‥‥‥‥‥217

第五十九章‥‥‥‥‥‥‥‥‥‥‥‥‥‥‥‥‥‥‥‥‥‥‥220

第 六 十 章‥‥‥‥‥‥‥‥‥‥‥‥‥‥‥‥‥‥‥‥‥‥‥224

第六十一章‥‥‥‥‥‥‥‥‥‥‥‥‥‥‥‥‥‥‥‥‥‥‥226

第六十二章‥‥‥‥‥‥‥‥‥‥‥‥‥‥‥‥‥‥‥‥‥‥‥229

第六十三章‥‥‥‥‥‥‥‥‥‥‥‥‥‥‥‥‥‥‥‥‥‥‥232

第六十四章‥‥‥‥‥‥‥‥‥‥‥‥‥‥‥‥‥‥‥‥‥‥‥236

第六十五章‥‥‥‥‥‥‥‥‥‥‥‥‥‥‥‥‥‥‥‥‥‥‥240

第六十六章‥‥‥‥‥‥‥‥‥‥‥‥‥‥‥‥‥‥‥‥‥‥‥242

第六十七章‥‥‥‥‥‥‥‥‥‥‥‥‥‥‥‥‥‥‥‥‥‥‥244

第六十八章·······················247

第六十九章·······················249

第 七 十 章·······················252

第七十一章·······················254

第七十二章·······················257

第七十三章·······················260

第七十四章·······················263

第七十五章·······················265

第七十六章·······················268

第七十七章·······················271

第七十八章·······················274

第七十九章·······················277

第 八 十 章·······················280

第八十一章·······················283

引 用 书 目·······················286

附　　　录

　　略论《老子》的思想（陈剑）·······················292

第一章

【题解】

本章言道为万物之始、母，为一书之总纲。

道可道，[1]非常道；[2]名可名，[3]非常名。[4]无名，[5]万物之始；[6]有名，[7]万物之母。[8]故常无欲，[9]以观其妙；[10]常有欲，[11]以观其徼。[12]此两者同出，[13]异名同谓。[14]玄之又玄，[15]众妙之门。[16]

【注释】

〔1〕道，指世俗所谓道。可道，可以言说。

〔2〕常，不变。

〔3〕名，指有形者所具有之名称。可名，可以称名。

〔4〕常名，不变之名。

〔5〕无名，指混一未分，形名没有产生之时。

〔6〕万物，王本误作"天地"，今据帛书甲乙本、北大本改。始，初始，万物由此出，故言始。

〔7〕有名，指混一已分，形名产生之时。

〔8〕母，万物为道所生养，故以母比喻之。

〔9〕"欲"后帛书甲乙本有"也"字。常，总是。无欲，没有欲求。常无欲，指无所求的人。

〔10〕妙，微小。

〔11〕"欲"，帛书甲乙本后有"也"字。常有欲，指有所求的人。

〔12〕徼，归终，谓为万物宗主。

〔13〕两者，指始与母。

〔14〕"异"前王弼本衍"而"字，"谓"后衍"之玄"二字，今据帛书甲乙本、北大本删。

〔15〕玄，幽深。玄之又玄，赞叹道幽深之辞。

〔16〕门，比喻由此出。

【译文】

世俗所谓道可以言说，不是不变的常道。名可以称名，不是不变的常名。无名之时，为万物所从出。有名之时，为万物之母。无欲之时，可观见其微妙混然之状；有欲之时，可观见其为物之所主。始与母同所出，名称不同而所指相同。真是幽深啊，而物之微小皆由此出。

【述评】

此章是《老子》一篇之总纲，如释德清云："老氏之学，尽在于此，其五千余言所敷演者，唯此一章而已。"此章在《老子》中有着重要的地位。本章通篇都是对"道"的描述与赞叹，而"道"在《老子》一书中有多重含义，读《老子》书者不可不辨。

道，本指道路，引申为道理或治理之术，又有讲述言说等之意，此为普通含义，不论。西周春秋的道是指与某一目标相关的行事原则的总和，《老子》中的"道"在概念的框架上与之保持一致。但在具体的目标与实现目标的原则的内容与传统迥然不同。《老子》的目标是指天下混然为一，无所分析，与周人所设定的"天下文明"的目标正相反。实现天下混然的行事原则的总和就是道。此外，道还具有终极性质的本根的意味。这个含义在《老子》之前没有，是《老子》独创的。《老子》的道表现在具体用词上，目标、原则、本根三方面都可以用道称。如"大道废"，"道之在天下"，"道殷无名"等都是称目标或目标实现为道。如"明道若昧"，"保此道者不欲盈"，"弱者道之动"，以昧、不盈、弱为合于道的行为原则。如"道生之"、"大道泛兮"、"吾不知其名字之曰道"等都是有本根意味。合而泛言之者也以道称，如"上士闻道"、"坐进此道"、"道之出口"等。道又有与其他词结合起来使用的情况。道的实现与否可以称为有道或无道，如"天下有道却走马以粪，天下无道戎马生于郊"。行事违背原则称为"不道"或"非道"，如"不道早已"，"是谓盗竽，非道也哉"。对道的践行称为"为道"，如"为学日益，为道日损"。明于道的称为有道者，如"有道者不处"。《老子》的道一词比较宽泛，各章具体含义，随文而异，需具体考察。

名，是《老子》中一个重要概念，王弼对之有精辟的解释。本章王弼注云："可道之道，可名之名，指事造形，非其常也。"二十五章注云："夫名以定形。"王弼《老子指略》云："名号生乎形状。"合三处可知，王弼认为名与形有着密切关系。名是对有形事物的指称。王弼所谓形或形状，不是今天具有一定形体之意，而是指分化（详见五十一章）。有所分，则有形。王弼举了一个具体例子，温凉寒热是由不温不凉分化而来，温凉没有具体形体，但有所分，故而称为形。以此类推，其他如阴阳之类，皆可谓有形。有形则可名，道是混然未分者，无形故不可名。

"道可道"，前一"道"字，泛指当时凡俗所谓治道。"可道"，谓可称言。"常道"则是特指《老子》所主张的道。"名可名"，前一"名"字是指有形者所具有之名称。"可名"是动词，可以称名之意。"常名"其实还是指"常道"。《老子》盖从世俗以名称其所指的角度而言，以"常名"称"常道"。可称言之道、名，如王弼所云是"指事造形"，有形则可变，温可变为凉，故而说非常道、非常名。《老子》的潜台词非常明晰，他所主张的道是恒常不变的，这是相对于其他所谓道者的一大区别。

"无名，万物之始；有名，万物之母"，自宋以来有两种断句方式，一以"无名"断句，如严遵、河上公、王弼等。一以"无"断句，如王安石、高亨、陈鼓应等。两说当以前说为是。自《老子》本书而言，以"无名"断句，如"道常无名"、"始制有名"、"镇之以无名之朴"。自他书而言，《文子·道原篇》云："有名产于无名，无名者，有名之母也。"《史记·日者列传》："此老子所谓无名者，万物之始也。"如上举王弼等汉魏旧注皆以无名、有名断句，亦可为佐证。

自其含义而言也应当是无名、有名断句。王弼注云："未形无名之时，则为万物之始。及其有形有名之时，则长之、育之、亭之、毒之，为其母也。"其言"无名之时"、"有名之时"十分准确，无名、有名是两个阶段的名称。名与形相关，"未形"即初始之混一尚未分化，形尚未有，附形而来的名自然也没有，故言"无名"。及混一破，形有所分，万物以成，因形而有名，故言"有名"。

万物不是从来如此，而是由一个万物未形，混然为一的状态发展而来。始，就是未形的混然状态。万物形成，脱离原初状态之后，复归于混然，这个混然状态称为母。万物由始而出，似其所生，可称为子，始既有子，可称为母。始母本质上没有区别。万物形成与否是始母之分界，无名、有名又是万物形成与否的标志，所以可以说"无名，万物之始；有名，万物之母"（参见五十二章）。

始母与道在《老子》中又常互用。如：

> 有状混成，先天地生，寂兮寥兮，独立不改，可以为天下母。吾
> 不知其名，强字之曰道……（二十五章）
> 天下有始，可以为天下母。（五十二章）

两处一谓道可以为天下母，一谓始可以为天下母，可见道始母可以互用。
本章前四句也是道始母互用的体现。"无名，万物之始"的省略的主语就
是"道"，万物未形无名之时，道是万物之始。"有名，万物之母"，万物
已成之时，道是万物之母。

"故常无欲，以观其妙；常有欲，以观其徼"断句历来有争议，并与上
文"无名"、"有名"断句相关。主张以"无名"断句者亦多以"常无欲"、
"常有欲"断句。主张以"无"、"有"断句者亦多主张以"常无"、"常有"
断句。帛书甲乙本于"欲"后有"也"字，知帛书以"无欲"、"有欲"断
句。严遵、河上公、王弼断句皆同帛书，盖汉魏历来如此，后起之新说当
是为了协调无名、有名的断句而创制，与《老子》文意不合。

"无欲"频繁见于《老子》本文，如三十四章"常无欲，可名于小"、
三十七章"夫亦将无欲"等。"有欲"今传本只一见于本章，但实际上是今
传本篡改所致。帛书甲乙本、北大本分见于第一章、第二十四章、第三十
一章，后两处文字相同，皆作"有欲者弗居"，今传本皆改"欲"为"道"。
"有欲"见于三个版本，凡九处八字（帛书乙本三十一章有缺字），写错的可
能性很低，当是今本篡改无疑。无欲、有欲断句不误，关键在于怎么解释。

"常无欲"又见于三十四章，彼章王弼注云：

> 故天下常无欲之时，万物各得其所。若道无施于物，故名于小矣。

王弼以"常无欲"为"常无欲之时"，甚是。三十七章云"道常无为，侯
王若能守之，万物将自化，化而欲作，吾将镇之以无名之朴"。因"欲作"
与否分成两个阶段，前一段欲未作，后一段欲作（详见三十七章），前一
段即王注所谓无欲之时。常无欲之时与上面所说的无名之时本质相同，都
是指混然之时，只是无名强调无形分，无欲强调无所求，角度不同而已。

"以观其妙"，王注云：

> 妙者，微之极也。万物始于微而后成，始于无而后生，故常无欲
> 空虚，可以观其始物之妙。

王弼以"微之极也"释"妙"，甚是。妙即十五章"微妙玄通"之妙，与

微意近。朱谦之云："妙者，微眇之谓，荀悦《申鉴》云：'理微谓之妙。'"帛书甲乙本、北大本作眇，可佐证朱说。三十四章王注云："若道无施于物，故名于小矣。""万物始于微而后成"，谓万物不是从来就有，是从微眇无物之中生发而来。"始于无而后生"之"无"是未形之意。物皆由混然破裂而形成，如果说万物是"有"，则未形的混然就是"无"（详见四十章）。万物从混然破裂而来，也就是"始于无而后生"。"始物之妙"，即物始时之微眇，也是指混然未分的万物所从出之状。无欲之时，物尚未生，正可观微妙混然之状。

"常有欲"与"常无欲"相反，即欲作之时，谓道散而混然不在之世。"常无欲，以观其妙"与"常无欲，可名于小"对应，"常有欲，以观其徼"与三十四章"万物归焉而不为主，可名为大"亦可对应。"以观其徼"，王弼注云：

> 徼，归终也。凡有之为利，必以无为用。欲之所本，适道而后济，故常有欲，可以观其终物之徼也。

王以"归终"为释是很合适的，"归"，即三十四章所说的"万物归焉"之"归"，是归附以之为主之意，最终之所归即最终为之主者。"欲之所本"之"欲"即《老子》本文之"有欲"，有欲求之意。本，指根基，此指欲望有其根基，即有所赖之意。欲求可以实现，乃是因为有所赖。"适道而后济"承上文说明这个所赖的"事物"。"适道"即合于道之意。合于道而后欲望可以成功。有欲者不过希望其欲求可以实现，如欲其所欲可成，必合于此道方可。道乃欲之所仰赖所主者。有欲之时，从物最终归附之主，也可以知道"道"的存在。无欲之时所观得始物之妙即万物之始，有欲之时观得物之归终所主即万物之母。故而下接"两者"二字，即是指始母。

"此两者同出，异名同谓"。王弼本误作"两者同出异名，同谓之玄。玄之又玄……"王注云：

> 两者，始与母也。同出者，同出于玄也。异名，所施不可同也。在首则谓之始，在终则谓之母。玄者，冥也，默然无有也，始、母之所出也，不可得而名，故不可言，同名曰玄。而言谓之玄者，取于不可得而谓之然也。

始母是"所施不同"而产生的异名，上文已经说明，这里主要说下王弼所论的"始母之所出"。王弼所据本有误，主要是"同谓"后多出一个"玄"

字。王弼遂以为"始母"同出于"玄",玄是始母之所出。帛书甲乙本、北大本皆无"玄"字,知王弼认为的玄在始母之前有误。"同出"之意,要结合下文来看,"异名同谓"谓始母是异名,所指相同,究其实质,是一非二。两者本同所指,而因不同阶段而有不同之名,同指的情况好像是本,异名情况好像是支流,故而谓两名同出,非谓始母之后又有出始母者,《老子》中不存在一个始母之后的玄。

"玄之又玄",苏辙云:"凡远而无所至者,其色必玄,故老子常以玄寄极也。"高延第云:"即《庄子》'深而又深','神而又神',赞道之词。"苏、高二说是。始母不可见,故以玄为称,重言之,叹其深远不可见。"众妙之门"之妙,即上文"观其妙"之妙,物生之初皆微,微小又有所出,用比喻的方式说,好像从门里出来一样,而所从出的地方极为幽深,即上文赞叹的玄之又玄。

《老子》又名《道德经》,以其有《道经》、《德经》两部分。此章是《道经》之首,三十九章是《德经》之首。今传本《道经》在前,《德经》在后。帛书甲乙本、北大本皆《德经》在前,《道经》在后,今本顺序当为后来编者调整,因此本章遂为全书之冠。就其内容而言,即便如古本不为全书第一章,还是足以为一书之纲领。而其言玄妙高深,必通读全书方可明其旨意。

第二章

【题解】

本章从对立统一的认识出发，推出政治上的无为主张。

天下皆知美之为美，斯恶已；[1]皆知善之为善，斯不善已。故有无相生，[2]难易相成，长短相形，[3]高下相倾，[4]音声相和，前后相随。是以圣人处无为之事，[5]行不言之教。万物作焉而不始，[6]为而不恃，[7]功成而弗居。夫唯弗居，是以不去。

【注释】

〔1〕斯，语词，无意。恶，此指丑。已，通作"矣"。

〔2〕生，存。相生，相互依存。生，在《老子》中有三义，一是产生义，二是存义，三是生长义，此用第二义。

〔3〕形，王本误作"较"，今据帛书甲乙本、北大本改。

〔4〕倾，高下不正貌。

〔5〕圣人，老子理想中与道同体且居君主之位的人。

〔6〕始，王本误作"辞"，今据郭店本、帛书乙本改。王本"始"后衍"生而不有"四字，今据郭店本、帛书甲乙本、北大本删。万物，泛指可存亡变化之众物。成玄英云："万物，一切群生也。"作，兴作。蒋锡昌云："不为始，即不造作事端。"

〔7〕为，成玄英云："为，施化也。"指帮助万物。恃，依仗、凭借。

【译文】

（最初的时候，本无所谓美或丑、善或不善，只是整一。）待天下人都知道美是美的时候，丑也就随之出现了；都知道善是善的时候，不善也就随之出现了。有无相互依存，难易相互成全，长短相互对照，高视下才显倾侧，音声不同而可谐和，前后异位却不得不相随。（引而伸之，即便是善政，总是执着于一方，不能避免不善政的随行，因此有为的政治有先天缺陷。）圣人用"无为"的方式来处理事情，通过不言来教导民众。任凭万物兴作而不造作事端，帮助万物却不自恃有功，成就了功业却不自居。恰因为它不自居，所以它的功绩不会失去。

【述评】

对立统一是中国思考方式的基石，《老子》较早地明确探讨这个问题，诸章之中又以此章最为明晰，并由此引申出无为之治的原则。此章李嘉谋有个很精准的注：

> 此章言吾之本性自未始有物，孰为美、孰为恶？孰为善、孰为不善？及有生既立，形名遂分，人皆知美之为美，然而不知恶之名已从美生，人皆知善之为善，而不知不善之名已从善起。盖天下之物，未有无对者。有无之相生，难易之相成，长短之相形，高下之相倾，音声之相和，前后之相随，有其一未有无其二。圣人知之，必立于物之先，顺物自然。

李嘉谋解释十分合乎古典时代的对立统一的思路。对立之双方，如美恶等，不是从来就有的，而是从一个统一体中重分化出来，这个统一体就是李嘉谋所说的"未始有物"。物是物类之物，指从统一体分化出来的具有差别的事物，如美恶、善不善皆是物，凡有所分，皆可谓物（详见五十一章）。"未始有物"，即物还没有形成，混一未分。未分，自然也没有美恶、善不善之别。

至"有生既立，形名遂分"，混一被打破，物从中分离出来，有形有名。有形有名，才有美恶、善不善之分。世俗人皆知美之为美，善之为善，往往不知：有美存，恶也就出现了；有善存，不善也出现了。有无、难易、长短等有对之物，皆类似，同时出现，同时消失，形影不离，李嘉谋所谓"有其一未有无其二"即是此意。这种两方共现同无的情况，只有一种可能，即双方本是一体，所以才会形影不离。对立的表象下，存在着统合两端的一，两端相互依存。这种二而一的情况，于古典时代的理解就是二从一出，一是对立之始原。欲去除恶、去除不善，需复归于初始。李嘉谋所说"圣人知之，必立于物之先"，即是要复归于美恶尚未生发之时。

接下来由对立统一的存在，推论出无为的政治观点。吕惠卿云：

> 凡此六者（指有无、难易、长短、高下、音声、前后——引者），当其时，适其情，天下谓之美，谓之善；不当其时，不适其情，天下谓之恶，谓之不善。夫岂知所谓至美至善哉？则美与恶，善与不善，亦迭相为往来兴废而已，岂常也哉。是故圣人知其如此也，以常道处事而事出于无为，以常名行教而教出于不言。

美善因时而变，不是至美至善，最好的政治应是至善之政，无不善存于其中，至于此境，方是恒常不变的理想之政。世俗所谓美善之政，一旦表达出美善的要求，那么不美、不善也已经存在了，永远也达不到至美至善，这是一个先天内在的无可挽救的矛盾。要解决这个问题必须要"为之于未有，治之于未乱"（六十四章），在问题还没有成为问题的时候着手，回归事物的初始时整一的状态。一才是政治应当取法之原则，在政治中的体现就是无为、不言。

无为就是"顺其自然而不加以人为的意思"（陈鼓应）。与无为相对，人为即是有为，有心为之就是人为。例如"善政"就是一种人为，求其为善，善心已生，循此心以行事，即是善政，是谓有为。无为是无心而为，不知善或不善，不求善，顺其自然而已。言，字面意思就是说话，这里指政治行为。蒋锡昌云：《老子》'言'字多指政教法令而言。"甚是。政教法令，必有所要求，是有所求矣，就是有为。不言则无政教法令，是无求，则是无为。不言可以说是无为的具体要求，政令日希，则近于道矣。

无为、不言的主语是圣人，《老子》中的圣人不是指普通人或世俗所谓圣人，有其特定含义，是指身处高位的体道之人。成玄英云："圣人者，体道契真之人也。亦言圣者正也，能自正己，兼能正他，故名为圣。"圣人体道，且可以正他人，有德有位，不是普通的士人，也不是儒家所说的圣人。这与《老子》一书的预设读者有关。先秦时期普遍情况是贵族当权，《老子》通篇所言都是对着这个统治阶层说话。所谓"服文彩，带利剑，厌饮食"，所谓"驰骋畋猎"等等，都是对这阶层的描绘。所以《老子》中圣人一词作为理想中对有德有位统治者的代称，一点都不奇怪。

《老子》书中有个古典的预设，居于高处的统治者，可以影响万物。三十二章云："侯王若能守之，万物将自宾。天地相合以降甘露。"侯王有道，可影响于万物，一个具体的体现就是天地交泰，甘露降下。这种预设是当时人之普遍常识。如《国语·周语上》：

> 伯阳父曰："夫天地之气，不失其序；若过其序，民乱之也。阳伏而不能出，阴迫而不能烝，于是有地震。"

韦昭注云："言民者，不敢斥王也。"王行为错乱，导致阴阳失其序。又如《庄子·在宥》：

> （黄帝）曰："吾又欲官阴阳，以遂群生，为之奈何？"

帝王可以对阴阳有影响，以此来影响群生。只有明确圣人是理想中身居高位者的代称，理解了这种古典预设，下面所说的圣人与万物的关系才能顺理成章。

"万物作焉而不始"，万物一词是物类之物的延伸，泛指一切物类，物类有形名，有存亡变化。成玄英云："万物，一切群生也。"成玄英所说生不是指生命之生，凡有存灭皆可谓生。一切有存灭变化的物类就是万物。"万物作焉而不始"之"始"，传世本多作"辞"，郭店本、帛书甲乙本皆作"始"。高明云：

> 易顺鼎云："十七章王注云'大人在上，居无为之事，行不言之教，万物作焉而不为始'数语，全引此章经文，是王本作'不为始'之证……作'不辞'者，盖河上本，后人因妄改王本以合之。"蒋锡昌云："易说甚塙。三十章王注：'为始者务欲立功生事。'三十七章王注：'辅万物之自然而不为始。'二注皆自此经文而来，亦其证也。……"帛书乙本作"万物作而弗始"，则为易、蒋二氏之说得一确证。"始"、"辞"古皆之部字，读音相同，在此则"辞"字假为"始"，"始"为本字。

高说是，此字当作始，传世本有误。其意当如王弼所说："为始者务欲立功生事。"圣人无为、不言，任万物自然而兴作，而不是造作事端，让某物兴作。

"为而不恃"之"为"，成玄英云："施化也。"施化就是影响万物之意。万物之生，有赖于圣人，"为而不恃"，即帮助万物却不自居有功。"成功而弗居"，与上两句意思相同，也是不自居有功之意。

　　与以上三句类似的句子凡四见于《老子》一书。除本章外，第十章、五十一章："生而不有，为而不恃，长而不宰，是谓玄德。"七十七章："是以圣人为而不恃，功成而不处。"五十一章主语当是道，此章、第十章、七十章主语都是圣人。蒋锡昌云：《老子》之文浑朴多复，或义全同，或文字稍异，而意义全同。且多用韵，一唱三叹，不避累叠。其体盖自古代歌谣蜕化而来。"蒋说甚是。盖圣人体道，与道无违，其功用相似，故遂用此数句形容两者，是《老子》行文之常。

　　无为而治的效果即是"夫唯弗居，是以不去"。只有不强调占有，才能占有一切。而在这样的占有之后，实际上并没有任何事物被占有。这样，在老子的政治思想中，消解了善恶美丑的对立，恢复了原初的混然。

　　先秦诸子学说都有浓重的政治取向，不空谈玄理，《老子》此章是典型例证。前半谈对立统一的道理，后半则引申此理至政治领域，犹如《诗经》的比兴手法，由此及彼，不能孤立讨论。

第三章

【题解】

　　本章《老子》提出治民的三种具体措施，其目的是使民无知无欲复其本真。

　　不尚贤，[1]使民不争；不贵难得之货，[2]使民不为盗；不见可欲，[3]使民心不乱。[4]是以圣人之治，虚其心，[5]实其腹；[6]弱其志，[7]强其骨。[8]常使民无知无欲，[9]使夫知不敢、弗为，[10]则无不治。

【注释】

　　[1]尚贤，尊尚有才能的人。

　　[2]贵，意动用法，以……为珍贵。难得之货，指金玉之类难得之物。

　　[3]见，通作现，显现之意。可欲，可以挑动欲望的东西。

　　[4]心，帛书甲乙本无此字。"民"，北大本无此字。

　　[5]虚其心，无所思慕。

　　[6]实其腹，饱以食物。

　　[7]志，心之所向。弱其志，心无所向，无所趋至。

　　[8]强其骨，强其体力。

　　[9]无知，对事物不加分别，混然为一。无欲，无所求。

　　[10]知，王本作"智"字，"知"下王本衍"者"字，"敢"下王本衍"为也"二字，"弗为"王本误作"为无为"，今据帛书甲乙本、北大本删改。不敢，不进取之意，与弗为意近。治，原为治理之意，此引申指天下安定。

【译文】

不尊尚有才能的人，民众就不会竞争。不把金玉等难得的财货看得很珍贵，就不会使民众成为盗贼。不使可以挑动欲望的事物显现出来，民心就不会惑乱。因此圣人治理天下，使民众心无所思，志无所向，而腹内饱食，体力强健。常使民众对事物不加分别、没有欲求，只知不进取、不作为，这样天下就太平了。

【述评】

本章《老子》提出治民的三种具体措施：不尚贤、不贵难得之货，不见可欲。苏辙云：

> 尚贤，则民耻于不若而至于争。贵难得之货，则民病于无有而至于盗。见可欲，则民患于不得而至于乱。

贤能之人，君主嘉美之，则人以不贤为耻，故争为贤。难得之财货，君主珍视之，民众都想拥有，至于为盗贼以求。"可欲"，盖泛指醇酒美人、香车宝马、郑卫之声等能够挑动人欲望的东西。让这些东西都不显现，人之心就不被扰乱。

《老子》此种观点很明显基于君主对民众的绝对影响而形成的，以为上有所行，下必有所效。以"不贵难得之货，使民不为盗"为例，《老子》之意君主不贵重珍宝，则民众必然也不会看重珍宝。《论语·颜渊》"苟子之不欲，虽赏之不窃"，也有类似的观点。可见这是一种古代知识界普遍认识。以今之所知，即便氏族社会，偷盗也是有的。民众为盗与否，未必都与君主有关，古人此类观点有夸大。我们需要知道的是：古代思想往往以上行下效为当然，这是了解古代思想的必要背景。君主一人有道而万物皆化等观点同样也是建立在君主对民众的绝对影响的基础之上。

"虚其心，实其腹；弱其志，强其骨"，是比喻之辞，其重心在"虚其心"、"弱其志"，上承"心不乱"，下启"无知无欲"。"实其腹"、"强其骨"是对文以成辞，显示心志非圣人所需。上文之"尚贤"、"为盗"、"可欲"，概而言之，皆心志受外物牵引所导致。虚其心，无所思慕。弱其志，心无所向。去除这些外物，则心志自然平静，无所趋向，复归于淳朴之本真。

"无知无欲"，正承接心志之虚弱而言。知欲是心为外物所牵的产物，贤、盗之所由生。成玄英云："知，分别之名。欲者，贪求之目。"成玄英对"知"之含义的解释是古之常论，《大戴礼记·本命》："审伦而明其别，谓之知。"《吕氏春秋·有始》"天地合和，生之大经也，以寒暑日月昼夜知之。"高诱注："知，犹别也。"心为外物牵引而分别其物，冠以贤不肖、贵贱之名，则为知。因知而求其贤、贵，则为欲。知是对外物的分别，上章所说的美恶、长短、高下等都是知的具体体现。分别越多，则知识越广博。正是因为有知，以及因知而来的欲，所以才会有贤，有贤才会争。欲其不争，则必当至于无知无欲而后可根除之。知欲既去，则心不受外物所牵，复其本初。

王弼此章注云："守其真也。"十分准确地把握了《老子》思想。心之本初就是王弼所说的真。王弼以真为无心。二十八章王弼注云："朴，真也。"三十二章云："朴之为物，以无为心也。"知欲由心出，无心则无知欲，无知欲则复初，此本初即王弼所谓真。

"使夫知不敢、弗为"，传世本此句文字歧异多样，不一而足，帛书甲乙本、北大本出土，三本大体相同如上。传世本于"知"下衍者字，以"知者"即"智者"为释，其误不待言。朱谦之云："不敢、不为乃二事，与前文无知、无欲相对而言，不敢断句。"其说可从。内在"无知无欲"，其表现于外就是"不敢、弗为"，也是说民，而不是说智者。其为民至于此，则天下太平。

颇有说者以为此章是愚民政策，实是对《老子》有意无意地曲解。《老子》的无知无欲是使人不为外物所役使、恢复人之本真，不是使民众愚顽以供驱使。一者无私而公，一者自私自利，其间区别不可不知。自利愚民者以《老子》为借口，罪在愚民者，《老子》不当受。

第四章

【题解】
　　此章说道为万物之宗主，莫之能先。

　　道冲而用之有不盈，[1] 渊兮似万物之宗。[2] 挫其锐，[3] 解其纷，[4] 和其光，[5] 同其尘，[6] 湛兮似或存。[7] 吾不知谁之子，[8] 象帝之先。[9]

【注释】
　　[1] 有，王弼本作"或"，今据北大本改。冲，虚。盈，满，泛指事物从初始到完成的过程，即盈满之后则逐步衰微没落。
　　[2] 渊，深也。宗，主，尊崇之意。
　　[3] 锐，尖锐。"挫其锐"，磨砺使无圭角尖锐之处。
　　[4] 纷，纷纭杂乱，指纷杂之万物。解其纷，万物纷纭杂乱，为道所消解，终归于根柢之混一无别。
　　[5] 和，协和、调和。光，光明。光明则与众有异，协和之，减弱光明，使与众无异。
　　[6] 尘，尘垢。此与上文"和其光"对应，同受尘垢则不光明，是与众无异。
　　[7] 湛，深沉。
　　[8] 不知谁之子，无物可为道之母。
　　[9] 帝，天帝。帝之先，先于天帝，指位尊于天帝。

【译文】
　　以冲虚之道为用，则不会衰微没落。道渊深就如同是万物可以

尊奉的宗主。万物兴作，其状各异，而或有圭角；杂然并陈，而或
纷繁纠结。只是尖锐处不可长久，终被磨砺至于无圭角。纷繁纠结
不能持续，终究要消解归一。有光明则与众有异，受尘垢则众物为
一。而光明终要和于暗昧，同受尘垢浑然为一。道深沉不显，似无
实有。我不知道谁可以为道之母，即便天帝也不能尊于它。

【述评】

此章颇简，语意较为含糊，注家多以为是言道体，而其间横以"和光
同尘"四句，颇难通顺，今人多以错简为辞，帛书甲乙本、北大本此四句具
存，错简乃误说无疑。历代注家中王弼的解说上下文比较圆融，其注云：

> 夫执一家之量者，不能全家；执一国之量者，不能成国。穷力举
> 重，不能为用。
> 故人虽知万物治也，治而不以二仪之道，则不能赡也。地虽形
> 魄，不法于天，则不能全其宁。天虽精象，不法于道，则不能保其清
> （原误作"精"，今据楼宇烈说改）。冲而用之，用乃不能穷。满以造
> 实，实来则溢。故冲而用之，又复不盈。
> 其为无穷，亦已极矣。形虽大，不能累其体；事虽殷，不能充其
> 量。万物舍此而求主，主其安在乎？不亦渊兮似万物之宗乎？
> 锐挫而无损，纷解而不劳，和光而不污其体，同尘而不渝其真，
> 不亦湛兮似或存乎？
> 地守其形，德不能过其载；天慊其象，德不能过其覆。天地莫能
> 及之，不亦似帝之先乎？帝，天帝也。

王弼之说虽名为注，实在不比原文更易懂，需加疏通。"执一家之量者"
之"量"是指欹器，欹器盈满则溢出倾覆，古人常以此比喻国家衰亡。如
《国语·吴语》："能援持盈以没。"《国语·越语下》："夫国家之事，有
持盈，有定倾。"持盈，指保持国家在盈满的状态而不衰亡（详见第九章
"持而盈之"述评）。"执一家之量者"、"执一国之量者"，即握持欹器之
人，指治理家国以避免衰亡的统治者。所谓"不能全家"之"全"是保全
之意，"不能成国"与之类似，皆指治理家国者不能避免国家的危亡。"穷
力举重，不能为用"，谓竭尽全力举起的重物，这个重物就不能为举起它
的人所用，举起已经力竭，更不要说运用自如了。这里比喻治家国者穷力
以治国，而不能使国家免于衰亡。

与人之治相比，万物可谓重得多，而治理万物者，却没有力不足的情况。"故人虽知万物治也"以下，言万物之所以治。"二仪"，指下文之天、地。地之宁，以地法天；天之清，以天法道。道是最终被取法的。故人单知万物和谐，而不知如果治理万物不用二仪之法——法道——则治理万物者也会力有不济，不能赡足。

"冲而用之"，冲是虚之意，即以虚为用，强盛时守虚之意，这样才能久用而不穷尽。"满以造实"之"实"是填充之意，其意盖以满产生于填充，不断填充则终会溢出倾覆。要避免倾覆则需要"冲而用之"，守虚就不会盈满。故云"又复不盈"。这些都是说治理者以冲为用，遂使万物得到治理。

"其为无穷，亦已极矣。形虽大，不能累其体；事虽殷，不能充其量"，言治理者需面对的极多，无有穷尽，即便形大如天地，事多如万物，都可以轻松处理，因此其所作所为可谓极致了。"万物舍此而求主，主其安在乎？不亦渊兮似万物之宗乎？"宗，指宗主。治理者使万物得治，万物以其为宗主顺理成章。

"锐挫而无损，纷解而不劳"，王弼言"无损"、"不劳"，则其以为是治理者挫锋锐、解纷杂而其自身无损不劳之意。"和光而不污其体，同尘而不渝其真"，是以为治理者以污物遮蔽光芒而自身不被污染，与尘土同又不改变他的本真，是治理者不垢不明之意。"湛兮"，深远不可见之意。"似或存"，言治理者有效而无敝，自其有效而言似存，自其无敝而言又似不存。"或存"正可描述其无形有信之状。

"地守其形，德不能过其载；天慊其象，德不能过其覆"，言天地有形象约束，地只能载不能覆盖，天只能覆盖不能承载，天地不能超过其形象的限制。与治理万物者之无形有信相比，天地显然又下一等，故云"天地莫能及之"。"似帝之先"，王弼注"帝"为天帝，上言"天地莫能及"，似以"先"为尊之意，天帝限于其形，故而有所不如，故而治理者比天帝还尊贵，申言其为宗主。

我们这里说的万物"治理者"即"道"，王弼始终没有明言万物有"治理者"，盖以为可据上下文知之，然而难免使其文晦而不明。这里为了清晰起见，补出这个主语，以方便与首句"执一国之量"以及末句"天帝"相类比。

总结一下，王弼以为国家倾覆是因为统治者不能以道治之，道以冲虚为用治理万物，无形而有信，轻松自如，是万物的宗主，天帝也不如道尊贵。

理解本章的关键是"挫其锐，解其纷，和其光，同其尘"与上下文的关系，此四句又见于五十六章，彼处是指人，说者不以为错简者多以为此是指人君挫锐解纷，如此则上下文悬绝，不如王弼解释圆融，故从王注而疏通之。

第五章

【题解】

　　本章说天地与圣人对万物无所谓仁爱，而保持中虚，故而天地不可穷竭，圣人之治不会衰亡。

　　天地不仁，[1] 以万物为刍狗；[2] 圣人不仁，[3] 以百姓为刍狗。天地之间，其犹橐籥乎？[4] 虚而不屈，[5] 动而愈出。[6] 多闻数穷，[7] 不如守中。[8]

【注释】

　　[1] 吴澄曰："仁，谓有心于爱之也。" 天地于万物虽生之长之，但无心于仁爱。

　　[2] 刍狗，用草扎成的狗，用以祭祀求神，用完即抛弃践踏，或者用来烧火。

　　[3] 圣人不仁，圣人应当也没有仁爱之心。

　　[4] 橐，原指盛物的袋子。籥，原指古管乐器，此指竹吹管。橐籥，冶炼时以皮制橐囊接竹管以为炉火鼓风。

　　[5] 不屈，不竭。皮囊中空，似无物可用；而风从中出，源源不断，又似用之不竭。

　　[6] 动而愈出，橐籥发动，风随之起，囊愈动而风愈出。

　　[7] 多闻，王本误作"多言"，今据帛书甲乙本、北大本改。多闻，博学多知，指前文儒家的圣人之仁。数，运数。穷，困窘。

　　[8] 中，冲，指前文橐籥之虚。

【译文】

　　天地无所谓仁爱，对待万物就像普通人对待刍狗一样；圣人也不讲仁爱，对待百姓也像普通人对待刍狗一样。天地之间，不就像冶炼用的橐籥么？中间空虚，（风从中出，源源不断，）似用之不竭。囊愈动而风愈出。博学多知者明辨圣人仁爱之意，然而仁爱不合于天地之道，执之以行，必然会至于困窘，不能持续，不如持守虚静，像橐籥一样运转不息。

【述评】

　　这一章有驳论之意，盖当时人多论圣人当于百姓有仁爱之心，老子驳正之：以为天地对万物无所谓仁爱，圣人效法天地，保持中虚，而无所存心。先言天地、后言人事，正是《老子》论说的一个常例。

　　"天地不仁"之"仁"，作动词，亲爱之意。《礼记·中庸》云："仁者人也，亲亲为大。"《孟子·尽心》云："亲亲，仁也。""天地不仁"即天地无所亲爱。其说盖为《尚书》中天德关系的进一步发展。《左传》僖公五年引《周书》云"皇天无亲，惟德是辅"，是对《尚书》中天德关系一个很好的总结。《尚书》的天是与德紧紧地绑在一起，以说明天是没有意志的，谁有德，天就站在谁的一边。老子的意思与此有相似之处，老子的天也是完全没有意志的。天道自然，无所亲爱，不会因为你祭祀就优待你，也不会因为不祭祀而伤害你。合于天道则长久，不合于天道则灭亡。

　　"刍狗"指用草扎成的狗，用以祭祀求神，用完即抛弃践踏，或者用来烧火。人以刍狗作敬神之物，似爱之也；而随意抛弃，又似无爱。实际上，人对刍狗用之而已，无所谓爱或不爱。天地于万物有似人于刍狗，生长万物，欣欣向荣时，似爱之；摧折损毁，萧条破败时，又似无爱。是天地于万物本无所谓仁与不仁。万物就如同祭祀的刍狗一样，用过则弃置。天地不会永远眷顾一个人。圣人体天道，于百姓无所亲爱，一任自然，百姓就如同刍狗一样，合于道者，眷顾之，不合于道者弃置之。

　　"天地之间，其犹橐籥乎？虚而不屈，动而愈出"，是以冶炼之橐籥比喻天地运动规律。橐籥，冶炼时以皮制橐囊接竹管以为炉火鼓风。皮囊中空，似无物可用；而风从中出，源源不断，又似用之不竭。橐籥发动，风随之起，囊愈动而风愈出。故言"虚而不屈，动而愈出"。天地如橐籥一样，保持冲虚，其功用也不丧失，无有穷竭。

　　"多闻"至"守中"，马叙伦等多以为错简，非是。北大本、帛书甲乙本及其他多本皆以此两句在此章中。"多闻数穷，不如守中"意思紧承上文。多闻，则聚敛知识，聚敛则不虚矣。橐籥以空为用，实之则不可用。故而多闻之前途可以预知，必不能久用不竭，运数终穷，故而说"数穷"。所以最好的办法就是持守冲虚，故而说守中。

第六章

【题解】
　　本章言道使谷神不灭，生万物，而用之不穷竭。

　　谷神不死，[1]是谓玄牝。[2]玄牝之门，[3]是谓天地根。[4]绵绵若存，[5]用之不勤。[6]

【注释】
　　[1]谷，水注川曰溪，注溪曰谷。神，神灵。不死，长生。
　　[2]玄，即昏暗不明无所有之意。牝，本指鸟兽之雌性，此泛指能生者。
　　[3]玄牝之门，比喻天地自此出。
　　[4]天地根，比喻天地自此生。
　　[5]绵绵，微而不绝貌。若存，玄牝存而不可见，故云若存。
　　[6]勤，尽也。

【译文】
　　使众水注入成谷而始终充盈者，使神灵不停止而长生者，可以称为玄牝。玄牝化生天地，以出入作比喻，玄牝似有门，而天地由此出；以树木作比喻，玄牝像是天地的根，天地由此生长。玄牝微不易察，似不存在，而天地、谷、神以之为用，却源源不绝，用之不尽。

【述评】
　　谷神的含义是本章的重点。朱谦之云："《老子》书中，实以'谷'与

'神'对。三十九章'神得一以灵，谷得一以盈'，即其证。……'谷''神'二字连读者误。"朱说甚是，谷与神为二事，需要分别讨论。

谷，帛书甲乙本、北大本皆作"浴"。蒋锡昌曰：

> 《老子》言"谷"者，多矣，如十五章"旷兮其若谷"，二十八章"为天下谷"；三十二章"譬道之在天下，犹川谷之于江海"，三十九章"谷得一以盈"；四十一章"上德若谷"，谊皆取其空虚深藏，而未有为他训者，此字当亦同之。"浴"、"谷"、"欲"虽可与"谷"并通，然以《老》校《老》，仍当以"谷"为当。

蒋说有一定道理，《老子》中"谷"的含义是一致的。而蒋说未辨明者在于"谷"之意本指水流。《尔雅·释水》："水注川曰溪，注溪曰谷。"正因"谷"是众水注入之水流之意，所以上引三十二章谷与川并举，与江海相对；二十八章"为天下谷"与"为天下溪"对文。帛书甲乙本、北大本谷从水作"浴"，也就并不奇怪了。（流水多经山间，引申之，为山谷夹路无水者亦为谷，如秦岭山脉中有子午谷、褒斜谷等。故十五章"旷兮其若谷"指此，所以以"空旷"形容之，与本章"谷"之意略异。）本章"谷"含义与三十九章"谷得一以盈"，"谷无以盈，将恐竭"，紧密相关。"盈"，郭店简本"盈"作"浧"，从水得意。"竭"，北大本作"渴"。《说文·水部》"渴"字段玉裁注云："渴、竭，古今字，古水竭字多用渴。"所以，本章的"谷"必指水流而言无疑。

那么"谷"为什么说不死呢？这同样与三十九章紧密相关。盈，满也。谷之盈满是指谷为众水注入，从不枯竭，故而说不死。之所以这样，是因为谷在下，故众水归之；江海更下之，故为百谷所归，所以说："江海所以能为百谷王者，以其善下之。"如此，谷不当解作"空虚"，而当解作"善下"。王弼注为"处卑"，其得《老子》意。而如苏辙、范应元等训作"虚"则失之。河上公以"谷"为"养"，则失之更远，不着边际矣。

神，神灵。三十九章"神得一以灵"，神灵并提，可为神即神灵之意的明证。所谓神灵即《礼记·祭法》所说："山林川谷丘陵，能出云为风雨，见怪物，皆曰神。"神灵有生无灭，自然是不死。

谷神不指玄牝。首先，以谷神为玄牝，是基于"谷神"连读为一词，上文已经辨析，谷、神不连读，分为二事，既为二事，当然不能合称为一玄牝。其次，三十九章所言神、谷与天、地并提，是同一层级概念，无所谓根、干，如此，本章下文"玄牝之门是谓为天地根"，玄牝与天地分明有根与干的关系，一句之间，岂不自相矛盾？谷神不是玄牝，是很明显的事情。

那么什么是玄牝呢？牝，本指鸟兽之雌性，泛指能生者，与《老子》其他章中所说的"母"是相同的。五十二章："天下有始，以为天下母。既知其母，以知其子。既知其子，复守其母，没身不殆。"五十九章："有国之母，可以长久。是谓深根、固柢、长生、久视之道。"泛览既可知：两章皆言"母"，同时又说"不殆"、"长久"、"长生"。这与本章"不死"与"玄牝"的组合何其相似乃尔。五十二章明言："天下有始，以为天下母。"第一章"两者同出，而异名同谓"王弼注："两者，始与母也。……在首则谓之始，在终则谓之母。"是母又称为"始"。玄牝——母——始含义相同，只是因所说角度不同而采用不同的称呼。

玄牝与谷神到底是什么关系呢？结合五十二、五十九两章可以清楚地知道，是玄牝使谷神不死。五十二章说守母则不殆，五十九章说有母则可以长久，不殆、长久与不死意思接近，能如此者皆因"母"。如上所言，母也就是玄牝，所以本章所说的"谷神不死，是谓玄牝"，只能理解为：使谷神不死者，可称为玄牝。

"玄牝之门"，是比喻的说法，言天地自此出，有似于门。"天地根"，同样也是比喻，推寻天地之所从出，似树木之有根，故云天地根。玄牝与天地根皆指天地万物所从出者，其实即所谓道生万物的比喻说法。

"绵绵"，微而不绝貌。"若存"，指玄牝存而不可见，故云若存。勤，《淮南子·原道训》高诱注："勤，尽也。""绵绵若存，用之不勤"与上章"虚而不屈，动而愈出"文义相近，虽微似不存，而用之不尽。两章相关，上章重在言其不穷竭，此章言其生养万物。

第七章

【题解】

　　本章分成两部分，前半说天地不自生而长生之理，后半说圣人效仿，无私而成其私。〔1〕

　　天长地久。〔2〕天地所以能长且久者，以其不自生，〔3〕故能长生。〔4〕是以圣人后其身而身先，外其身而身存，非以其无私邪？〔5〕故能成其私。〔6〕

【注释】

　　〔1〕北大本此章与第六章合为一章。按，此两章文意相连，可合为一章。但传世本相传已久，章次之名多人所共知，改动则易致混乱，多有不便，今从传世本分立为第七章。

　　〔2〕天长地久，天地虽有形之物，不及道之无形不灭，却长存不至于崩裂。

　　〔3〕生，存。自生，宾语前置的使动用法，即"使自身存"之意。天地没有自身的意识，其运行无所谓为了自身。

　　〔4〕长生，长存不至崩裂。

　　〔5〕"邪"，通作"耶"，表示疑问语气。

　　〔6〕圣人本无私，这里的"成其私"是从他人的角度而言，非圣人两面之谓。

【译文】

　　天地长生久寿，（不至于崩裂之境地。）天地长久的原因在于（天地没有自身意识）一切运行都不是为了自身，所以能够长生久寿。圣人不为自己的名位争取在前，退到后面，反而被推到前面；把自身置之度外，反而保全了自身。这样的结果，难道不是因为（圣人效仿天地，去除自身意识而）做到无私么？正是因为无私，反而成就了他的"自私"。

【述评】

在讨论本章含义之前，首先需要说明的是：在《老子》的思想体系中，天地是有形之物，在《老子》的理解中，并非没有崩溃毁坏的可能。苏辙注：

> 天地虽大，而未离于形数，则其长久盖有量矣。然老子之所言长久极于天地，盖以人之所见者言之耳。

天地虽然长久，但并非没有损毁的可能。三十九章说："天得一以清，地得一以宁。……天无以清，将恐裂；地无以宁，将恐废。"天地需要保持清宁，否则迟早是要裂废的。苏辙所说"长久有量"，与此正同。所以天地长存，却可能非永存。

天地长久的原因，老子认为是不自生。首先明确"生"的含义，《老子》中"生"有两个基本含义，一，存、活之意；二，产生、派生之意。此处是第一意，自生，即自存，所谓自存，是"存自"之倒装，使自身存在之意。不自生，陈鼓应云："指一切运作都不是为了自己。"甚是。天地无心，无所谓自身，自然也不会有使天地自身长存之意。需要说明的是：《老子》用"自"一词，只不过是以其便于理解，并不是说天有意志。

"圣人后其身而身先，外其身而身存"、"以其无私而成其私"，圣人是有位者，身处高位，不是普通民众。普通民众本就在后，无所谓后其身；从未在前，那里曾身先？所以，此节是以圣人之行，忠告在高位之人君、人主，不要以保持自身高位为心，而应当效法天地圣人之无私，除去自身意识，后其身、外其身。正如天地不自生而长存，后其身、外其身、无私才能使高位常保。

本章写作方式是《老子》一书中的典型，先言其取法者天地，后言效法者圣人，由此及彼，犹如《诗经》的比兴，又似《周易》之取类比象。显示《老子》成书较早，非六国晚出之物。

第八章

【题解】

本章言人应当效仿水之不争之德，则行事无尤。

上善若水。[1]水善利万物而有静，[2]处众人之所恶，[3]故几于道。[4]居善地，[5]心善渊，[6]予善天；[7]言善信，[8]正善治，[9]事善能，[10]动善时。[11]夫唯不争，[12]故无尤。[13]

【注释】

〔1〕上善，第一等之至善，与世俗所谓"善"不同。

〔2〕有静，王本误作"不争"，帛书甲本、北大本作"有静"，帛书乙本作"有争"，"争"乃"静"之假借，今据帛书甲本、北大本写定。

〔3〕众人之所恶，指卑下之处。

〔4〕几，近。道无形，而水有形，水非道而近于道，故言"几"。

〔5〕善，宜。《淮南子·说林训》"布之新不如绖，绖之弊不如布，或善为新，或善为故"，高诱注："善，犹宜也。"此句言居处之所宜，在于得其地。最宜居之地是卑下之处，与上文"处众人之所恶"相对应。

〔6〕渊，静。此句言：心之所宜，在于如渊之静，与上文"有静"相对应。

〔7〕"予善天"王本误作"与善人"，今据帛书乙本、北大本改。予，给予。此句言：给予之所宜，在于如天之利万物而无私，与上文"利万物"相对应。

〔8〕信，言必行之，此指言语的最高境界。此句言：做到以上三善，则言语恰得言之所宜，达到信的境界。

〔9〕正，通作"政"，指治国为政之事。治，有规矩，严整，指为政的最高境界。此句言：治国为政恰得为政之所宜，达到"治"的境界。

〔10〕能，《广雅·释诂》："能，任也。"即有才能可胜任之意，指作事之最高境界。此句言：作事恰得作事之所宜，达到"能"的境界。

〔11〕时，司马迁述道家之学"与时迁徙，应物变化"，即选择恰当时机，随形势变化而动之意，指行动的最高境界。此句言：行动恰得行动之所宜，达到"时"的境界。

〔12〕不争，指如水德一样不争，对应前面"居善地、心善渊、予善天"三项。

〔13〕尤，过失。对应前面"言善信、正善治、事善能、动善时"四项。

【译文】

第一等至善就像水一样。水之善体现在其给万物带来利而自身却保持沉静，选择处在众人所厌恶的卑下之地，（正是因为水的这些特质，虽然水不是道，）却很接近道。居处之所宜，（在于得其地，）最宜居之地是卑下之处；心之所宜，在于如渊之静；给予之所宜，在于如天之利万物而无私。（这些都与上善之水的行为特点相似，如果做到前面所说的三善，）则言语恰得言之所宜，达到信的境界；治国为政恰得为政之所宜，达到"治"的境界；作事恰得作事之所宜，达到"能"的境界；行动恰得行动之所宜，达到"时"的境界。正是因为居、心、予三方面皆得其宜而不争，所以在言、政、事、行才能没有过失。

【述评】

本章传世本文字讹误，失真较大，仰赖帛书甲乙本和北大本三个汉代版本的发现，使本章旧貌重见天日。传世本重要讹误有两点：一是"水善利万物而不争"中"不争"是"有静"的讹误。"有静"王本误作"不争"，帛书甲本、北大本作"有静"，帛书乙本作"有争"，"争"乃"静"之假借。河上公此句注云"水独静流居之"，可见河上公本亦作"静"。是今见汉传诸本皆作"有静"。二是："居善地、心善渊、与善仁"中"与善仁"是"予善天"的讹误。帛书乙本、北大本皆作"予善天"。予善天，就是像天一样给予，就是给予的最高境界。在纠正了这两处文字错误之后，对本章的准确理解方始可能。

　　本章三句，意思紧密相连，句句有照应。首句从三个方面说明水的特点：一，利万物；二，静；三，处下。次句七善可分成两组，前三善"居善地"对应首句中的"处下"。最善之地即是处下。"心善渊"对应首句中的"静"。《庄子·在宥》"其居也渊而静"郭象注："静之可使如渊。"是渊有静之意。心之所宜，在于如渊之静，与上文水有静正相对应。"予善天"对应首句中的"利万物"。像天一样给予，正是利万物之意，两者正对。这前三善主旨在于说明人应当效仿水之德。

　　后四善是承上文而来，是前三善的结果，说明只有效仿水之德，才能在言语、为政、作事、行动诸方面得其所宜。信是言语之宜，做到如水之德，则言语可以作到信。治，是政治之宜；能，是做事之宜；时，是行动之宜。做到如水之德，政、事、动皆可得宜。

　　末句是对次句的总结，其中"夫唯不争"对应次句中的前三善，所谓"不争"是对"居善地"、"心善渊"、"予善天"的概括总结。居下则不上人，心静则无求，无私给予则无己，如此怎么会与人与物争呢？所以前三善的核心是一任自然无所争。"无尤"对应后四善。言语、政治、做事、行动皆得其宜，自然无尤。"夫唯不争，故无尤"是对前七善的总结，同时也揭示了前七善要分成两组解读的关系。

　　此章古今注皆不得其解，原因有三：一是不得善本，"有静"、"予善天"久不得其真，文意遂晦；二是误会七善为一体，不知分作两段来读，一句之间的承接关系遂不明。三是不知句句照应，文意遂散。今赖汉本，得文字之真，七善分读，则句句照应之情自现，此章文意遂得其正。

第九章

【题解】

本章说越是想要保持，越是失去，不如功成身退，低调做人，才合乎天之道。

持而盈之，[1]不如其已。[2]揣而群之，[3]不可长保。金玉盈室，[4]莫之能守。富贵而骄，自遗其咎。[5]功遂身退，[6]天之道。

【注释】

〔1〕持盈，敧器盈满则将覆，左右支撑之，防止其倾覆。焦竑《老子翼》："惧其溢而左右以枝之曰持。"引申为保持盈满，居盛不衰之意。

〔2〕已，停止。

〔3〕群，王本误作"梲"，今据郭店简本写定。"揣"，通作"抟"。"群"通作"困"。"抟困"，卷束之意。

〔4〕盈室，王本误作"满堂"，今据郭店本、帛书甲乙本、北大本改。古人房屋内部隔开，前叫堂，堂后又以墙隔开，西侧叫室。古堂前无壁，不可守金玉，当作"盈室"。

〔5〕遗，读作 wèi，给予，馈赠。咎，灾祸。

〔6〕遂，成。

【译文】

正如敧器，盛满则将倾覆，左右支撑之，可防止其倾覆，即便如此，终有不可支撑之时，所以不如停止。捆扎卷束藏物，则终有散解之时，不可以长时间保有。金玉盈满内室，却终不能守住。富贵之后不低调，喜好骄纵上人，则是自招祸患。功成而后其身，是合乎天之道。

【述评】

"持而盈之"是持盈一词的繁文，"持盈"是古之习语，多见于先秦两汉典籍。《国语·吴语》："能援持盈以没。"《国语·越语下》："夫国家之事，有持盈，有定倾……持盈者与天。"《诗经·大雅·凫鹥》小序："太平之君子，能持盈守成。"《史记·乐书》："满而不损则溢，盈而不持则倾。"《淮南子·原道训》："持盈而不倾。"《淮南子·道应训》：孔子造然革容曰："'善哉，持盈者乎！'子贡在侧曰：'请问持盈。'"

"持盈"一词源于对欹器的理解。《荀子·宥坐篇》：

> 孔子观于鲁桓公之庙，有欹器焉……弟子挹水而注之。中而正，满而覆，虚而欹，孔子喟然而叹曰："吁！恶有满而不覆者哉！"子路曰："敢问持满有道乎？"孔子曰："聪明圣知，守之以愚……"

子路所说的"持满"即是"持盈"。欹器，据方家考证即是出土所见小口尖底瓶，无水时倾斜，半水时端正，满水时倾覆。想要保持欹器水满不倾覆，必须左右有所支持。国家兴衰有似于欹器之满则倾覆，子路所问"持满有道乎"，正是向孔子请教：正如保持满水不倾覆需要支持，怎样才能支持国家长盛不衰呢？《国语》等各处引文细读之，皆是此意。所以"持盈"一词古意基本相同，为保持盈满、居盛不衰之意。以持盈之心维持长盛，终必失败，所以老子以为不如停止。

"揣而群之"之"揣"，郭店简作"湍"，帛书乙本作"掀"。掀，从"短"（端母元部）得声，湍、揣从"端"（端母元部）得声，三者可通。当作读为"抟"。魏启鹏云：

> 湍，读为抟，二字古音同隶元部，其声透定旁纽。《史记·屈原贾生列传》："何足控抟。"《索隐》："控抟本作控揣。"是为佐证。

赵建伟亦如此说，二说可从。

"揣而群之"之"群"，郭店简本作"群"，帛书甲乙本、北大本作"允"，河上公本作"锐"，王本作"梲"。按，允（喻母文部）、群（群母文部）音近可通，与"兑"难通。"允"当先讹作"兑"，又变为"梲"、"锐"。

是传世本皆讹误，郭店简本、帛书甲乙本、北大本得其真。

"群"，当通作"困"。《诗经·召南·野有死麕》："野有死麕"，《释文》："麕作麇。"《公羊传》"有麕而角者"，《释文》："麕亦作作麇。"麕从困得声，麇从君得声，困、君可通假。群，群母文部，从君得声。困，溪母文部。二者亦音近可通。

"捊困"，古有其词。《淮南子·要略》："懈堕结细，脱释捊困。"（"脱释"，今传本《淮南子》误作"说捍"，据王念孙说改。）王念孙云：

> 捊困者，卷束之名。（《考工记·鲍人》"卷而捊之"注："郑司农云：捊读为缚，一如填之缚，谓卷缚韦革也。"《说文解字》："稛，絭束也。"稛与困声近而义同。）

依王念孙说，捊可通作缚，困可通作稛，皆有卷束之意。这个含义往往与藏物相关。《释名·释宫室》："困，绻也，藏物缱绻束缚之也。"《国语·齐语》："诸侯之使，垂橐而入，稛载而归。"稛载，即以绳束财物，载置车上。故而捊困可指收藏财物。"捊而困之"，是捊困的繁文，文意相同，指以捆扎卷束藏物，终有散解之时，不能长时保有。

"持盈"、"捊困"、"金玉盈室"、"富贵而骄"都是为了下文"功成身退"作铺垫。四者共同之处是：都是为了维持某种成果，即所谓"功成"也。而愈是想要保持，愈是失去，真正维持成果的方法就是去除维持之心，所谓"身退"也。"退"并非指隐退，王真《道德经论兵要义述》："身退者，非谓必使其避位而去也，但欲其功成而不有之耳。"而是如第七章所说"后其身"、"无私"之意，虽身居高位，而其心则退，如水之居下；不以功成而自居之，似天地无心。只有如此，一切如长盛不衰、金玉盈室的"功"才可以"成"。

与《老子》一书的假设读者为君主紧密相关，老子的"功成身退"，总体说来还是主要对身处高位的君主提出的意见。不指望他们隐退，只求其收敛，不过分即可。老子的思想与后代佛家所宣传的出世思想根本不同，反而与儒家所说的"天下为公"有某种相似。当今世界，让所有成功的人士都归隐是不可能的，也是不现实的，更是可惜的。而让每个成功人士都低调一点，无私一些，不也很好么？

第十章

【题解】

本章分为三个部分，前面说治身、中间说治世，最后说玄德。三部分是有机的整体，类似儒家所说的修身、治国、平天下的德治。

载营魄抱一，〔1〕能无离乎？专气致柔，〔2〕能婴儿乎？〔3〕涤除玄览，〔4〕能无疵乎？〔5〕爱民治国，能无以知乎？〔6〕天门开阖，〔7〕能为雌乎〔8〕？明白四达，〔9〕能无以知乎？〔10〕生之畜之，〔11〕生而不有，〔12〕长而不宰，〔13〕是谓玄德。

【注释】

〔1〕载，乘。营魄，魂魄。

〔2〕专，一。致，极。

〔3〕能婴儿乎，能像婴儿一样吗？

〔4〕涤除，扫除。览，通作"鉴"，镜子。玄鉴，指心。

〔5〕疵，瑕。

〔6〕以，王本脱，今据帛书甲乙本、北大本增。

〔7〕天门开阖，谓万物之生杀，出之为生，入之为杀，引申指治乱之兴替。

〔8〕"为"，王本原误作"无"，今据帛书甲乙本、北大本改。为雌，指守雌无为。

〔9〕明白，了解，指君主对道的了解。四达，达于四方。

〔10〕以知，原误作"为"，今据帛书乙本、北大本改。

〔11〕生之，使之生存。畜，养。

〔12〕"有"后"长"前原衍"为而不恃"一句，今据帛书甲乙本、北大本删。有，指据为己有。

〔13〕长，为之君长。宰，宰制。

【译文】

人乘魂载魄而生，需保持如初始时无所区分的混然状态，能不离开混然么？使气专一，任其自然，达到极柔顺，能够像婴儿一样吗？扫除心镜，能够使它没有瑕疵么？爱护民众治理国家，能够不通过"智慧"么？天门开合，（万物生杀，治乱兴替，）能够做到守雌不变么？君主对道的了解，传播达到四方，能够不以"智慧"么？道使天地万物生长存活，却不据为己有；君主效法之，使民众生长存活，却不会据为己有。德养畜天地万物，而不为之主宰，君主效法之，养畜民众，却不为之主宰。这就叫做玄德。

【述评】

"载营魄抱一，能无离乎？专气致柔，能婴儿乎？涤除玄览，能无疵乎"，三句是说治身。此章河上公注："营魄，魂魄也。"《楚辞·远游》"载营魄以登遐兮"，王逸注："抱我灵魂而上升也。"陆士衡《赠从兄车骑》："营魄怀兹土，精爽若飞沈。""精爽"出自《左传》昭公二十五年"心之精爽，是谓魂魄"，"营魂"与精爽对文，显然也是"魂魄"之意。是汉晋皆以"营魄"为魂魄。载，是车载、乘载之载。"载营魄"，河上公注："人载魂魄之上得以生。"正说魂魄如车，人如乘客之意。魂魄可以脱离肉体归于天地，反言之，则肉体可载乘魂魄登天。《远游》"载营魄以登遐兮"即是乘魂魄而上升于天之意，王逸注以"抱"解"载"，意近而不十分确切。《老子》"载营魄"并无登天之意，而人载乘魂魄以存之意则十分明确。

"魂魄"可单独称魄，与人之德行有很大关系。《大戴礼记·修身》："若夏商者，天夺之魄，不生德焉。"魄失去，则人无德。《晏子春秋·内篇谏下》："万乘之君，而壹心于邪，君之魂魄亡矣。"无魂魄，则心邪而行不由德。《左传》宣公十五年："晋侯使赵同献狄俘于周，不敬。刘康公曰：'……天夺之魄矣。'"赵同不敬，即失德，故云"天夺之魄"。襄公二十九年："天又除之，夺伯有魄。"此指郑国伯有行为乖张，不合于德，故云夺伯有魄。魂魄存则人有德行。

对道的认识方式就是"一"，对认识的结果坚持就是"抱一"。十四章云：

> 视之不见名曰夷，听之不闻名曰希，搏之不得名曰微。此三者不可致诘，故混而为一。一者……执古之道，以御今之有，能知古始，是谓道纪。

这里的"混而为一"是动词，谓视、听、搏皆是一端，不能知道始之全体，故而要去其诸端，混而为一来"认知"这个全体。下文云"一者……"，可见"认知"的结果也可称为"一"。认知的结果本质上就是道，"抱一"即对守持道而不偏离。五十五章云：

> 含德之厚，比于赤子。……心使气曰强，物壮则老，谓之不道，不道早已。

抱一不离，则如婴儿，五十五章说"含德之厚，比于赤子"，则君主抱一则有德，有德之貌即如婴儿。理想的君主体道而有一之德。抱一有德的具体操作就是要让气柔和，气柔下来则如婴儿，也就有德了。

"专气致柔"之"专"，帛书甲本作"抟"，帛书乙本、北大本作"槫"，这两个字皆通作"专"。《银雀山汉简·孙子兵法》："民既已槫一。"传世本此句作"人既专一"。《史记·秦始皇本纪》"抟心揖志"，司马贞《集解》"专，古专字。"可知"抟"、"槫"可通作"专"。

"专"训作"一"。《孟子·公孙丑》"气壹则动志也"焦循疏云："守其气使专壹不贰。"训"壹"为"专壹"。《楚辞·远游》："见王子而宿之兮，审壹气之和德。"又"道可受兮，不可传……壹气孔神兮"，王逸注："专己心也。"洪兴祖补注："《列子》曰：心合于气，气合于神。壹，专也。"

"壹"亦可训为"专"。《管子·内业》："抟（专）气如神，万物备存。能抟（专）乎？能一乎？""抟（专）气如神"与《远游》"壹气孔神"不仅文意相近，句式亦相近，"抟（专）气"即"壹气"。《管子》后文说"能一乎"，正是对"抟（专）"的解释。《管子·心术下》："专于意，一于心，耳目端，知远之证，能专乎？能一乎。""能专"、"能一"连言，可证《内业》之"能抟"为"能专"之通假，"专"、"一"并见，可证"专"、"一"意近。《周易·系辞上》云"夫乾，其静也专"韩康伯注云："专，专一也。"《说文解字·壹部》："壹，专一也。""专"、"一"可互训。《内业》尹知章注云

"抟，结聚也"，不明通假，大误。近代学者据尹注以为"专"通作"抟"，则亦随尹注而误。

"一气"，即是去除心对气的驾驭，任气之自然。焦竑《老子翼》：

> 专气致柔者，《老子》曰："心使气曰强。"《庄子》："曰无听之以心，而听之以气。"气也者，虚而待物者也。盖心有是非，气无分别，故心使气则强，专于气而不以心间之则柔。

焦竑以老解老，以五十五章"心使气曰强"与此章合解，甚是。河上公"心使气曰强"注云"心当专一合柔，而神气实内"，正是以此章解彼章，可为佐证。

古时流行说法是"以心使气"。《左传》昭公九年："气以实志，志以定言，言以出令。"杜注："气和则志充。在心为志，发口为言。"志，即心，气用来充实心志，则气为心所驱使。《孟子》"志至焉，气次焉"之说正是这一观点的发展。《老子》反对之，认为以心驱使气，则日趋坚强，坚强者死之徒，物壮则老，必不可久。欲长久，必须反其道而行之，不听之以心，而听之以气，去除心对气的驱使，听任气如其自然。所以此章王弼注云：

> 任自然之气，致至柔之和。

甚得老庄本义。王弼注解"专"为"任"，任是放纵，不加约束。《商君书·弱民》："上舍法，任民之所善，故奸多。"任自然之气，就是心不驾驭气的意思。魂魄以躯体为宅，躯体为气之聚散。魂魄抱一复始，则其心已无是非，如此气已得其自然。

婴儿赤子是《老子》很喜欢用的比喻，又见于二十章"如婴儿之未孩"，二十八章"复归于婴儿"，五十五章"含德之厚比于赤子"。婴儿的最大特点就是无知无欲。河上公注："能如婴儿内无思虑，外无政事。"王弼注："婴儿之无所欲乎。"这与上文所说的"一"的状态最为接近，《老子》正以此来说明人抱一有德之状。

"玄览"之"览"，帛书甲本作"监"，如高明云："监，即古'鉴'字。"甚是。新出北大本正作"鉴"。鉴，即镜子。鉴此指心，本句河上公注云："当洗其心，使洁净也。心居玄冥之处，览知万事。"《淮南子·修务训》云："诚得清明之士，执玄鉴于心，照物明白。"《庄子·天道篇》："圣人之心静乎！天地之鉴也，万物之镜也。"道家多以镜喻心。

玄览，冯友兰云："如言览玄，览玄即观道。"冯说实是训"览"为"观"，故云观道，不知"览"是"鉴"之通假，此其误也。而以训"玄"为道，以"玄览"为"览玄"，则甚是。高亨以为《老子》书中玄字有义例，云："古书玄字其用作具体名词之状词，则为形而上之义。……总而为训，可云玄者，形而上而微妙难识者也。今发其义例于此。"高说可从。玄为黑意，因道无形无象，和光同尘，不可于光明处见，故举黑暗以示意，谓道由此可得。王弼此章注："玄，物之极也。"物之极，即道所存，故以玄称之。玄鉴，即可以呈现"玄"之镜。镜为心之喻，心本可以呈道，但如镜有尘，心有所蔽，此时需涤荡扫除之，始可使道呈见。

以上三句就治身而言，以下三句就治世言。"爱民治国，能无知乎"之"爱"不同于一般含义的"爱"，第五章说"圣人以百姓为刍狗"，对百姓的态度又是无所亲爱的。四十九章"圣人无常心，以百姓心为心。善者吾善之，不善者吾亦善之"，圣人心中全无善恶观念，对百姓也是如此，并没有爱或者不爱的观念，任事物之自然而已。此是从世俗角度而言有道者看起来似乎是爱民。

"知"通作"智"，六十八章："古之善为道者，非以明民，将以愚之。民之难治，以其智多。故以智治国，国之贼。不以智治国，国之福。"与此章同意，合看可知，所谓"不以智"指君主不提倡"智"，即"愚民"。提倡"智"则民有心机，心机盛，则盗贼多。不以智乱民，则民心淳朴。

"天门开阖"，此句承上文而言治世。王弼注云："天门，谓天下之所由从也。开阖，治乱之际也。"王注是引申而言，晦而不明，需加申说。"天门开阖"本指万物之生杀。《庄子·庚桑楚》：

> 有乎生，有乎死，有乎出，有乎入。入出而无见其形，是谓天门。

生死犹似出入，出入无形，而以门为喻，故云天门。《周易·系辞上》：

> 是故阖户谓之坤，辟户谓之乾，一阖一辟谓之变，往来不穷谓之通。

孔颖达疏云：

> 阖户，谓闭藏。辟户，谓吐生万物也。一阖一辟谓之变者，开闭相循，阴阳递至，或阳变为阴，或开而更闭，或阴变为阳，或闭而还开，是谓之变也。

《周易》所谓阖户、辟户，与"天门开阖"意思非常接近。阖户，是万物闭藏；辟户，即万物生长。开阖即阴阳之变，也就是生长闭藏之抽象表达。《说文·卯部》：

> 二月万物冒地而出。象开门之形。故二月为天门。

二月万物始生，以开门比喻之，故云二月为天门。世间政治亦有生杀，即是指治乱交替，故王注以"治乱"解"开阖"。万物所以生长，治乱所以兴替者，天为之也。故王注以"天下之所由从"解"天门"。

"明白"，指对道的明白。《庄子·天道》："夫明白于天地之德者，此之谓大本大宗。""四达"指由中央达于四方。河上公注："言明白，如日月四通，满于天下八极之外。"《庄子·刻意》："精神四达并流，无所不极。"《淮南子·俶真训》："四达无境，通于无圻。"《淮南子·墬形训》："中央四达，风气之所通，雨露之所会也。""明白四达"盖指君主将自身对道的透彻理解传播于四方。此句承上文言治世，其意类似儒家所说"怀远以德"的意思，是治世的最高境界，一人有德而四方皆服。

"生之畜之，生而不有，长而不宰，是谓玄德"又见于五十一章："道生之，德畜之，……生而不有，为而不恃，长而不宰。是谓玄德。"两章一个显著的不同在于五十一章"生之、畜之"前面有道、德做主语。彼所说是道与万物的关系，此所云是君主与百姓的关系。生谓使之存活，畜谓养。百姓依赖君主，故而说"生之、畜之"。虽然君主对百姓的存在有着至关重要的作用，但是因为君主守柔处雌，自然无为，虽然四方受益，但是却没有人感觉到君主的作用，"百姓皆谓我自然"。正是从这个意义上说君主对百姓是"生而不有，长而不宰"。有学者以为是错简，实不明两处之不同，非是。

先秦儒家有修身、齐家、治国、平天下之说，此说远本于《尚书·尧典》："（尧）克明俊德，以亲九族；九族既睦，平章百姓；百姓昭明，协和万邦。"这个思路以德治为核心，由内而外，《庄子》称之为"内圣外王"。《老子》思路与此形式不异。张默生云："本章前半段是说的治身，后半段是说的治世。"蒋锡昌云："'营魄抱一'，'专气致柔'，'涤除玄览'三者，皆为圣人言治身之法；'爱民治乱'，'天门开阖'，'明白四达'三者皆为圣人言治国之术，所以治身先于治国者，以治身为治国之本也。"先身后国，与儒家顺序相同。不仅如此，《老子》同样强调"德"。"营魄"与"德"有关，上文已说明。《楚辞》云："审壹气之和德"，壹气即专气，也与德有关。五十五章"含德之厚比于赤子"，则赤子婴儿也与德有关。六十五章："故以智治国，国之贼。不以智治国，国之福。知此两者，亦稽式。常知稽式，是谓玄德。"不以智治国，与玄德有关。本章两"不以知"不能说与德无关。二十八章："知其雄，守其雌，为天下溪。为天下溪，常德不离，复归于婴儿。""守雌"与"常德"有关。本章章末言以"玄德"结束，几乎句句不离"德"，以"德"为核心是非常明显的。所以，说此章是老子的以德治国、内圣外王之路是有充分依据的。《老子》的德治与儒家的德治的区别只是在于德的内涵不同，三十八章极言"上德不德"，使自家德的含义迥别于儒家之德，极力强调自身"德"的特殊性，是完全可以理解的。

第十一章

【题解】

本章的主旨是以类比的方式说明"无"对"有"的作用。

三十辐共一毂，〔1〕当其无，有车之用。〔2〕埏埴以为器，〔3〕当其无，有器之用。凿户牖，〔4〕当其无，有室之用。故有之以为利，无之以为用。

【注释】

〔1〕辐，车轮之辐条。共，通作"拱"，会集，拱卫。毂，车轮构件，位于车轮中心，外端有凿孔以受辐条，内中空以穿车轴。

〔2〕"当其无，有车之用"，指车毂中空，车才能转动而有车的功用。

〔3〕埏，和。埴，细黏土。埏埴，和揉黏土制作盛物之器皿。

〔4〕王本"牖"下衍"以为室"三字，今据帛书甲乙本、北大本删。户牖，门窗。

【译文】

车轮的三十根辐条会集在车毂上，车毂中空，车轮才能转动而有车的功用。和揉陶土，制作成器皿，器皿中空，器皿才能起到盛物的功用。墙壁上开凿门窗，墙壁中空，才能使房间通风、可出入，具有房间的功用。提供便利的"有"，是因为"无"使"有"具有功用。

【述评】

本章三个"当其无"都是指中空。"有"是有所用，即有车之用，有器之用，有室之用。所谓"用"，即为人所利用，换言之就是他的功用。"车之用"，车之可为人所利用者，即可乘人物。"器之用"，器可为人所利用者，即盛物也。"室之用"，室可为人所利用者，即入居也。

"有之以为利，无之以为用"，王弼云：

> 木埴壁所以成三者，而皆以无为用也。言无者，有之所以为利，皆赖无以为用也。

"木埴壁所以成三者"指木成为车，埴成为器，壁成为室。木、埴、壁不可以直接为人利用，车、器、室才可以为人所利用。这三者有所用，即是"有"。此处所说的"无"指三者中空。三者之所以能有所用，是因为它们保持空虚。"有之所以为利，皆赖无以为用也"，是从上文总结规律，有能够具有功用是因为以无为用，守持空虚。"无"、"有"、"用"共同构成物的三个层面：因无以成有，因有而有其功用。究其深意，还是劝君主守持空虚，则君主之功用不失，其位长保之意。

此处以"有"为有所用，以"无"为"空"。《老子》一书言有无者甚多，如"有欲"、"无欲"，"有名"、"无名"，"有为"、"无为"，"有身"、"无身"等等。"有无"随文而有所指，其意颇异，如此处指空，四十章则指"未形""有形"。共同点是有无对立，而《老子》尤重视"无"，以为"有"依赖于"无"。

本章是取类比喻以说理，而不是归纳规律。此章前后之间是一种类比关系，以前者为比，目的是引出后者的理。后者之理不是基于前者，但前者可以启发后者。形式上与《诗经》的比兴手法很相像，与战国时期的以寓言说理异曲同工。寓言的目的是引出道理，与此举例以引出道理，只有繁简不同，本质无别，都是激发道理的机括。取类比喻者重视的是理本身，而不是理的证据；说理方式重心在于使理呈现，而不是形式证明。

第十二章

【题解】
　　本章主张摒弃声色犬马的诱惑，过无知无欲的生活。

　　五色令人目盲，[1] 五音令人耳聋，[2] 五味令人口爽，[3] 驰骋畋猎令人心发狂，[4] 难得之货令人行妨。[5] 是以圣人为腹不为目。[6] 故去彼取此。[7]

【注释】
　　[1] 五色，青、赤、黄、白、红。
　　[2] 五音，宫、商、角、徵、羽。
　　[3] 五味，酸、苦、甘、辛、咸。爽，丧失。于省吾曰："'爽'、'丧'二字，音义古并通。……河上公训'丧'为'亡'，义正相符。"
　　[4] 畋猎，打猎。狂，精神失常。
　　[5] 难得之货，金玉之类。行，操行。妨，伤害。
　　[6] 腹，焦竑云："腹无知也。"目，吴澄曰："上言目盲、耳聋、口爽、心狂、行妨五者，下但言'不为目'，盖举一以包其四。"
　　[7] 彼，指为目。此，指为腹。

【译文】
　　迷恋色彩使人看不到真正的颜色，迷恋声音使人听不见真正的声音，迷恋味道使人分辨不出真正的味道，迷恋于驰骋打猎使人心发狂，金银珠玉等难得的东西妨碍人的操行。是以圣人选择像腹一样无知无欲生活，摒弃目耳感官对声色的迷恋。

【通论】

耳目口是人的感官，是为人服务的。如果倒过来，则人为感官所驱使，成为感官的奴隶。从这个意义上讲，人的耳目口都失去了功能，故而说盲、聋、爽。心本主思，为田猎外物所牵引，日夜所思只是纵情尽乐，如痴如狂，是有心疾，与病狂之人无异。金银珠玉，饥不当食，寒不当衣，人却珍视异常，或思或慕，或藏或夺，至于毁弃节操，为之生死，亦可怪之事。

东周时代奢靡腐化之风盛行，对此诸子都反对，只是反对的方式不尽相同，如孔子认为应当以俭行礼，墨子讲求节用节葬，《老子》提出的则是"为腹不为目"。蒋锡昌云："老子以腹代表一种简单清静之生活，以'目'代表一种巧伪多欲，……为腹，即为无欲之生活，'不为目'即不为多欲之生活。"蒋说甚是。《老子》以腹为喻在于腹无知而知足不贪。李嘉谋云：

> 腹者受而不取，纳而不留，易足以无情，非如目之无厌，愈见而愈不足也。

腹但受物，不辨其色、不知其味、不知其形，诸物浑然为一，是谓无知。腹接受食物，到一定程度即自动停止，是谓知足。腹受物非为收藏，终不留之，是谓不贪。这些特点都与老子的理想生活方式相似，用"腹"字简洁地表达，下文说"取此"即指"腹"。目、耳、口是与腹相反的方式，辨色、别声、知味，只知一端，不知全体，为物牵引，不知所止，这种生活方式是老子不赞成的，下文"去彼"即指"目"，明确地表达了反对意见。

此章对现代人尤有意义。当今之世，声色之夺人前所未有，致使物欲横流，拜金盛行，人沉溺其中，习以为常，不知自拔。对于什么样的生活方式是正确的，或者言人人殊，但是历代贤哲，都不赞成追求感官愉悦，人的意义一定不在声色犬马之中。老子的"为腹"或者不容易理解，但"不为目"并不玄妙。感官当为人所用，不当反为感官服务。得此一义，不为妄读。

第十三章

【题解】

　　本章指出荣辱之患乃是由于有自身观念的存在，去除自身的观念，就没有忧虑。君主应当以无身治天下。

　　宠辱若惊，[1]贵大患若身。[2]何谓宠辱若惊？宠为下，[3]得之若惊，失之若惊，是谓宠辱若惊。何谓贵大患若身？[4]吾所以有大患者，为吾有身，及吾无身，吾有何患？故贵以身为天下，[5]若可托天下；[6]爱以身为天下，[7]若可寄天下。[8]

【注释】

　　[1]若，承接连词，下诸"若"字皆同，此处可译为则。

　　[2]贵，重。患，忧虑，担心，指上文之因宠辱而来之惊。贵大患，以荣辱带来的忧虑为重，即以荣辱为重之意。身，自身。

　　[3]下，卑下。

　　[4]若，承接连词，此处可译为以。

　　[5]贵，重视。身，此指上文之无身之身。"以身为天下"，以无身之义治天下。下"爱以身为天下"同此。

　　[6]托，王本误作"寄"，今据郭店本、帛书甲乙本、北大本改。

　　[7]爱，珍视。

　　[8]寄，王本误作"托"，今据郭店本、帛书甲乙本、北大本改。

【译文】

常人受到宠辱则惊动忧虑，如此重视荣辱带来的忧虑，以其有自身的观念存在。什么叫做宠辱若惊呢？荣宠与卑贱本质相同，并不尊尚，同属卑下之类，（本不值得惊慌，）然而常人得到荣辱即惊动，失去荣辱又惊动，这叫做宠辱若惊。什么叫做贵大患若身？我们所以为荣辱忧虑，是因为我们有自身的观念，等到我们没有自身的观念，我还有什么忧虑呢？所以，能够重视以无身之义治理天下，这样的人，可以把天下托付给他。能够珍视以无身之义治理天下，这样的人，可以把天下托付给他。

【述评】

本章的关键之处在于："大患"即指前文的由宠辱而来的"惊"。理解这个问题，首先要明了"患"和"若"的含义。"患"解作"忧虑"，如《论语·季氏》："不患寡，而患不均。"忧虑即前文的荣辱。王弼注："大患，荣辱之属也。"王注十分精确。后文云大患是因为有身，无身则无患。"患"随"身"来去，自当是指人之忧患之患。"宠辱若惊，贵大患若身"两句连文，文意必当相关，"大患"承上文而指因荣辱而带来的忧虑，文从字顺，合情合理。

"若"是连接上下之词，并非如同之意。王引之《经传释词》："若犹则也。《老子》曰：'故贵以身为天下若可寄天下，爱以身为天下，若可托天下。'"严复云："通章若字皆作'如此乃'三字读。"杨树达、裴学海以为"若犹乃也"，并举上引《老子》句为例。三家说皆可通，本章去除重文有四个"若"字，位置和语法作用相同，都是连接上下两部分，可随文译作"则"或"乃"。"荣辱若惊"，荣辱至身，人乃惊动，"若"训作"乃"很合适。"贵大患若身"的"若"字也当训作"乃"。焦竑云："贵，重也。"范应元云："犹言不轻大患。""贵大患"，把大患看得很重，不能轻视他。上文已经说明，患就是因荣辱而来的忧虑，看重大患，就是无法放下对荣辱的忧虑。忧虑何来？下文很明白的说明是因为"身"的存在，所以"若身"的"若"必当解作连词，训作"乃"，"若身"直译即"乃是因为身"之意，语意承接上文说明忧虑之所来，乃是因为身存之故。明了若的含义，可以知道本章上下文句式类似，语意协调，可谓文从字顺，晓畅通达。有的学者把"若"字视为"如若"、"如同"，本章四句，其他三句都做连词解，独此处解作如同，岂非可怪？解作如同，则此句必然导致"贵身"说，下文明言"无身"，则"贵身"亦可怪矣。所以此处"若"必作连词解。

"吾所以有大患者，为吾有身，及吾无身，吾有何患"，阐明老子的无身之说。"身"指自身，可训为"己"，非指躯体，《尔雅·释诂下》："身，我也。"《尔雅·释诂下》："朕、余、躬，身也。"《说文解字》："身，躬也。"《老子》中的身大多指自身。如第七章："圣人后其身而身先，外其身而身存。"第九章："功成名遂身退，天之道。"第六十四章："欲先民，必以身后之。""后其身"、"身退"、"以身后之"，就是使己居后，解释成躯体都不合文意。第五十四章："修之于身其德乃真。""修身"之身也是修己之意，《论语·宪问》"修己以安百姓"，是儒家修己以安天下之思路，于《礼记·大学》为"修身，齐家"。"身"与"己"意思是相近。

"无身"即是"无己"，是去除对自身的执着。马其昶云："宠辱之所以为患者，以吾有身也，若无吾身之念存，则与天地万物为一体，安往而不逍遥哉！"上文已经说明"患"是荣辱引发的忧虑，这里进一步说明，有荣辱之忧是因为有自身、自己的观念存在。有荣，是因为我欲荣；有辱，是因为我惧辱。如果去除这个自我，就无所谓荣辱，自然也不会有忧虑。己与天地万物合一不二，无往而不逍遥。第七章"是以圣人后其身而身先，外其身而身存。非以其无私邪！故能成其私"与本章意思相近，彼所言无私，即此所言无身，无私与无己基本是一样的意思。

"贵以身为天下"，"爱以身为天下"这两句话中贵、爱为动词，"以身为天下"是一个完整的短语，作贵、爱的宾语。第二十六章"以身轻天下"句式与此类似，可为佐证。为天下，即治天下。此处"身"的含义就是指前文所说的"无身"。上已说明无身无患，患非人所喜，则正确的态度只能是以无身待身，下承上而言必当与上同义，"以身"与"无身"含义没有不同。《庄子·在宥》云：

> 闻在宥天下，不闻治天下也。在之也者，恐天下之淫其性也；宥之也者，恐天下之迁其德也。天下不淫其性，不迁其德，有治天下者哉？……故君子不得已而临莅天下，莫若无为。无为也而后安其性命之情。故贵以身于为天下，则可以托天下；爱以身于为天下，则可以寄天下。

君子以无为治天下，与后文"以身于为天下"前后为互证关系，文意当相近，"无为"相当于"以身"，"以身"必作"无身"解才能与"无为"相当。前后两字有不同理解，是道家学派的正言若反的风格。刘笑敢指出：

> 《老子》中有很多这样的表达，如'无为而无不为'，'以其无

私故能成其私’，‘外其身而身存’，其中各句中的两个‘为’，两个‘私’，两个‘身’，都不能作绝对等同的理解，而是在大意相同的情况下，具体内涵稍有不同的侧重，这样才言简意赅，耐人寻味。如果按照形式逻辑的同一律来解释老子的这些辩证观念，难免得出老子思想不合逻辑或阴谋诡计的结论。这样机械地解读《老子》，是无法理解老子的充满辩证观念的睿智的。

通过以上分析，可知本章主旨是无身，而不是贵身。古今多以此章作贵身讲，如王弼云："无以易其身，故曰贵也……无物可以损其身，故曰爱也。"陈鼓应云："以贵身的态度去为天下，才可以把天下寄付给他；以爱身的态度去为天下，才可以把天下托交给他。……一个‘贵身’的思想却被误解为‘忘身’。"究其原因，盖是版本之误。帛书甲乙本甲乙本即作"贵以身于为天下……爱以身为天下"，上引《庄子·在宥》引《老子》也是误作"贵以身于为天下……爱以身于为天下"。今传王弼本虽然作"贵以身为天下"，揣其注文，其本似也做"贵以身于为天下"。可见错解已久。王念孙已经指出此误："《庄子》本作‘故贵以身于天下，爱以身于天下’。‘于’犹‘为’也，后人依《老子》傍记‘为’字，而写者因讹入正文。"王引之申之："‘于’犹‘为’也……‘于天下’即‘为天下’也。"二王说是。北大本正作"故贵以身为天下，爱以身为天下"，无"于"字。郭店本作"口口口口为天下，……爱以身为天下"四字缺文当补作"故贵以身"，无"于"字地。帛书甲乙本上句虽然是"以身于为"，而下句却是"以身为"，无"于"字。"于"系衍文，十分明显。盖古"于"可训为"为"，文章传抄，偶误抄作"于为"，后虽因以误解此章是比较"身"与"天下"哪个更重要之意。现在仰赖古本出土，我们知道没有"于"字，这句话就不能解释成比较"身"与"天下"何者更"贵"的意思，所以"贵身"的说法也是没有依据的。贵身是黄老后学的思想，其起源也不会太晚，但是必须明了：《老子》并没有直接提出"贵身"之说。

第十四章

【题解】

本章是对道始的体验的描述。

视之不见名曰夷，〔1〕听之不闻名曰希，〔2〕搏之不得名曰微。〔3〕此三者不可致诘，〔4〕故混而为一。一者，〔5〕其上不曒，〔6〕其下不昧，〔7〕绳绳不可名，〔8〕复归于无物。〔9〕是谓无状之状，〔10〕无物之象。〔11〕是谓恍惚。〔12〕迎之不见其首，〔13〕随之不见其后。〔14〕执古之道，以御今之有，〔15〕能知古始，〔16〕是谓道纪。〔17〕

【注释】

〔1〕之，指道。夷，无色曰夷。

〔2〕希，无声曰希。

〔3〕搏，帛书甲乙本作"揯"。搏，击打。揯，抚摸。二者意近，皆指以触觉感知。微，无形曰微。

〔4〕三者，谓夷、希、微也。不可致诘，河上公云："不能诘问而得之。"

〔5〕一者，王弼本无此二字，今据帛书甲乙本补。

〔6〕其，指一。曒，光明。

〔7〕昧，昏暗不明。"其上不曒、其下不昧"是互文，即上下不明不暗。

〔8〕绳绳，众多无边之貌。

〔9〕复归，回归至初始状态。无物，初始状态混然为一，没有万物的区分。

〔10〕无状，无形。状，样貌。

〔11〕象，容状，景象。

〔12〕恍惚，不定之状。

〔13〕之，指道。

〔14〕随之不见其后，随之不可见其影迹。

〔15〕有，通作"域"。刘师培云："'御今之有'，犹言御今之天下国家也。"

〔16〕古始，指初始之时，对今而言古。

〔17〕纪，纲要。

【译文】

只晓得道看不见，把道从视觉角度名为"夷"；只晓得道听不到，把"道"从听觉的角度名之为"希"；只晓得道不可触摸，把道从触觉的角度名之为"微"。夷、希、微三者都是名，都禁不起诘问探究，不能作为道之称。因为道本无名，以有名的方式不能得知，所以要去除名的界限，混然为一，道始可知。至于一时，上下不明不暗，物我无所区分，无边不可名称之，（已分之万物的界线消失，）复归于无物。这样境界可称作无形的样貌，无物的景象，可称为恍惚。迎在前面，不见其端首；随在后面，不见其影迹。在位者应执守初始之古道，以治理其疆域。能明白混然的初始，可称作道的纲要。

【述评】

"视之不见名曰夷，听之不闻名曰希，搏之不得名曰微"，"之"从下文的"执古之道"，"能知古始"的说法可以知道就是指"道"或"始"。道始固然不可见、不可闻、不可触，但是仅以此名之为"夷"、"希"，"微"，都是各执一端，不能贴合道之本质。"夷"、"希"、"微"都是一端之名，由此名而推究探讨不能得道之实。正确的至于道方式就是混诸端为一，故云"混而为一"。

混视听诸端为一，在《庄子》中称为"一志"、"守一"。《庄子·人间世》：

> 若一志，无听之以耳而听之以心，无听之以心而听之以气。听止

于耳，心止于符。

《庄子·在宥》：

> 目无所见，耳无所闻，心无所知，女神将守形，形乃长生。……
> 我守其一，以处其和。

使耳、目、心不为外物所扰，就是混一之术。本章先言视、听、抟，后言一，与《庄子》所说思路相同，道家中老庄一系于此是前后一致的。

"一者"以下的内容与二十一章有对应关系：

> 道之物，惟恍惟惚。惚兮恍兮，其中有象。恍兮惚兮，其中有物。窈兮冥兮，其中有精（情）。其精（情）甚真，其中有信。自今及古，其名不去，以阅众甫。吾何以知众甫之状哉？以此。（二十一章）

"惟恍惟惚"句对应十四章的"恍惚"句，"窈兮冥兮"句对应"迎之不见其首，随之不见其后"，"自今及古，其名不去"对应"执古之道，以御今之有"。二十一章的主题相对明确，即"道之物"。这也应当是十四章的主题。这与本章末尾"执古之道"相呼应，"一者"以下主题也应当是道。

《老子》中道始可以互指。如：

> 有状混成，先天地生，寂兮寥兮，独立不改，可以为天下母。吾不知其名，强字之曰道……（二十五章）
> 天下有始，可以为天下母。（五十二章）

两处一谓道可以为天下母，始母互用。本章前言"执古之道"，后言"能知古始"，互相呼应，又言"知古始"就是"道纪"，也显示了道始可以互称。

"一者"以下所言可以理解为《老子》对道始的描述。《老子》认为万物不是从来如此，曾经有个万物未形、混然为整一之时，这种原初状态，这就是《老子》所说的始。初始也是有道之时，所以也可以称为"道"。其状态呈现一种混一之状。"其上不曒，其下不昧"，河上公注云："曒，光明。"成玄英云："昧，暗也。"林希逸云："上下二字亦不可拘，但言此道不明不暗。"此两句是互文，谓上下不明不暗，与"和光同尘"意近，谓道始中只是和，不自显，不自异，明不为明，暗不为暗，明暗和而为一。

"绳绳不可名，复归于无物，是谓无状之状，无物之象"，两两对应，"绳绳不可名"对应"无状之状"；"复归于无物"对应"无物之象"。关键之处在于两"状"字意思不同，王弼此章注云："而不见其形。"《老子指略》云："名号生乎形状。"状即形，无状即是无形之意。"之状"之"状"是容状样貌之意。合而言之，即是无形之容状。名号生于形状，上文说不可名，下文说无形状，互相呼应。"无物之象"的"象"是样貌之意，与容状之状意近。形名不可分，有形则有名，无形则无名。无形无名则无物只是混然一体，无分化，故可以说无物。

此句与"惚兮恍兮，其中有象。恍兮惚兮，其中有物"对应，皆以象、物为言。王弼注云："恍惚，无形不系之叹。"系，拘系之意。无形则无所拘系。河上公云："独恍忽往来，于其无所定也。"河上公以为恍忽是无定之貌，与王弼所说基本相同。二十章云："惚兮其若海，恍兮若无止。"亦可证明恍惚是无所止定之意。恍惚无所止定，即是无物、无形的观感。而二十一章言有象有物，似矛盾。《老子》所说的无物，不是无实体之物，只是天地与我并生，物我两忘之意。五十一章"道生之，物形之"可佐证，"物形之"的"之"字承"道生之"而来，必是指万物，"物形之"之物与万物之物必然有差别。两种物也见于《庄子·天地》："物得以生，谓之德；未形者有分，且然无间，谓之命；留动而生物，物成生理，谓之形。"上言"物得以生"则已经有物，下复言"留动而生物"，则物又尚未生。此两物必然不同。前所谓物者，实体之物，后所谓物者，有形名而名之为物。老庄所谓无物者，是无形名之物，非无实体之物。原初无物谓无形名之物，故可言"复归于无物"，其中有实体之物，故可言"其中有物"。既有物，亦当有容状，故言"其中有象"是完全可以理解的。

"迎之不见其首，随之不见其后"，谓其不可见，但却能够感觉到其存在。《鹖冠子·夜行》："此皆有验，有所以然者，随而不见其后，迎而不见其首，成功遂事，莫知其状。"以"皆有验，有所以然者"来解释可随可迎却不见十分合适。验，谓有信验，不虚妄。不可见似不存，而事功有成皆因此，可谓有信验。此句与"窈兮冥兮，其中有精（情）。其精（情）甚真，其中有信"对应。窈冥，谓深远貌，虽远但非不存，故可谓有情有信。信者，信验之意，与《鹖冠子》的"有验"之意正相应。三者实在是说一件古人有共识的事，即道不可见，却是存在的。

"执古之道，以御今之有，能知古始，是谓道纪"。所谓古，指万物未分，混然为一之时；所谓今，指今日万物林立，混沌已破之时。混然为一是万物初始之面貌，故可谓始，其时有道，亦可谓道。纪，纲要之意。知古始则明道之纲要，执此道则今日可治。

《老子》本章是对万物未分的初始的描述，《庄子·田子方》中一段游于物之初的描述可以参看。《田子方》云：

> 孔子见老聃，老聃新沐，方将被发而干，熟然似非人。孔子便而待之。少焉见，曰："丘也眩与？其信然与？向者先生形体掘若槁木，似遗物离人而立于独也。"老聃曰："吾游心于物之初。……至阴肃肃，至阳赫赫。肃肃出乎天，赫赫发乎地。两者交通成和而物生焉，或为之纪而莫见其形。消息满虚，一晦一明，日改月化，日有所为，而莫见其功。生有所乎萌，死有所乎归，始终相反乎无端，而莫知乎其所穷。非是也，且孰为之宗！"孔子曰："请问游是。"老聃曰："夫得是，至美至乐也……"

言"物之初"是即物之初始。又言"或为之纪而莫见其形"，"日有所为，而莫见其功"，"非是也，且孰为之宗"，无情有信为万物主者非道莫属。可见《田子方》也是描述道始。

上文中有一个问题，《老子》说混然为一，然后就描述道始的样貌混一显然是知晓道始的途径，但《老子》所说，颇为含糊，到底怎么由一见道，不可确知，结合《田子方》的描述，我们可以知道"混然为一"是种类似冥想体验。

他所描述的道始首先是一种神妙的主观体验。为什么可以如此肯定这是一种主观体验呢？因为在《田子方》有比较明确的说明。孔子见老聃，见其形如槁木，遗物离人，问其原因，老聃回答说他游心于物之初。从中可知，形如槁木是出游之状。所谓物之初也就是万物始生之处，下文对物之初的形容："至阴肃肃，至阳赫赫。……两者交通成和而物生焉。"不难看出这是老子四十二章所说的"万物负阴而抱阳，冲气以为和"的另一种描述，物之初的状态就是"和"。《庄子·知北游》云：

> 啮缺问道乎被衣，被衣曰："若正汝形，一汝视，天和将至……"言未卒，啮缺睡寐。被衣大说，行歌而去之，曰："形若槁骸，心若死灰，真其实知，不以故自持。媒媒晦晦，无心而不可与谋。彼何人哉！"

上文说正形、一视，天和将至，下文说形若槁骸，显然承上文而来。结合上下以及《田子方》的描述可知：通过正形一视，和可以呈现，而此时外在形象即是形若槁木。《田子方》所说游于物之初，其状就是"和"，而出游的时候也是形如槁木。对比两者，可知所说是一致的。由此可以明白，老庄所谓的游是神游。正是因为混诸端为一的神妙体验，使体验者认为自己与道或始有沟通。在类似冥想的神游中，无名、无物都是可以体验的，称这种状态为恍惚，称所见为窈冥，为无形有信，实在非常合适，有类似冥想经验的人很容易理解这种描述。《庄子》中所说"入无穷之门，以游无极之野"，"独与天地精神往来"的意思也就容易理解了。神游的具体法门即是《庄子》所说的心斋坐忘之术，文字繁多，此不具论。

这种体验之所以得到老庄的重视也是因为它与老庄思想的吻合。老庄认为万物有初始，这在现实中无法验证，只能推论而得。游于物之初的切身体验某种程度上弥补了这个缺憾，使体验可以辅助思想上的认识。正是以此，老庄才会认可这种体验。这种以个人体验支撑思想的方式并非个案，《孟子》所说的浩然之气与老庄游于物之初性质相近，也是以个人体验辅助对仁义的认识。这种体验与思想相结合的方式是古典时代的一个特点。老庄、孟子之所以为思想家，当然不是因为他们会心斋静坐，而是因为对于这个体验在思想上的升华。

第十五章

【题解】

　　这一章前半部是对有道之士的形象的描写，后半部主要是说欲保持生机，需守静不盈。

　　古之善为士者，[1]微妙玄通，[2]深不可识。夫唯不可识，故强为之容：[3]豫焉若冬涉川，[4]犹兮若畏四邻；[5]俨兮其若客，[6]涣兮若冰之释；[7]敦兮其若朴，[8]混兮其若浊；旷兮其若谷。[9]

　　孰能浊以静之，徐清；[10]孰能安以动之，徐生。[11]保此道者不欲盈，[12]夫唯不盈，故能蔽不成。[13]

【注释】

　　[1]马其昶云："得道之士也。"

　　[2]微，细小。妙，也是细小之意。玄，幽深。通，达。言得道之人精微通达，不可认识。

　　[3]强，勉强。容，形容。

　　[4]豫，与下文之犹，是连绵词"犹豫"的分开使用，迟疑戒惧之意。涉川，过河。冬日水冷，故过河迟疑戒惧。

　　[5]畏四邻，先秦时一人犯法，邻里往往连坐，故畏之。

　　[6]客，王本误作"容"，今据郭店本、帛书甲乙本、北大本等改。俨，恭敬貌。俨兮其若客，河上公云"俨然无所造作"，即客随主便，不造作而行。

　　[7]"释"前王本有"将"字，今据郭店本、帛书甲乙本、北大本删。

涣，流散。冰之释，冰消融。

〔8〕敦，厚。朴，未经雕琢成器的原木。

〔9〕"旷兮其若谷"王本与"混兮其若浊"误倒，今据帛书甲乙本、北大本等乙正。谷，川谷。

〔10〕孰能，谁能。浊以静，在浑浊中守静。徐清，慢慢澄清。

〔11〕"动"前王本衍"久"字，今据郭店本、帛书甲乙本、北大本等删。吴澄云"安者，静之时也。生谓活动"，安静既久则有动，慢慢而有生机。

〔12〕保此道，河上公云："保此徐生之道。"盈，盈满。

〔13〕"成"前王本衍"新"字，今据帛书乙本、北大本删。能，王引之《经传释词》云："'能'与'宁'一声之转，而同训为'乃'。"蔽，通作敝，缺损，减损。

【译文】

古代的有道之士，体道而行，精微通达，深不可识。因为深不可识，所以只能勉强的形容一下：他们看起来是迟疑戒惧的样子，好像是冬天过河一样，又像是犯法害怕四邻知晓一样。他们看起来恭敬，如同主人家的客人，随主而行，不造次妄动；流散舒展，好像是冰消融为水一样，不拘一形。他们看起来敦厚，如同未经雕琢的原木一样没有纹饰；混然似浊，和光同尘，不与物异。他们空旷像川谷一样，虚无所藏，用之不盈。谁能够在浑浊的状态下以静处之，浑浊会慢慢地清澈。谁能在安中有动，慢慢就会有生机萌生。保此道的方法是不要盈满，而保持空虚。正是因为不盈满，乃不积聚而损之，使不至于成。

【述评】

道之体微妙幽深，不可名状，而古代的有道之士，体道而行，其精微通达，也是深不可识，只能勉强地予以形容。在《庄子》中得道的壶丘子有多种形态，转变无常，善于相人的相士完全摸不到头脑，正是有道者深不可识的形象表现。

下文七个形容中，前六个两两成对。开头两句犹、豫意近，是一对。王本中"旷兮其若谷"插在"敦兮其若朴，混兮其若浊"之中，今赖多种古本出土，知其次序错乱，原本以"若朴"、"若浊"比次，两句意亦相近，也是一对。由此推知，中间的"俨兮其若客，涣兮若冰之释"也当是一对。"豫焉若冬涉川，犹兮若畏四邻"皆言有所戒惧，不果于行。"敦兮其若朴，混兮其若浊"，言其质朴若愚，于事物不加分别。"俨若客"言其有所依托，不自作主。"涣若冰释"王本作"冰之将释"，"将"字衍文，对文意有妨。冰有固定形状，其将释未释时，还是为形所拘。冰释则变为水，不拘一形，随容器之形为形，与上句"俨若客"不自作主之意正相呼应。所以这两句也是一对。郭店本无"旷兮其若谷"一句，但是诸汉本皆有，相传既久，虽与前文两两相偶之文例不合，不敢妄删。其意与成语虚怀若谷类似，即谦而能容之意。总体而言，老子心目中的得道之人浑朴似愚，无作无为，与全书他处的描绘相一致。

"孰能浊以静之，徐清；孰能安以动之，徐生"，这两句说明由浊而清，由清而安，由安而生的过程。吴澄云："浊者动之时也。""浊"是事物运动之时，很对，但不明了，今略申述。此清浊是抽象泛指，浊是不理想的状态，乱而不和，生机损耗，趋于灭亡之时。老庄皆以为致浊的原因是事物不随其本性的妄动，所以此时需去除己意，随性所之，虚己的过程于《老子》称之为"致虚极、守中督"，于《庄子》则称做"心斋"。静则心止，心止则气得其自然，清者上升、浊者下降，徐徐而澄清。

安、生之意，吴澄云："安者静之时也。静继以动则徐徐而生矣。安谓定静，生谓活动。"亦是。澄清则安，安之即久则动。此动非心所使，乃是气本性之自然之动。这个动，就是所谓的"生"或"生机"。

下文所谓"保此道"即如河上公所说"保此徐生之道"。生机一路，欣欣向荣，欲此生机长存，不至于复浊而亡，则需要将虚静维持下去，即使之虚如谷，永不盈满。

"能蔽不成"之蔽通作敝，作动词，即减损之意，与四十八章"为道日损。损之又损，以至于无为损"意思相同。事物之常：成则亏，满则溢。不欲盈满，则需减损之，使不至于成。

第十六章

致虚极，[1]守中督。[2]万物并作，[3]吾以观复，[4]天物芸芸，[5]各复归其根。[6]归根曰静，[7]是谓复命，[8]复命曰常，[9]知常曰明，[10]不知常，妄作凶。[11]知常容，[12]容乃公，[13]公乃王，[14]王乃天，[15]天乃道，[16]道乃久，没身不殆。[17]

【注释】
〔1〕致，达到。虚，无所盛，此指无心无欲。极，中。《诗经·商颂·殷武》："商邑翼翼，四方之极。"郑玄笺："极，中也。"
〔2〕中，王本误作"静"，今据郭店本改。督，王本作"笃"，今据帛书甲乙本、北大本改。中，情、情实。督，正、中。
〔3〕并，一起。作，兴作。
〔4〕复，复归，返回。
〔5〕天，王本误作"夫"，今据郭店本、帛书甲乙本、北大本改。"芸芸"通作"云云"，运动不休。
〔6〕根，本根，指道。
〔7〕曰，马叙伦云："'曰'读为'则'。"
〔8〕命，物本来的混然状态。
〔9〕常，不变。
〔10〕知，魏源云："夫知非闻见测度之谓也，能浑一于物我之间，外无

不容，而内无或私者，庶乎真知乎。"知不是闻见之知，是一种深层体验。

〔11〕妄作凶，不循常道而动，则有凶险。

〔12〕容，包容。

〔13〕公，公平无私。王弼云："无所不包通，则乃至于荡然公平也。"

〔14〕公乃王，《荀子·正论篇》云："天下之归之之谓王。"大公无私，天下归往，可为天下王。

〔15〕王乃天，王者无为无言，大公无私，法天而行。

〔16〕天乃道，天乃法道。

〔17〕没身，终身。殆，危险。

【译文】

使心空无所盛，无知无欲，以至于中，守持性情之中。（做到这些，则可以观道。）万物兴作，我可以从中观知复归之义，合于天道者则运转不休，（究其原因）在于他们都复归于根。复归到根则静，静则复归到其本来之混然状态。复归到混然则可长久不变。知晓混然而长久不变的道理则明智。不明白混然长久不变的道理，轻举妄动会招致凶险。知混然则无所不包，这样就可以大公无私，大公无私则天下归附可以成为王。王之道即天之道，有此道则可以长久，终生不会有危险。

【述评】

本章首先需要说明的是"守中督"的校勘问题。此句传世本皆作"守静笃"，郭店本作"兽（守）中管"，北大本作"积正督"，帛书甲本作"守情表"，帛书乙本作"守静督"。北大本首字作"积"，诸本皆作"守"，当以"守"字为正。末字帛书甲本作"表"，整理组认为："表或是袭字之误。"是也。郑良树云：

> 此当从乙本作"督"，《六书故》曰："人身督脉……当身之中，衣缝当背之中……亦谓之督。"字通作"袭"，《国语·晋语》一曰："衣之偏袭之衣。"韦《解》曰："袭在中，左右异，故曰偏。"……与《庄子·养生主》"缘督以为经"之"督"同义，即至正、至中也。

新出北大本正作"督"，可证郑说之确。郭店本管，说者皆以为通作笃，无异议。笃亦可通作督,《小尔雅义证》:"《春秋传》'司马督',《汉书·古今人表》作'司马笃','督''笃'同。"督当是正字,笃、管等皆是借字,中、正之意。

本句中间的"中"字四个版本四个字,看似差别较大,然细究其意,亦不甚远。中与正意近,情与静可通。中与情意亦相近。《国语·晋语五》:"若中不济,而外强之,其卒将复,中以外易矣。"韦昭注:"谓情不足,而貌强为之。"《国语》之"中",韦昭解释为"情"。盖《老子》古本作"中",郭店本承之。战国时"中"、"情"辨析精微,意义稍别,道家后学或恐"中"之义晦,故改为"情"字以明之。情或写作静,后之读者不明"静"本当作"情",涉下文"归根曰静"而误以"静"为本字,遂以讹传讹,滔滔不返至于今。北大本作"正",亦非妄改。《庄子·骈拇》:"故此皆多骈旁枝之道,非天下之至正也。彼正正者,不失其性命之情。""正",也可以指"情"。盖北大本或见古本作"中",避免与后文"督"之意重复,遂改为"正"。

此句当以"守中督"为古,"守情督"为明。中训为情,即情实之意,指人之本然。督训为中,无所偏倚,恰在其所之意。全句之意即守持人情实之中,使本然无所偏失。古人以为性情待物而动,《上海博物馆藏战国竹书一·性情论》即云:"凡人虽有性,心无定志,待物而后作。"此所谓性,即《老子》所谓情,俞樾《群经平议·孟子二》云:

> 盖性、情二字,在后人言之,则区以别矣,而在古人言之,则情即性也。

为外物所牵引之性情非性情之本然,只有去除外物的影响,才能使天赋之性情呈现。使性情至于其本来之状,即"情中(督)",执而不失,即守情中(督)。

"致虚极"的"虚",是空无所盛之意,人之空,即无知无欲,去除是非欲望的骚扰,至于人之本然状态。这个本然是人之情实,即人之中。中,又可以称为极。《诗经·商颂·殷武》:"商邑翼翼,四方之极。"郑玄笺:"极,中也。"《汉书·倪宽传》:"唯天子建中和之极。"故"致虚极"之意即至于无知无欲之人之本来状态,与下文之"守中督"对应。

王弼此章有个奇怪的注,王注云:"言致虚,物之极笃;……卒复归于虚静,是物之极笃也。"所谓"物之极笃"语不成文,历来以为注文有误。通过上文,我们知道"笃"通作"督",极笃,即极督,两字都是得中之意,物之极督,即虚静得物之中,语意并不晦涩。仰赖古本,今知此处只是通假不明,传本并无错误。王注亦可反证"极"为"中"之意,"笃"当作"督"。

"天物云云"一句各本歧异,郭店本作"天道员员",帛书甲乙本作"天物雲雲",帛书乙本作"天物祏祏",北大本作"天物云云",王本作"夫物芸芸"。四个古本首字皆作"天",知王弼本"夫"为天之讹误。末两字廖名春以为当作"云云":

> "员员"先秦秦汉故书无例证,字当作"云云",运动不停地样子。《管子·戒》:"故天不动,四时云下而万物化。"尹知章注:"云,运动貌。"房玄龄注:"云,运动貌。"《吕氏春秋·圜道》:"云气西行,云云然,冬夏不辍。"高诱注:"云,运也。"有写作"伝伝"。《白虎通·性情》:"魂魄者,何谓也。魂犹伝伝也,行不休也。""伝伝"即运动不休。又写作"魂魂"。《夏小正》戴氏传二月:"魂魂也者,动也。"《太玄·玄告》:"魂魂万物,动而常冲。""魂魂"、"伝伝"皆"云云"之后滋生辞。帛书甲本作"雲雲",帛书乙本作"祏祏",王弼本、河上公本……作"芸芸",与"云云"作"魂魂"、"伝伝"同。而傅奕本、范应元本作"贠贠",正是"员员"出于"云云"之证。因此故书当如景龙碑本、遂州本、敦煌文书2582页作"云云"。

廖氏所说,十分雄辩,新出北大本正作"云云",可佐证廖说之确。云云,是运动不休之意。

经过校勘,"万物并作"至"归根曰静"有了正确解读的基础。其中关键在于正确的理解"归根曰静"之"静"的含义。《老子》书中多处都有提到"静",如:

> 上善若水。水善利万物而有静,处众人之所恶,故几于道。居善地,心善渊,予善天;言善信,正善治,事善能,动善时。(第八章)
> 孰能浊以静之,徐清;孰能安以动之,徐生。保此道者不欲盈,夫唯不盈,故能蔽不成。(十五章)
> 重为轻根,静为躁君。(二十六章)
> 知足以静,天下将自定。(三十七章)
> 我无事而民自富,我无为而民自化,我好静而民自正,我欲不欲而民自朴。(五十七章)

第八章"水善利万物而有静"与"心善渊"相关,心要善于渊静之意(详

见第八章），细读《老子》文中诸"静"字，是指心而言。如五十七章
"无为无事"指行动而言，"我好静则民自正"之"静"当指心言。"孰能
浊以静之，徐清"，谓水浊能静，则水会慢慢变清。水之浊清盖谓人之行
为是否适宜，而静谓以人心控制人之行为，心不静则人的行为失常，似水
之浊；心静则人的行为得其所宜，似水之清。静喻人心之定，人心定则可
制约人的行动，使之得其所宜。"孰能安以动之，徐生"之意，"安"对应
上文的"静"，动对应上文的水，动不失其安，则生机徐徐，无覆亡之虞。
下文云"不欲盈"、"能敝不成"与此正相对应，"不欲盈"，即是"知足"
之意，到了一定程度就不再继续求取，虽有空间而不让它填满。三十七章
云"知足以静"，足与静正相对应。上文"不欲盈"也与"静"相互呼应，
其含义之相关，不待多言。十五章"不欲盈"谓静、安，"不成"谓不至
于覆亡或水之清。这与二十六章"静为躁君"的含义类似，谓以静制约躁
动，使躁有所属，不至于趋于灭亡（详见二十六章）。以上诸多含有"静"
的章节，皆相互关联，相互支撑，其大旨是：静是一种制约，得到静的制
约，则有生机。

静与躁的关系与心气相关。"心使气曰强"，气为心所驾驭则至于坚强，
坚强则趋于死亡。心不驾驭气，则至于柔和，柔弱则生。心有动，即躁；
心不动，则静。静则气柔，气柔则生；躁则气强，气强则死。静，谓心不
动也。

"归根曰静"之"根"，即"玄牝之门，是谓天地根"之根，指万物所
从出。与万物并作相比，万物所从出无所谓兴作，既然没有兴作，当然也
没有休息，根只是恒常。如果说兴作是动，则根是静。归根则可静。如果
说万物之兴作是动，而万物之趋于灭亡就是躁。"静为躁君"，躁必有所属，
才能免于灭亡。万物兴作，而能免于灭亡者，必是能归根以静者。三十九
章云：

> 昔之得一者：天得一以清，地得一以宁，神得一以灵，谷得一以
> 盈，侯王得一以为天下贞。其致之，天毋已清将恐裂，地毋已宁将恐
> 发，神毋已灵将恐歇，谷毋已盈将恐竭，侯王毋已贵以高将恐蹶。

天地神灵谷是世界中少数不会毁坏者，原因在于得一。一是制约他们，使
他们不至于毁坏的原因。两相比较，可以知道：一者，根也；得一者，静
也。万物所从出就是始或原初的混然，一是去诸端而至于混然或始（详见
十四章），归根、得一都是复归于混然之意。复归于混然，则心不动，故
曰"归根曰静"，归根与守母等区别不大。

静之义明，上下文则易于理解。"各复其根"，言"各"，非只有一物，知此句必是承上文"万物并作"而言。句意是万物兴作，我从而观之，"天物云云，各复其根"是观的结果，两句相勾连。"复其根"与"归根"同意，复必是复归之意。万物兴作而有息时，其间有不息者，如天地神灵谷等，是因为他们复归于根而得一，故而生生不息。我所观之者，正是那些少数不息者的复归。天是这些少数的代表，天运动不息，这些不息者，可以泛称为天物。"天物云云"，就是指这些少数得一者生生不息。"各复其根"，言其生生不息之原因，皆因其复归于混然。

"静曰复命"之"命"，《老子》只此一处提及，要弄明白其含义，当从命之一般含义入手。《春秋》庄公元年："王使荣叔来锡桓公命。"《公羊传》："命者何，加我服也。"服，泛指彰显地位之器服。《周礼·都宗人》："正都礼与其服。"郑玄注："服谓衣服及宫室车旗。"《周礼·大宗伯》："以九仪之命正邦国之位：壹命受职，再命受服，三命受位，四命受器，五命赐则，六命赐官，七命赐国，八命作牧，九命作伯。"命不仅仅限于郑玄所说的宫室车旗，官职、爵位、法则、国家等都是命的内容。言辞亦可谓之命，如《周礼·大行人》"协辞命"，郑玄注："六辞之命"。综合各种含义，盖尊者所加皆可谓命。

自授予者而言为加，自接受者而言为禀受。《周易·乾》："乾道变化，各正性命。"孔颖达疏："命者，人所禀受若贵贱夭寿之属是也。"朱熹《本义》："物所受为性，天所赋为命。"孔以禀受为言，朱以天所赋为言，只是角度不同，自接受者而言为禀受，自加之者而言为赋予。

道家之命，在前面所说的禀受、赋予含义的基础上，指物与生而来，有所禀受者。《庄子·天地》比较明确的说明了何为命，云：

> 泰初有无，无有无名，一之所起，有一而未形。物得以生，谓之德，未形者有分，且然无间，谓之命。留动而生物，物成生理，谓之形，形体保神，各有仪则，谓之性。

首先需要说明的是这里两处物字——"物得以生，谓之德"与"留动而生物"——含义不同。"物得以生"之"物"谓实体之物，"留动而生物"之"物"谓名物之物。前者未形，后者已形。形，指形分，是对物的区分。不加区分的时候就是无形，加以区分的时候就是有形。不加区分的时候，作为一个实体，物也存在，"物得以生"之"物"就是这个意义上的物。《庄子》所说"未形者"混然未分。"物得以生，谓之德"，谓物得未形而谓之德，即众物虽有实体之样貌，但混然不知其间有区分，只是混然，混然见于一物则为德。"留动而生物，物成生理，谓之形"，谓混然破裂，生成有形分之物，这时众物不仅有实体之样貌，亦有形分。此"物"字与上文的"物"字不同，在行文中是很清晰的。

以《天地》的序列，"命"在"德"与"形"之间。"留动而生物，物成生理，谓之形"，《韩非子·解老》云："凡理者，方圆、短长麤靡坚脆之分也。"物有方圆长短之区分则为理，既有理则有形分。所谓有形未形都是指区分，这种区分不是从来就有，最初是无有无名的混然不分。王弼《老子指略》云："五物之母，不炎不寒，不柔不刚；五教之母，不皦不昧，不恩不伤。"方圆长短是从一个不方不圆、不长不短中生出的。这个长短方圆之母是无分混然。实体之物在混然之中，于某一实体之物而言，其不分的状态可称为"德"。"未形者有分"即谓实体之物之间不能真的融为一体，虽然未形，实体之物总是区隔，似有分。实体之物而不自知其为物，混然为一，又是无分无间，所以说"且然无间"。所谓命者，谓未形加于实体之物、实体之物禀受于未形的本来之混然。

《老子》中的命基本上与《庄子》所说相同，"归根曰静"是观天物之运行不息，而知所以运行不息者，在于复归其根之混然。此混然是物之本来，亦即物禀受于未形，可称为命。此混然由静而复得，故曰"静曰复命"。

"复命曰常"中"常"字是关键，今传《老子》中"常"字多见，帛书甲乙本、北大本则恒、常并用。今本多"常"字是因为避汉文帝刘恒和宋真宗赵恒的讳，把"恒"字改为"常"。古本《老子》恒、常用法稍异。"恒"多做形容或副词用，如恒名、恒足之类。"常"用作名词，只见于本章、五十二章以及五十章。《韩非子·解老篇》云：

> 故定理有存亡，有死生，有盛衰。夫物之一存一亡，乍死乍生，初盛而后衰者，不可谓常。唯夫与天地之剖判也具生，至天地之消散也不死不衰者谓常。

常，不死不衰之谓。

五十章"和曰常"，王弼对常字有不同于《韩非子》的说法：

> 物以和为常……不皦不昧，不温不凉，此常也。

《老子指略》云：

> 五物之母，不炎不寒，不柔不刚；五教之母，不皦不昧，不恩不伤。

虽古今不同，时移俗易，此不变也，所谓"自古及今，其名不去"者也。天不以此，则物不生；治不以此，则功不成。故古今通，终始同，执古可以御今，证今可以知古始，此所谓"常"者也。无皦昧之状，温凉之象，故"知常曰明"也。物生功成，莫不由乎此，故"以阅众甫"也。

王弼之意，常是五物之母，不炎不寒，物得此以生，不可见闻得知者。所谓"五物之母，不炎不寒"，其意是炎寒由此出，故而谓之母。同理，不温不凉是温凉所从出，不宫不商是宫商所从出。物所从出者在《老子》中以始称。道始又可互用，常乃是道始之别称。称常是为了体现"虽古今不同，时移俗易，此不变也"，是从不变的角度说明始。因此，王弼所说的常与《韩非》所说的常，看似有异，其实相同。

物既复归于混然而复命，则云云然运转不息，如果能够保持下去则可长盛不衰。如天地就是其例，天地得一而不失，故不毁不坏。"曰"是乃、则之意，复命则长久，故曰"复命曰常"。对这个"常"的认识就是明智，对常没有认识，肆意妄行，不知归根守静，则不能长久，所以说"知常曰明，不知常，妄作凶"。

"知常容"之"容"是容纳的意思，谓无所不包。此句下接"容乃公，公乃王"，是指人王无所不容。人王之能容，即是无所抛弃，皆为其所纳。二十七章：

> 是以圣人常善救人，而无弃人，物无弃财，是谓袭明。故善人，善人之师；不善人，善人之资。

无弃人，无弃财就是能容。为什么知常就可以容纳善与不善、用与不用呢？善不善是一种区分，有善则必有不善随之，执善而去不善，是有所取、有所弃，有所弃不可谓能容。故明于善恶必不能容。知常则混然，混然即不区分善恶。四十九章云：

> 圣人常无心，以百姓心为心。善者吾善之，不善者吾亦善之。

无善与不善的区分，则两者皆可容纳。用与不用同理。故明于一，始能有容。

容乃公，善与不善一致对待，皆善之，则无偏私，五十六章云：

> 故不可得而亲，亦不可得而疏；不可得而利，亦不可得而害；不

可得而贵，亦不可得而贱。

无所亲疏，无私心也，天下遂荡然公平。有容而公，为天下所拥戴，可以成为天下的王，"公乃王"正是此意。

"王乃天"之"天"是合天地而言之，天无私覆，地无私载，雨露普降，无所亲疏。天地不坏，以其得一不失。为王而能容，似天地之无私，知常复命，似天地之得一。王之德可与天地并，二十五章"域中四大"而属其一于王，正是因为王之德与天地之德通。

"天乃道"，至于与天地合德则可谓有道。"天得一以清，地得一以宁"天地得一而不毁坏，得一则长久，人王能得一，其位则长保而不危殆，故云"道乃久，没身不殆"。特别需要说明的是，老庄一系的道家讲长久并非长生不死之意。所谓"道乃久"也只是说其位可长保，不是说人不死。"没身"即终身之意，身有尽时，老子是不否认的。庄子对生死尤其淡然视之。以抟气致柔、致虚守静为长生延寿之术者，是后来方术家之发展，非道家之正。

本章是理解《老子》的政治思想的关键章节，观复以明于命，复命而后能容，能容则无所不包，荡然公平，能公则可为王。这个逻辑链条的中心是公，复命是能公的路径，王是公的结果。公是《老子》所期望的理想状态，复命是为了达到公而创造的理论，公是这个理论的目标。《老子》将王附属于公，弱化了王的地位，凸出了公的重要性。总之，公是《老子》政治思想的核心。

第十七章

【题解】

本章说明君主的四个境界。

太上，[1] 下知有之；[2] 其次，[3] 亲而誉之；[4] 其次，畏之；其次，侮之。[5] 信不足，焉有不信。[6] 悠兮其贵言。[7] 功成事遂，[8] 百姓皆谓我自然。

【注释】

〔1〕太上，蒋锡昌云："'太上'者，古有此语，乃最上或最好之谊。"此指最好的君主。

〔2〕下，指百姓。

〔3〕其次，价值等级比上一级低一级者。

〔4〕亲，亲近。誉，赞誉。

〔5〕侮，轻慢。

〔6〕"信"后王本衍"焉"字，今据郭店本、帛书甲乙本、北大本删。焉，连词，于是。

〔7〕"悠"，郭店本、帛书甲乙本、北大本作"犹"。疑当作"犹"。犹兮，戒慎貌。贵，宝重。言，此指政令。

〔8〕遂，成。

【译文】

最好的时代，君主下面的臣民仅仅知道他的存在而已。次一等的时代，民众亲近君主而称赞他。再次一等的时代，民众畏惧君主。又次一等的时代，民众轻慢君主。这是因为君主自身不足取

信，于是民众不相信他。最好的君主戒慎出言，慎重其政令。事情
成功了，百姓不知道有君主的功劳，都认为大家自然如此。

【述评】

王弼此章注："太上，谓大人也。"河上公注："太上，谓太古无名之
君。"皆以太上为君主之意。蒋锡昌驳之：

> "太上"者，古有此话，乃最上或最好之谊。《魏策》："故为王计：
> 太上，伐秦；其次，宾秦；其次，坚约而详讲，与国无相雠也。"谓最
> 好，伐秦也。襄二十四年《传》："太上，在立德；其次，有立功；其次，
> 有立言。"谓最上，有立德者也。《吕览·孟秋纪·禁塞》："凡救守者，太
> 上，以说；其次，以兵。"谓救守者，最好，以说也。《有始览·谨听》：
> '太上，知之；其次，知其不知。'谓最好，知之也。……皆其证也。

蒋说甚是。太上以及三个其次是从价值角度区分为四个境界。而以"下知有
之"之境界最高。达到这个境界的要诀就是"贵言"。只有这样才可以"功
成事遂，百姓皆谓我自然。"这与"希言自然"的无为而治的思想完全一致。

《帝王世纪》有一段记载：

> 帝尧之世，天下太和，百姓无事，有五老人击壤于道，观者叹
> 曰："大哉，尧之德也！"老人曰："日出而作，日入而息。凿井而
> 饮，耕田而食。帝力于我何有哉？"

这应当是对"百姓皆谓我自然"的最好注解。老子的理想政治就是人君无
为，下面的群众仅仅知道有这么一个君主而已。人君一任自然，民众也皆
得其自然，没有强权，没有压迫，世界处于一种大顺的状态之中。

老子的理想政治在那个时代是无法实现的，即使在今天也只是众多的
乌托邦之一而已。然而他的意义不在于能否实现，而在于它的指引作用。
有了这盏明灯，我们才知道什么是理想的社会。清楚什么是完美的，才有
可能批判现实的不完美。老子的自然的政治理想实在是一个批判现实的工
具，它首先就是刺向恶劣政府的一把利剑。那些被人们所污辱的，为民众
所畏惧的政府要小心了，你们已经被评为最差的政府。民众亲近的政府也
不要自满，你们并不是最好的政府。最好的政府是一个目标，或许永远都
不会出现，但是这并不能阻止我们不断地去追求最好。

第十八章

【题解】

本章言凡俗所崇尚之价值都是由于大道之时已破而形成的。

故大道废,[1]有仁义;智慧出,[2]有大伪;六亲不和,[3]有孝慈;国家昏乱,有贞臣。[4]

【注释】

〔1〕故,王本脱,今据郭店本、帛书甲乙本、北大本补。此章与上章本为一章,故有"故"字表示承上,传世本分章有误。

〔2〕智慧,王本误作"慧智",今据郭店本、帛书甲乙本、北大本乙正。智慧,释德清云:"即礼乐权衡斗斛法令之事。"

〔3〕六亲,王弼云:"父母,兄弟,夫妇。"

〔4〕贞,王本误作"忠",今据帛书甲乙本、北大本改。

【译文】

故而大道废弃了,仁义就会凸现出来。六亲不和睦,孝慈就凸显出来。国家陷于混乱,忠贞之臣就凸显出来。

【述评】

此章与"天下皆知美之为美,斯恶已;皆知善之为善,斯不善已"对读就知道,美恶、善不善,都是共存的对立面,在对立面存在的前提下,偏求一方是不可能实现的。所谓"仁义"必然是有不仁义出现了,才显示出仁义;所谓"孝慈"必然是有不孝慈的行为出现了,才显出孝慈;所谓"贞臣",必然是有不贞的行为出现了,才显出贞臣。这些仁义、孝慈、忠臣都是对立面的一方，所以无论怎样的追求对立事物的一方，都无法消除另一方，都实现不了所求之目标。无论仁义怎样纯粹，都无法消除不仁，这是先天不足，无法回避。要实现仁义就必须从消除仁义的对立面入手，只有没有了不仁义，不孝慈，才有可能实现仁义孝慈。可是一旦对立面消失了，仁义，孝慈也就消失了。所以，中和双方的"一"，才是应当努力追求的目标。在这个"一"中，对立尚未产生，泯然无别，仁义行于其中，无需凸显，而仁义之实已荡然施行。所以取消对立，是改变世界的根本办法。老子正是基于此种认识，才提出本章的论断。

　　庄子的相忘于江湖是《老子》此意的绝佳比喻。《庄子·大宗师》：

> 泉涸，鱼相与处于陆，相呴以湿，相濡以沫，不如相忘于江湖。

鱼儿在陆地上相濡以沫，不如在江湖中不曾相识。相濡以沫，互相扶持，正是仁义之显，相忘于江湖，则是混一之状。二者之高下不待言而别。

第十九章

【题解】

本章言治国治民的根本方法。

绝圣弃智，〔1〕民利百倍；绝仁弃义，〔2〕民复孝慈；〔3〕绝巧弃利，盗贼无有。〔4〕此三者以为文，〔5〕不足，〔6〕故令有所属，〔7〕见素抱朴，〔8〕少私寡欲。〔9〕

【注释】

〔1〕绝圣弃智，郭店本作"绝智弃辩"，帛书甲乙本、北大本同王本。《周礼·大司徒》："六德，知、仁、圣、义、忠、和。"郑玄注："知，明于事。圣，通而先识。"

〔2〕绝仁弃义，郭店本作"绝为弃虑"，帛书甲乙本、北大本同王本。

〔3〕"民复孝慈"郭店本作"民复季子"。季子，幼子。

〔4〕"绝巧弃利，盗贼无有"，郭店本在"民利百倍"后。巧利，王弼云："用之善也。"指奇技淫巧、利物之器械。

〔5〕三者，指上文三个绝弃。文，文采、文饰，与质对立。此句谓如果不知道方向，绝弃似无理，故必使之有所属，如文与质，表里相附。

〔6〕马其昶云："不足二字为句。"

〔7〕令，使。属，焦竑云："附着也。"

〔8〕见，通作"现"，呈现。素，未染色的丝。朴，未雕琢之木。素、朴，此喻人之本真。

〔9〕少、寡，皆作动词用，减损之意。减损私欲，以至于无。素朴无私欲，即与上"文"对应的"质"。

【译文】

绝弃圣知，民众便利百倍。绝弃仁义，民众会恢复到幼儿般淳朴。绝弃机巧便利的事物与追求，盗贼就会消失。这三者是文而非质，不完全，所以要使他从属于质——素朴无私欲。

【述评】

此章前半部分郭店本作："绝知弃辨，民利百倍；绝巧弃利，盗贼无有；绝伪弃虑，民复季子。"与其他诸本差别甚大，对此基本上有两种看法，一是以裘锡圭先生为代表，认为郭店本是原貌，其他诸本是改动后的状态；一是以李学勤先生为代表，认为郭店本被墓主改动，其他诸本是原貌。裘氏主要是根据《老子》的思想体系和其他线索判定，以为：

> 老子认为"知、辨、巧、利、为、虑"是破坏他理想中的人类自然纯朴状态，也就是破坏大道的东西；"仁义、孝慈、正臣"则是大道破坏以后，为了应付人际关系的失调而出现的东西。老子主张绝弃知、辨、巧、利、为、虑，使人们回复到合乎大道的状态中去。达到了这一境界，仁义、孝慈、正臣等等当然就没有存在的余地了。其思想逻辑十分清楚。今本十九章'绝仁弃义'与'绝巧弃利'等并列，混淆了老子思想的层次，显然有问题。从老子对仁的态度来看，他也不会说'绝仁弃义'的话。（裘氏以为老子一定程度肯定仁义——引者）……"绝圣弃智"在今本《老子》之外，首先见于《庄子·外篇》中前后相次的《胠箧》和《在宥》……为战国末年左派道家所作……在他们那里，"绝圣"的"圣"和"圣人"的"圣"是统一的。……今本《老子》……圣人这个词里，是用来指称合乎道的理想人物。唯独十九章的圣是被绝弃的对象，而且至于各种被绝弃对象的首位，……所以这一句是后人所改，简本则应该是反映原本面貌的。

总结起来论据有三点：一、"绝仁弃义"与"绝巧弃利"等并列，混淆了《老子》思想的层次；二、《老子》一定程度肯定仁义，不会说绝仁弃义。三、"绝圣"的"圣"和"圣人"的"圣"是统一的，《老子》肯定圣人，绝圣与《老子》思想矛盾。

李氏认为：

> 郭店一号楚墓竹简《语丛》四第九简云："窃钩者诛，窃邦者为

诸侯。诸侯之门，义士之所存"……应当是录引《胠箧》。细读《庄子》的《胠箧》全篇，逻辑结构紧密……足证"窃钩者诛"一段是《胠箧》不可分割的部分，不是从他处引来，《语丛》四所录引的，正是《胠箧》。……该篇（《胠箧》——引者）的思想观点和许多词语是由《老子》引申而来……"绝圣弃智，大盗乃止"，系袭自《老子》第十九章"绝圣弃智"以至"盗贼无有"一段。实际上，《胠箧》前面大半篇都是从《老子》这一章脱胎而来……《胠箧》既然作于《语丛》四之前，当时《老子》该章本为"绝圣弃智"，是必然的。……竹简这一章乃是当时篡改。

李氏逻辑很清晰：《语丛》四录引《胠箧》，《胠箧》早于与《语丛》四，自然也早于与《语丛》四同出的郭店本《老子》。《胠箧》所本《老子》作"绝圣弃智"，时间更早，是原貌，郭店本与此不同，所以当是篡改。

比较而言，似以李说为长。"绝巧弃利"与"绝仁弃义"同列，有其内在逻辑。《胠箧》云：

> 虽重圣人而治天下，则是重利盗跖也。为之斗斛以量之，则并与斗斛而窃之；为之权衡以称之，则并与权衡而窃之；为之符玺以信之，则并与符玺而窃之；为之仁义以矫之，则并与仁义而窃之。何以知其然邪？彼窃钩者诛，窃国者为诸侯，诸侯之门而仁义存焉。则是非窃仁义圣知邪？故逐于大盗，揭诸侯，窃仁义并斗斛权衡符玺之利者，虽有轩冕之赏弗能劝，斧钺之威弗能禁。……焚符破玺，而民朴鄙；掊斗折衡，而民不争；殚残天下之圣法，而民始可与论议。擢乱六律，铄绝竽瑟，塞瞽旷之耳，而天下始人含其聪矣；灭文章，散五采，胶离朱之目，而天下始人含其明矣；毁绝钩绳而弃规矩，攦工倕之指，而天下始人有其巧矣。故曰：大巧若拙。削曾、史之行，钳杨、墨之口，攘弃仁义，而天下之德始玄同矣。彼人含其明，则天下不铄矣；人含其聪，则天下不累矣；人含其知，则天下不惑矣；人含其德，则天下不僻矣。

以《胠箧》文称"毁绝钩绳而弃规矩，攦工倕之指，而天下始人有其巧矣"则钩绳规矩即是所谓巧。又云"窃仁义并斗斛权衡符玺之利者"，斗斛权衡符玺即所谓利。又，文章最后部分"含其明、含其聪、含其知、含其德"与前文相呼应。"擢乱六律，铄绝竽瑟"即含聪，"灭文章，散五采"即含明，"攘弃仁义"，即含德。那么，焚符破玺、掊斗折衡、毁绝钩绳而弃规矩，就是含知。所以巧利是知的表现，弃巧利就是弃知。

"绝仁弃义"次于"绝圣弃智"，《胠箧》即是这样排列。"为之斗斛以量之、为之权衡以称之、为之符玺以信之、为之仁义以矫之"，后文说"是非窃仁义圣知邪"，与之相应，可见圣知即前面所说的斗斛、权衡、符玺。前面已经论证，知也可以泛称为巧利，所以《胠箧》中仁义与圣知、巧利相次而言。《胠箧》如此排列，有其道理，盖《胠箧》以为仁义用来矫正人心以治人，与斗斛、权衡量以治物，性质相近，皆是乱世治理之工具。仁义与巧利皆是圣知的产物。所以三者相次并非全无道理。。

裘先生说："《老子》强调在道德废弃之后才有仁义，以仁义为低于道德的境界。"其说甚是。所以十八章说"大道废，有仁义"。与至善的大道相比，舍弃次一级的仁义，并非绝不可能。第三十八章：

> 上德无为而无以为。下德为之而无以为（据北大本）。上仁为之而无以为。上义为之而有以为。……夫礼者忠信之薄而乱之首。前识者，道之华而愚之始。是以大丈夫，处其厚不居其薄。处其实，不居其华。故去彼取此。

章末说"处其实，不居其华。故去彼取此"，即去华取实。所谓华，即"前识者，道之华"，王弼云："前人而识，即下德之伦。"下德即包括仁义在内。不取下德即不取仁义，与绝仁弃义，基本没有差别。

又，《老子》是肯定"愚"的，二十章"我愚人之心也哉"，六十五章"古之善为道者，非以明民，将以愚之"，这里却把舍弃的"道之华"与"愚之始"并列，当然也可以理解为否定愚。事实上，肯定与否是随文见义，不拘一格。所以老子肯定仁义，老子也未必不会说出绝仁弃义的话。

道家的圣人与世俗之圣有区别。《庄子·胠箧》：

> 将为胠箧探囊发匮之盗而为守备，则必摄缄縢，固扃鐍，此世俗之所谓知也。然而巨盗至，则负匮揭箧担囊而趋，唯恐缄縢扃鐍之不固也。然则乡之所谓知者，不乃为大盗积者也？故尝试论之，世俗之所谓知者，有不为大盗积者乎？所谓圣者，有不为大盗守者乎？何以知其然邪？昔者齐国……阖四竟之内，所以立宗庙社稷，治邑屋州闾乡曲者，曷尝不法圣人哉？然而田成子一旦杀齐君而盗其国，所盗者岂独其国邪？并与其圣知之法而盗之，故田成子有乎盗贼之名，而身处尧舜之安；小国不敢非，大国不敢诛，十二世有齐国。则是不乃窃齐国，并与其圣知之法以守其盗贼之身乎？尝试论之，世俗之所谓至

知者，有不为大盗积者乎？所谓至圣者，有不为大盗守者乎？……故跖之徒问跖曰："盗亦有道邪？"跖曰："何适而无有道邪？夫妄意室中之藏，圣也；入先，勇也；出后，义也；知可否，知也；分均，仁也。五者不备而能成大盗者，天下未之有也。"由是观之，善人不得圣人之道不立，跖不得圣人之道不行。

细读不难发现，圣、知是圣人的一种品质。《周礼·大司徒》："六德，知、仁、圣、义、忠、和。"郑玄注：

> 知，明于事。圣，通而先识。

这里的知、圣，正如郑玄所说。先看何谓"知"，"将为胠箧探囊发匮之盗而为守备，则必摄缄縢，固扃鐍，此世俗之所谓知也"。"知"指为了防范盗贼，而"摄缄縢，固扃鐍"，即以绑得结实、锁的坚固的方法防范偷窃是知。盗跖认为在入室偷窃之前"知可否"，判断是否可行叫做知。结合两义，"知"就是所谓对事请的认识与判断，即郑玄所说"明于事"。

再说"圣"。盗跖说"夫妄意室中之藏，圣也"，即预先知道叫做圣。在《左传》襄公二十二年还有一例：

> 臧武仲如晋。雨，过御叔。御叔在其邑，将饮酒，曰："焉用圣人？我将饮酒而已。雨行，何以圣为？"

臧武仲在当时有"圣"之称，但是却没有预见到会下雨，出行遇雨，所以御叔讽刺他怎么能称得上"圣"呢？合两例可知，"圣"即如郑玄所说，"通而先识"叫做圣。对于事的普通认识即是"知"，进一步通贯而能预见事物发展方向叫做"圣"，"圣"是"知"的进一步发展。所以在《胠箧》中连续地提到两者，也就不奇怪了。

《胠箧》中所说的圣人，是具有圣知等品质的人。盗跖认为盗贼应当具备圣、勇、义、知、仁五种品质，作者评论说："跖不得圣人之道不行。"可见，所谓圣人之道，包含圣、知。前面说：

> 昔者齐国……阖四竟之内，所以立宗庙社稷，治邑屋州闾乡曲者，曷尝不法圣人哉？然而田成子一旦杀齐君而盗其国，所盗者岂独其国邪？并与其圣知之法而盗之。

所谓"法圣人",即前面所说的"立宗庙社稷，治邑屋州间乡曲者"都是效法圣人之法所作，这些方法措施下文又称为"圣知之法"，合前后文知道，圣人是因圣、知而立法。此所说圣人是具有圣知等品质的人。

《庄子》对于此种圣、知有个重要的限定，即"世俗之所谓知，所谓圣"。这种世俗之圣知，非道家所尊崇。其在绝弃之列，并不奇怪。圣人也是这样，世俗所谓圣人，与《老子》所推崇之圣人不同。所以《老子》所谓绝弃世俗之圣知，与《老子》推崇圣人并不矛盾。

《胠箧》所录引之《老子》作"绝圣弃智"、"绝仁弃义"当无问题。李学勤以为《胠箧》早于郭店本，也言之成理，持之有据。所以，汉传诸本自有来历，不可因郭店本为今见最古本就一举废置。原本到底是什么，尚难定论，姑且两存之，以待来日更多证据的出现。

"三者以为文"之"文"是"文质彬彬"的"文"。这从郭店本中得到了有力的证据。郭店本"文"作"夏"，即"史"字。《论语·雍也》："质胜文则史。"何晏《集解》云："史，文多而质少。"文采多，不够质朴，叫做"史"。文、史意思很接近，因史有不够质朴的意思，所以下文说令其有所属也就顺理成章了。

圣知、仁义、巧利，绝而弃之，是否定方面说。反面为文，正面即质。质就是"见素抱朴，少私寡欲"。素是未染的丝，朴是未雕的木，都是比喻本真。要恢复本真，就要减损私心欲望，减损至无可再减，本真就呈现了。本真是三绝弃的归宿，以此为统领，绝弃则不至于迷失方向。

第二十章

【题解】

全章以绝学为主题，学的本质在于分，分分不已，劳而无所归止。既绝俗学，当返至于无分之混一。

绝学无忧。唯之与阿，[1]相去几何？美之与恶，[2]相去若何？人之所畏，不可不畏人。[3]荒兮其未央哉。[4]众人熙熙，[5]如享太牢，[6]如春登台。[7]我独泊兮其未兆，[8]若婴儿之未孩。[9]儽儽若无所归。[10]众人皆有余，而我独若遗。[11]我愚人之心也哉，沌沌兮。[12]俗人昭昭，[13]我独昏昏；[14]俗人察察，[15]我独闷闷。[16]惚兮其若海，[17]恍兮若无止。[18]众人皆有以，[19]而我独顽以鄙。[20]我独异于人，而贵食母。[21]

【注释】

〔1〕唯，恭敬的答应。阿，怠慢的答应。

〔2〕美，王本误作"善"，今据郭店本、帛书甲乙本、北大本改。

〔3〕下"人"字，王本无，今据郭店本、帛书乙本，北大本增。刘殿爵云：为人所畏惧的，亦应该畏惧怕他的人。

〔4〕荒，广远。未央，不尽。

〔5〕熙熙，欢乐的样子。

〔6〕享，通飨，食。太牢，祭祀时使用的牛、羊、猪三牲。

〔7〕台，高而上平的方形建筑物，可眺望为游乐。

〔8〕泊，静。兆，本指占卜时龟甲裂开的纹络，引申为分。

〔9〕孩，通咳，小儿笑。

〔10〕儽儽，疲困貌。

〔11〕遗，遗失。

〔12〕沌沌，河上公云："无所分别。"

〔13〕昭昭，明亮貌。

〔14〕昏昏，暗昧貌。

〔15〕察察，明辨清楚貌。

〔16〕闷闷，不爽明貌。

〔17〕惚，王本误作"澹"，帛书甲作"忽"，乙本作"沕"、北大本作"没"，皆通作"惚"，今据改。惚，游移不定貌。

〔18〕恍，王本作"飂"，帛书甲乙本作"朢"、北大本作"芒"，皆通作"恍"，今据改。恍，摇晃不定。

〔19〕以，与。

〔20〕以，王本误作"似"，今据帛书甲乙本、北大本改。以，且。顽，未劈开的囫囵木头，此指混然无分。鄙，本指边邑，与都对文，古以都为美且文，此引申为质朴无知。

〔21〕河上公云："食，用也。"

【译文】

绝弃学问则无忧。（通过学习礼仪等知识，）知道恭敬的答应与怠慢的答应有差别，美与恶有差别，但是相差多少呢？（推究其始起，一也。）通过学习知道对大人要畏惧，大人们却未必知道也要畏惧那些畏惧你的人。荒远空旷没有个尽头。众人欢欢乐乐，好像是享受太牢，好像是春天登上高台游观。唯独我淡泊宁静，喜乐未分于中，好像还不会笑的婴儿。困顿疲劳，似没有归止。众人好像都有所得，只有我好像是有所失。我的心好像是愚人一样，混沌无分。世俗之人都昭昭以示明，我却昏昏似不明。世俗的人都察察以示明辨，我却闷闷似不清。恍惚似大海一样，无所止定。众人都有所用，只有我混然无分，质朴无知。我与人不同，在于我以用道为贵。

【述评】

此章首先需要明了所绝之"学"何指。此所谓学，以分别为本质。下文唯与阿、美与恶都是需要努力辨别的对象。所谓"相去几何"、"相去何若"也是区分之词。人畏大人，明人际之分；大人畏人，言分之无分。可谓句句不离分别。礼莫大于分，学莫重于礼，礼在先秦时期有着极为重要的地位，所以，《老子》所绝之学当指以礼为中心之学，是合乎当时情况的推测。

下半部分有三个句型含义都类似的句子，"荒兮其未央哉"、"儽儽兮若无所归"、"惚兮其若海，恍兮若无止"，未央、无所归、无止，皆是众人失其所之状。以此三句为标志，可以分为三节，结构类似，皆是先描述众人之状，接下来描述"我"之状以对比。或以为这三句是对有道之士状态描写，大谬。先秦哲人皆言有所止，无所定止不是哲人追求之境。《老子》主张静、定，亦极为明显。尤为明显的是儽儽是困疲貌，自不当描写有道之人。正面描写有道之词，如沌沌、昏昏、闷闷，都与儽儽之词无关，更加表明儽儽是对失道之状的描述。儽儽无归，正是对无归的批评。那么，与之相近的未央、无止，也都不是描述有道之词。

以上言三句领起的三节内容重在无分别。"众人熙熙，如享太牢，如春登台。我独泊兮其未兆，若婴儿之未孩"。范应元云：

> （众人）恣纵情欲，如享太牢之味，如登春台而观，逐外失真，而不自觉。我独静居情欲未兆之始，如婴儿之未有分别。

吴澄云：

> 如享太牢而食，可悦口者甚美；如登春台而观，可悦目者甚备。我则泊然而静，情欲未开……如婴儿未能孩笑之时，一不知外物之为乐也。

享太牢是悦口者，春登台是悦目者，二者是众人纵情欲的表现。与之相对，泊然、婴儿未孩，是我情欲未开之状。《中庸》云："喜怒哀乐之未发，谓之中。"情未受外物挑动，而未发出之时，称为中。泊然，静之意，言中情不动；婴儿未孩，言中情未发。简言之，即情含于中，混然未分。

"我愚人之心也哉，沌沌兮。俗人昭昭，我独昏昏；俗人察察，我独闷闷。"昭昭是炫耀己之明，老子主张和光同尘，故云昏昏，和其明之意。察察是明辨是非之貌，老子主张美恶无差，故云闷闷。所谓愚人之心的"沌沌"，即混混沌沌，也是不加区分之意。河上公云："无所分别"，甚是。

"众人皆有以，而我独顽以鄙"，《说文解字》云："顽，棞头也。"段玉裁注云："樕，梗木未析也。……凡物浑沦未破者，皆得曰樕。凡物之头浑全者，皆曰樕头。"顽也有混全无所析别之意。鄙也有质朴之意，《庄子·胠箧》："焚符破玺而民朴鄙。"朴鄙连文，朴，是未经加工成器的木材，与顽意近。顽、鄙皆有未加分析之意。所谓"有以"，即有与，有所依从之意。《诗经·召南·江有汜》："之子归，不我以。"郑玄注云："以犹与也。"《仪礼·乡射礼》"主人以宾揖"郑注："以犹与也。"有所依与，乃因有所抉择，有所抉择，乃因有是非之分。是非无定，祸福相倚，今所依从者是，来日则非。众人虽有所与，实在是无所止。我无所依从，因我无所区分，无所区分，故云顽鄙。此节还是强调无分别。

　　"我独异于人，而贵食母"，是总结全文。人皆昭昭有分，我独顽鄙无别，其原因在于我重在食母。河上公云："食，用也。"可从。王弼云："食母，生之本也。"王所说"本"，是本根、本源之意，分别从无分未形而出，分分不已之本源是无形未分之混一。在《老子》中常以母称万物已别之后的一。众生赖此母。用母则可保其生。上文论人有分别，我则无分。无分即混一之母。故此处食母为总结，正与文意密合无间。

　　全章以绝学为主题，学的本质在于分，分分不已，劳而无所归止。既绝俗学，当返至于无分之混一，则得矣。《淮南子·原道训》云："万方百变，消摇而无所定，吾独慷慨，遗物而与道同出。"万方无定，遗物与道，正可为此章注解。

　　此章分章历来有争议，学者多以"绝学无忧"属之上章，帛书甲乙本出土，而无分章符号，疑未可定。郭店本出，其中"绝学无忧"至"不可不畏人"一段抄于一处，知"绝学无忧"当属此章无疑。不过郭店本无"荒兮其未央哉"至章末内容。说者又以今传本误合两章为一章，可谓一波已平，一波又起。北大本出，与传世本分章相同，知今本分章必无误。上文疏通其意，明了此章前后一贯，密不可分，这使我们更加确定今本分章的正确。

第二十一章

【题解】

本章是对有道初始的描述。

孔德之容，〔1〕惟道是从。道之物，〔2〕惟恍惟惚。〔3〕惚兮恍兮，其中有象。〔4〕恍兮惚兮，其中有物。窈兮冥兮，〔5〕其中有精。〔6〕其精甚真，其中有信。〔7〕自今及古，〔8〕其名不去，〔9〕以阅众甫。〔10〕吾何以知众甫之状哉？〔11〕以此。〔12〕

【注释】

〔1〕孔，大。

〔2〕"物"前王本衍"为"字，今据帛书甲乙本、北大本改。

〔3〕恍惚，不定貌。

〔4〕象，物象，样貌。

〔5〕窈冥，深远不可见貌。

〔6〕精，帛书甲乙本、北大本作"请"。高明云："读'请'字作'情'更贴切。'情'字在此训'真'或'实'。"

〔7〕王弼云"信，信验也"，凭证之意。

〔8〕今，王本误作"古"，"古"字王本误作"今"，今据帛书甲乙本、北大本改。

〔9〕名，指常名，不变之名。

〔10〕焦竑云："阅，自门出者，一一而数之。言道如门，万物皆自此往也。"众，指万物。河上公云："甫，始也。"王弼云："众甫，物之始也。"

〔11〕状，帛书甲乙本、北大本作"然"。

〔12〕以此，王弼云："以上文之所云也。"

【译文】

大德之状，从道而行。道在物中的体现是恍惚不定，混然为一，却又似有物象在其中。道幽深不可见，却又真的存在，确实有凭证。从今至古，道之名不变，道之实长存，众物之始由其出。我怎么知道众物之始的样子？通过上面所说就知道。

【述评】

本章与十四章有对应关系。十四章相关部分云：

> 一者，其上不皦，其下不昧，绳绳不可名，复归于无物。是谓无状之状，无物之象。是谓恍惚。迎之不见其首，随之不见其后。执古之道，以御今之有，能知古始，是谓道纪。

"惟恍惟惚"句对应十四章的"恍惚"句，"窈兮冥兮"句对应"迎之不见其首，随之不见其后"，"自今及古，其名不去"对应"执古之道，以御今之有"。两章主题相近，都是对道始的描述。

"孔德之容，惟道是从"，盖承上章而来。上章后半是对有德之状的描述，此章谓德有所从，进而描述"道"之容状。"道之物"传世本误作"道之为物"，因此或以为这一段是道生物的描述。古本皆无"为"字，自不能解作生物，况且此章与十四章相关，彼章必不是生物，此章也不当是。"道之物"，是道现于物，即物有道之情状。物之有道，即是物我两忘，混然为一。混然为一也就是复归初始。《老子》中道始可以互称（详见十四章），而以道称始，是因为初始时候是道完全的体现，下面恍惚窈冥即是对道始的描述。

"惟恍惟惚。惚兮恍兮，其中有象。恍兮惚兮，其中有物"，十四章说"是谓无状之状，无物之象。是谓恍惚"，一言"无物"，一言"有物"，似矛盾。《老子》所说的无物是无形名之物，非无实体之物。原初无物谓无形名之物。形名未有，物无所定，故可言恍惚。而其中有实体之物，故可言"其中有物"。即有物，亦当有容状，故言"其中有象"。

"其中有精"之精当通作情。高亨云：

> 精疑当读为情。《庄子·德充符》篇："夫道有情有信，无为无

形，可传而不可受，可得而不可见。"庄之"有信"，即此章下文之"有信"，则庄之"有情"，即此章之"有精"矣。精、情古通用。

高明云：

> "请"、"情"、"精"三字皆从"青"得声，音同互假。……古文"言"与"心"二形符可任作，从"言"之字亦可从"心"，反之亦如是。……"情"字在此训"真"或"实"。《周礼·地官·司市》郑注"知物之情伪"，贾公彦疏："《释》曰：'情，则真也。'"《战国策·秦策》"请谒事情"，高诱注："情，实也。"……王弼释"其中有精"，谓为"以定其真"。可见王弼即读"精"为"情"，尚可作此解释。

二高说甚是。"其中有情，其中有信"，与《庄子》"有情有信"同义，指真实有凭证。窈冥是深远不可见之貌，言此无物之物虽看不见摸不着，却并非不存在。十四章"迎之不见其首，随之不见其后"与此章相应，可以佐证二高说。《鹖冠子·夜行》："此皆有验，有所以然者，随而不见其后，迎而不见其首，成功遂事，莫知其状。"《鹖冠子》以"有验"解释"随而不见其后，迎而不见其首"，亦可以间接证明此章当是"有情有信"之意。

"众甫"之意诸家说解颇多，当以河上公、王弼所说为是。河上公云："甫，始也。"王弼云："众甫，物之始也。"甫训始，以其为父的通假字。俞樾云：

> 谨按"甫"与"父"通，"众甫"者"众父"也。四十二章"我将以为教父"，河上公注曰："父，始也。"而此注亦曰："甫，始也。"然者"众甫"即"众父"矣。

俞樾说是，帛书甲乙本正作"众父"。王弼云"众甫，物之始也"，显然也以甫为始之意。王弼必以"众"指"物"，乃可言"物之始"。"众"即它章所说之万物。

今传本"阅"字帛书甲乙本作"顺"，北大本作"说"。按，此当以"阅"为正，阅有穴之意。段玉裁云：

> 古叚（假）阅为穴。《诗》"蜉蝣堀阅"，《传》曰："堀阅、容阅也。"阅即穴。宋玉《赋》"空穴来风"，《庄子》作"空阅来风"。司

> 马彪云："门户孔空。风善从之。"《道德经》"塞其兑，闭其门"，兑即阙之省。《诗》"我躬不阅"，《传》云："阅，容也。言我躬不能见容，如无空穴以自处也。"

此处以阅作动词用，即从穴中出之意。焦竑《老子翼》本章注云：

> 阅，自门出者，一一而数之。言道如门，万物皆自此往也。

高亨《老子正诂》本章注曰：

> 阅，犹出也。《淮南子·原道训》：万物之总，皆阅一孔；百事之根，皆出一门。

《淮南子》云"皆阅一孔"是自孔中出之意，焦竑解"阅"为"自门出"，与之意相近。《老子》本经云："塞其兑，闭其门。""兑"即当如段玉裁所云通作"阅"。前言兑，后言门，正是互相解释。"以阅众甫"，即众甫自孔门中出之意。其意即如焦竑所云"言道如门，万物皆自此往也"。

《老子》往往称出万物者为始母，上文所说恍惚窈冥也是描述道始。《老子》也常以门比喻始母出万物。第一章云："玄之又玄，众妙之门。"第六章云："玄牝之门，是为天地根。"妙是物之微，事物皆由微小而壮大。众妙之门，谓微小由玄之又玄的始母生出。玄牝是始母的比喻，天地由始母所出，故而比喻为门。故而"以阅众甫"也是始母出万物之另一说法。众甫与众妙相似，众妙谓物之微细，众甫谓物之所从。众物由众甫始，而众甫又由始母出。

"吾何以知众甫之状，以此"，众甫之状即是指万物从道始中出，其容状当循道始，以上所说道始之恍惚窈冥之状可知众甫之容状，照应本章开头"孔德之容，惟道是从"，道之状已明，德之状自然就清楚了。

附带说一下，帛书甲乙本作"顺"有其缘故。北大本"说"字当通作"阅"，两字皆从"兑"，可通假。盖古本《老子》或将"阅"写作"兑"者，或读"阅"、"说"为"兑"者。"兑"有通达顺遂意。《诗经·大雅·绵》："柞棫拔矣，行道兑矣。"朱熹《集传》："兑，通也。"陈奂《传疏》："兑者，遂之假借字。"帛书甲乙本作"顺"，盖以"兑"不易解，故改作"顺"。但是改字者显然没有读懂本句之意，所改反有误。

第二十二章

【题解】

　　本章的主旨是执一以治理天下，可分为前后两个部分，前一部分是由曲全之常理引出执一的论断。后半是说明执一的具体表现以及效果。

　　曲则全，〔1〕枉则直，〔2〕洼则盈，〔3〕敝则新。〔4〕少则得，多则惑。是以圣人执一为天下牧。〔5〕不自见，〔6〕故明；不自是，故彰；〔7〕不自伐，〔8〕故有功；不自矜，〔9〕故长。夫唯不争，故天下莫能与之争。古之所谓曲全者，〔10〕岂虚言哉！〔11〕诚全归之。〔12〕

【注释】

　　〔1〕曲，一部分。全，全部。

　　〔2〕枉，弯曲。

　　〔3〕洼，凹。

　　〔4〕敝，凋敝。范应元云："物之凋敝者，则春生之有新。"

　　〔5〕执一，王本误作"抱一"，今据帛书甲乙本、北大本改。牧，王本误作"式"，今据帛书甲乙本、北大本改。王弼云："一，少之极也。"牧，治理。

　　〔6〕见，通作"现"。自现，自我炫耀。

　　〔7〕自是，自我肯定。彰，显著。

　　〔8〕伐，自我夸耀。

　　〔9〕矜，自恃。

〔10〕"曲"后王本衍"则"字，今据帛书甲乙本、北大本删。

〔11〕岂虚言，帛书甲乙本、北大本作"几语"。几，通作"岂"。几语哉，意为"仅仅是一句话么？"与王本意近。

〔12〕"全"后王本衍"而"字，今据帛书甲乙本、北大本删。诚，确实。

【译文】

偏于一曲后能全，弯曲后能直，低洼后能盈满，凋敝后能更新。减少才能得到，多了就会迷惑。所以圣人减至最少，至于一，执守一之道，以此治理天下。不自我炫耀，自身才会显明。不自以为是，自身才会显著。不自我夸耀，所以有功业。不自恃，所以能长久。正是因为不争夺，所以天下就没有人可以与之争夺。古代所谓偏于一曲后能全，岂是虚言？做到曲，确实可以达到全。

【述评】

"曲则全，枉则直，洼则盈，敝则新"四句是事之常理。李嘉谋云：

> 物不可终曲，故曲则全。物不可以终枉，故枉则直。洼则必盈，敝则必新……此盈虚之至理也。

事物总是不断变动，而变动有其趋势，大体上由始而成，由成而盛，由盛而衰，由衰而亡。如果以盛为顶点，两侧的运动方式都是向它的反方向运动。物初生皆细小柔弱，至于鼎盛，是小变大，弱变强的反向运动；由盛而衰是生变死，强变弱的反向运动。因此，由正入手，却得反面。由反面入手，则可以得到正面。若由全入手，则会变曲，由全不可得全。故而由曲入手，方可得全。枉直，洼盈，敝新皆同理。《老子》类似的表达有很多，"知其雄，守其雌"，"将欲歙之，必固张之。将欲弱之，必固强之"都是从反面来达到正面的目的。

"少则得，多则惑"与前四句句型看着相似，实则不同。"曲则全"等一句中前后互为反义，而"少则得、多则惑"并非如此。故而可知此句不当与上文为伍，而当与下文"执一"联系起来理解。"圣人执一以为天下牧"是说治理天下的方式，此句当为引发此意。王注云：

> 自然之道，亦犹树也。转多转远其根，转少转得其本。多则远其真，故曰惑也。少则得其本，故曰得也。

王以树为喻，树的干枝叶由本根生长而来。本根喻道，干枝叶喻万物。万物由源所发出，所发出者众，而其源为一，正似枝叶众而本根一。名物繁，是非多，使世人以名物为重，本真为轻，是其所是，非其所非，颠倒错乱，故云"多则惑"。《老子》"失德而后仁，失仁而后义，失义而后礼。夫礼者，忠信之薄，而乱之首"等说法，由德而仁，由仁而义，由义而礼，愈来愈多，愈多愈失，正是多则惑的一种体现。纠正的方法就是绝弃这些惑人的事物，返回所出之处。绝弃即所谓"少"，复本即所谓"得"，只有这样，才能使天下得到治理，故云"少则得"。少至于无可再少，即归于一，引出下面"执一"之论。

"不自见"四句与"夫唯不争，故天下莫能与之争"是一组，语意相近。苏辙云："不自见，不自是，不自伐，不自矜，皆不争之余也，故以'不争'终之。"不炫耀夸恃自己可概括为不与人争，由此入手可以达到它的反面——莫能与争。这与上面所说曲全等句思路一致。所不同者，前面是泛言一般道理，后四句是在政治领域践行这个道理。接下来说曲全之语不是虚言，正是照应上文，十分合理。需要说明的是这些与"执一"又是什么关系呢？

万物自本源发出，由一而众，由少而多。执一就是要由多而少，由众而一，返回到道运动的初始之处。执一是在明了事物的趋势后的顺势而为。"曲则全"等是对事物趋势的描摹，"执一"是体会事物趋势后的策略，"不自是"等是这一策略的具体方式。

《老子》的这些从事物柔弱方面入手，而完全实现事物的章节，常常被误读为老子的阴谋诡计，机诈手段。这是对老子的严重地歪曲，《老子》通篇都是教人恢复自然之本真，容不下世俗机诈在里面。那些容易误解的章节，都是对事物趋势的理解，与阴谋诡计是无关的。读出阴谋诡计正是因为读者有阴谋诡计之心，《庄子》所谓"有机心而有机事"。欲见老子本义，当先去除自身的机心，方不至于以小人之心度君子之腹。

第二十三章

【题解】

本章以天地不能久为风雨喻有为之不可行，天道无为，合于道，则道助之，不合于道，则道弃之。

希言自然。〔1〕故飘风不终朝，〔2〕骤雨不终日。〔3〕孰为此者？天地。天地尚不能久，而况于人乎？〔4〕故从事于道者同于道。〔5〕德者同于德，〔6〕失者同于失。〔7〕同于德者，〔8〕道亦德之；〔9〕同于失者，道亦失之。〔10〕信不足，焉有不信。〔11〕

【注释】

〔1〕罗运贤云："十四章'听之不闻曰希'，是希即无也。"蒋锡昌云："老子'言'字多指政教法令而言。"希言，无言，指无为而治。

〔2〕飘风，疾风。终朝，由旦至食时，一个早晨。

〔3〕骤雨，暴雨。终日，自旦至暮，一整天。

〔4〕人，人的作为。

〔5〕前"于"字，帛书甲乙本、北大本作"而"，义长。"者"后王本衍"道者"二字，今据帛书甲乙本、北大本删。从事而道，指行事而合于道。同于道，王弼云："与道同体，故曰：'同于道。'"

〔6〕两"德"字皆通作"得"，与下文两"失"字对文。得者同于得，有所得则与所得同体。得，指得道。

〔7〕后"失"字后王本有"同于道者，道亦乐得之"，今据帛书乙本删。失者同于失，有所失则与失者同体。失，指失道。

〔8〕德，通作"得"。

〔9〕道，王本误作"德"，"德"前王本有"乐"字，今据帛书甲乙本、北大本改删。德，通作"得"。道亦得之，道也容纳他。

〔10〕道，王本误作"失"。"得"前王本有"乐"字，今据帛书甲乙本、北大本改。道亦失之，道也离弃他。

〔11〕"信"后王本衍"焉"字，今据北大本删。焉，乃。

【译文】

无言无为合乎自然。疾风刮不了一个早上，骤雨下不了一天。是谁发动了大风、骤雨的呢？是天地。天地所发动的还不能够持久，何况人呢？所以行事合于道则与道同体。有所得则与所得同体，有所失则与所失同体。与所得于道同体，则道也容纳他。与所失于道同体，则道也离弃他。信用不足，也就使人不相信。

【述评】

本章含义本不难理解，只是今传本中"故从事于道……失亦乐得之"一段错误太多，以至于莫名其妙。赖帛书甲乙本、北大本出土，本章旧貌才得呈现。三本具列如下：

> 王本：故从事于道者，道者同于道，德者同于德，失者同于失。同于道者，道亦乐得之；同于德者，德亦乐得之；同于失者，失亦乐得之。
>
> 帛书乙本：故从事而道者同于道。德者同于德，失者同于失。同于德者，道亦德之；同于失者，道亦失之。（帛书甲本有缺文，余同乙本，今用乙本。）
>
> 北大本：故从事而道者同于道。得者同于德，失者同于失。故同于道者，道亦得之；同于失者，道亦失之。

对比可发现，今传王本衍误极多。"从事于道者"后衍"道者"二字。"道亦乐得之"等类似三句皆衍"乐"字。"失亦乐得之"为"道亦失之"之误。最严重的错误是将汉本"失者同于失"后两个偶句，误合为三个排比句。帛书乙本作"同于德者……同于失者"，北大本作"同于道者……同于失者"。王本盖不解其意，以为各有脱文，遂合并为"同于道者……同于德者……同于失者"。盖又以为前后文当相应，遂前于"从事于道者"

后增"道者"二字，以为对应；后于"道亦失之"改为"失亦乐得之"，以为整齐。结果是原文面貌全非，语意莫名其妙。

比较帛书乙本和北大本，大体相同，不同在乙本"同于德者，道亦德之"，北大本作"同于道者，道亦得之"。结合上下文，当以帛书为是。此句紧承上句"德者同于德，失者同于失"，故言"同于德者"、"同于失者"。如果如北大本作"同于道者"，就是对应再上一句"从事而道者同于道"，如此下句"同于失者"要跳过"德者同于德"才能对应"失者同于失"，语势跳跃，前后失调，不辞已甚。而且，从文意上来说，"同于德"是"同于得"的通假，与道没什么干系，不当作"道"字，此说详下。

"德者同于德"下王弼有个与正文相矛盾的注：

> 得，少也。少则得，故曰得也。行得则与得同体，故曰同于得也。

易顺鼎云：

> "德者同于德"两"德"字皆当作"得"，与下"失者同于失"相对。王注……义作"得"可证。

易说甚是。王弼所见本"德"作"得"，得与后文"失"相对应。"德者"北大本作"得者"，可为佐证。明了德当通作得，以及原文面貌，本章的内容就比较容易理解。

"希言"的"言"是指政教法令。蒋锡昌云：

> 《老子》"言"字，多指政教法令而言，如二章"行不言之教"，五章"多言数穷"，十七章"悠兮其贵言"，均是。希言与"不言"、"贵言"同谊，而与"多言"相反。"多言"者，多声教法令之治；"希言"者，少声教法令之治；故一即有为，一即无为也。

"希言"是无为的又一种表达方式。无为是合于自然的。

"飘风骤雨"是与"希言"相反的有为政治的比喻。天下最有力量的就是天地了，而天地所制造的风雨也不能维持一天。人与天地比较，渺小得不得了。如果想要维持社会处于某种状态，又能够维持多久呢？所以要想真正地使天下大治，就不能走多言的死路，而要希言无为而治。

"从事于道者同于道……道亦失之"一段，回环复沓，其意不过是：所言所为合于道，则道助之；所言所为不合于道，则道弃之。分别对应上文的"希言"与"飘风骤雨"，而明其得失。此段与"天道无亲，常与善人"意近，而语意尤严，有警醒之意。

"信不足焉，有不信焉"，颇有学者认为错简，独卢育三以为未必如此，云：

> 马叙伦、奚侗说：此句已见十七章，这里重出，盖错简所致，且与上文不相应，当删。陈柱、高亨、朱谦之从其说。帛书《老子》甲乙本均无此句，然它本均有，细究此章旨义，有此一句亦可说通。谓"信不足"，指失于道，违背"希言自然"，实行"多言""有为"的政治，"焉有不信"，正因为"信不足"，失于道，才有不信任的事情发生。这与人事之飘风骤雨不能长久，正相应。

今北大本出，正有此两句，可证卢氏卓识。

第二十四章

【题解】

　　本章主旨是说明合于道的行为方式。

　　企者不立〔1〕，跨者不行。〔2〕自见者不明，自是者不彰，自伐者无功，自矜者不长。其在道也，曰余食赘行〔3〕。物或恶之，〔4〕故有欲者不处。〔5〕

【注释】

　　〔1〕企，帛书甲乙本、北大本作"炊"。《说文解字》云"企，举踵也"，即跂着脚，以求增高。"炊"有升意，与企意近。

　　〔2〕跨者不行，帛书甲乙本、北大本无。跨，段玉裁云"谓大其两股间，以有所越也"，谓以超常的步幅行进。

　　〔3〕余食，多出的食物。行，通作形。赘形，形体多出的部分，如骈枝，肉瘤等。

　　〔4〕物，此指众人。物或恶之，众人所厌恶的。

　　〔5〕欲，王本误作"道"，今据帛书甲乙本、北大本改。欲，求。有欲者，指上文欲立、欲行、欲明、欲彰、欲有功、欲长久者。

【译文】

　　跂着脚站希望拔高自己的人站不住，大步跨进的人走不远。自我炫耀的人不会显明，自以为是的人不会显著，自我夸耀的人不会有功业，自恃的人不会长久。自我炫耀等与跂脚站着希望拔高自己一样，都是多余的东西，在道而言，像多出食物或多出的形体一样，没有用处。众人所厌恶的，有所求的人应当不做。（正如众人厌恶自炫、自是，而欲彰明的人就不能以自炫、自是来获得彰明。）

【述评】

　　帛书甲乙本、北大本开首只有"企者不立"一句，无"跨者不行"，这样似较为合乎《老子》行文习惯。如上章"希言自然"，二十章"绝学无忧"，皆以单句起首，以引发后文。

　　"企"，帛书甲乙本、北大本皆作"炊"。高明以为二字古音同，可通假，但没有举出两字可转的实例。帛书甲乙本整理者以为"炊"通作"吹"，是导引的一种动作。其他又有解为吹嘘、倾侧、欠身之意者，不一而足。张舜徽、张松如等以为是讹误。三个古本皆同，讹误可能性极小。"炊"有升意，即便不通假，也与企意近。《庄子·在宥》："万物炊累焉。"陆德明《释文》引司马彪："炊累，犹动升也。"累，即堆集使高之意，与炊是同意连用。企是抬起脚跟，也是抬高之意，与炊上升之意接近。企（炊）者不立，就是踮着脚站不稳。文意相近而易字，是古书传抄中常见的现象。盖炊字上升之意不常见，后人遂改炊为企，以彰其意。

　　"企者不立"领起下文"自见者不明……自矜者不长"。"企者"是抬高自身的比喻，后文自见、自是、自伐、自矜都是抬高自身的具体表现，前后文意相承，正如《诗经》之比兴，由此及彼，自然成文。这也是上面所说"企者不立"单独成句比较合理的佐证。

　　下一句"其在道也，曰余食赘行"中"行"字通作"形"，焦竑云："'行'，当作'形'，古字通用也。"易顺鼎云：《列子·汤问》篇'太形王屋二山'，张湛注：'形，当作行。'是古书'行'、'形'固有通用者。"此句承上而比喻，把抬高自身的行为比作"余食赘行"。抬高自身是自身多出的部分，余食是食物多出的部分，赘形是身体多出的部分。多出的食物、多出的形体都是无用之物，所以抬高自身的行为，也不会有用处。

　　"物或恶之"中"物"是众人之意。《左传》昭公十一年："晋荀吴谓韩宣子曰：'不能救陈，又不能救蔡，物以无亲。'"杨伯峻注引顾炎武曰："物，人也。""物或恶之"，即众人所讨厌的，指上文所说的自是、自见、自矜、自伐等多余行为。

　　学者多以"恶之"是恶余食赘行。按，古以食余示亲，不表示厌恶。《仪礼·士婚礼》："妇馂姑之馔。"媳妇吃婆婆吃过的菜肴是婚礼中一项仪式。《左传》隐公元年，郑庄公宴请颍考叔，"食舍肉。公问之。对曰：'小人有母，皆尝小人之食矣；未尝君之羹，请以遗之。'"以余食送给母亲。庄公六年，邓人劝邓侯杀其甥楚王，邓侯曰："人将不食吾余。"杜注："言自害其甥，必为人所贱。"不食邓侯之余，是贱邓侯，则食余是亲。因此，余食也不应当是厌恶的对象，与赘形类似，只是表示多出无用之食物。

"有欲者不处"中"欲"字，王本作"道"。学者多以为"道"字之误。按，"有欲"一词，帛书甲乙本、北大本分见于第一章、本章，第三十一章，凡九处八字（帛书乙本三十一章有缺字）同写作"欲"，写错的可能很低。高明以为"欲"通作"裕"，裕有道意。按，第一章有欲、无欲对文，语意极明，不可能通作裕，高说不可从。

欲，求也。有欲者，即指上文欲立、欲行、欲明、欲彰、欲有功、欲长久。有所求，必明其所由，明其所由，则知不当居处众人所恶。众人皆恶自矜、自伐，故有欲者不当自矜自伐，故与有道者所见实同。第一章说"常无欲以观其妙，常有欲以观其徼"，有欲、无欲所见不异，可与此有欲、有道所见不异相互发明。王弼于"常有欲"注云："欲之所本，适道而后济"。适，合乎之意。王此处意谓推求欲之所本，合于道才能有成。有欲、有道殊途同归。后人改"欲"作"道"也不是完全没有道理。

第二十五章

【题解】

本章描述了道的容状，名之为道、大，无所不至，指出侯王当以自然为法。

有物混成，[1]先天地生，[2]寂兮寥兮，[3]独立不改，[4]周行而不殆，[5]可以为天下母。[6]吾不知其名，[7]字之曰道，[8]强为之名曰大。[9]大曰逝，[10]逝曰远，[11]远曰反。[12]故道大，[13]天大，地大，王亦大。[14]域中有四大，[15]而王居其一焉。人法地，[16]地法天，天法道，道法自然。[17]

【注释】

〔1〕物，郭店本作"𢡱"，裘锡圭释作"状"，可从。赵建伟以为"状"又通作"象"，亦通。

〔2〕生，存。

〔3〕寂兮寥兮，郭店本作"敓"。河上公云："寂者，无音声。寥者，空无形。"敓，和。

〔4〕河上公云："独立者，无匹双。不改者，化有常。"

〔5〕周行而不殆，郭店本、帛书甲乙本无，北大本有。周行，无所不至。殆，通作"怠"，不怠，不倦怠。

〔6〕可以，未行而可行之词。此句意为天地可由这个"东西"产生，而此时尚未产生。

〔7〕王弼云："名以定形，混成无形，不可得而定，故曰不知其名也。"

〔8〕字，在本名外所取的与本名意义相关的另一名字。

〔9〕强，勉强。

〔10〕陈鼓应云："以下三个'曰'字，可做'而'或'则'字解。"王弼云："逝，行也。"

〔11〕王弼云："远，极也。"

〔12〕反，通作"返"，复返。

〔13〕道大，据郭店本、北大本在"地大"之后。

〔14〕王，指古之圣王。

〔15〕域，王弼云："无称不可得而名曰域也。"

〔16〕法，法则，不违反。

〔17〕王弼云："自然者，无称之言，穷极之词。"

【译文】

有那么个"东西"混然无分，先于天地而存在。无声无形，独立无匹而不改变，无所不至而不倦怠，天地可由其产生。我不知道这个"东西"的名，给它起个字叫"道"，勉强给它起个名叫做"大"。"大"周行无所不至，而无不穷极，又独立不改变。道统摄广，天统摄广，地统摄广，王统摄广。域中有四个统摄广的，王是其中的一个。人不违于地，地不违于天，天不违于道，道不违于自然。

【述评】

本章有几个校勘问题，先行说明，有利于正确理解文义。"有物混成"中的"物"郭店本作"牆"，依裘锡圭说，此字从首，爿声，读作"状"，就是"无状之状"的"状"。赵建伟又以为"状"与"象"音义相通，"物"可训为"象"，帛书甲乙本"有象混成"即传世本"有物混成"。两说皆可，古本盖不作"物"字。

"寂兮寥兮"四字，简本只作"敓繆"两字，北大本作"肃觉"，帛书甲本作"繡呵缪呵"，帛书乙本作"萧呵漻呵"。此句古本当以两字为是，"兮""呵"叶韵成文。虚词随传抄而添，这种现象十分常见。繆、觉、缪、漻、寥音声相近，可互相通假；肃、繡、萧、寂音声相近，亦可通假。唯"敓"字与其他字声部较远，无法通假。对于"敓繆"到底通作何词，是何意思，大家意见分歧较大。笔者窃以为当从魏启鹏、刘钊意见读作"悦穆"。因为古文献中有这个词，也用来描述道。《文子·精诚》：

夫道者，藏精于内，栖神于心，静漠恬愉，<u>悦穆胸中</u>，廓然无形，寂然无声。官府若无事，朝廷若无人，无隐士，无逸民，无劳役，无冤刑，天下莫不仰上之德，象主之旨，绝国殊俗莫不重译而至，非家至而人见之也，推其诚心，施之天下而已。

此段又见于《淮南子·泰族训》：

今夫道者，藏精于内，栖神于心，静莫恬淡，讼缪胸中，邪气无所留滞，四枝节族，毛蒸理泄，则机枢调利，百脉九窍莫不顺比，其所居神者得其位也，岂节拊而毛修之哉！圣主在上，廓然无形，寂然无声，官府若无事，朝廷若无人，无隐士，无轶民，无劳役，无冤刑，四海之内莫不仰上之德，象主之指，夷狄之国重译而至，非户辩而家说之也，推其诚心，施之天下而已矣。

"悦穆胸中"《泰族训》作"讼缪胸中"，王引之云：

讼乃说字之误，说，古悦字。缪与穆同，穆亦和悦也。《大雅·烝民》笺曰："穆，和也。"《管子·君臣篇》"穆君之色"，尹知章曰："穆犹悦也。""说穆胸中"者，所谓不改其乐也。《文子·精诚篇》正作"悦穆胸中"。

王引之指出《泰族训》中"讼"是"说"的讹误，"穆"与"悦"意近，穆训作和。这些都十分正确。唯"说穆胸中"以"不改其乐也"为训，若直接以此说《老子》稍迂曲。"悦穆"同义连用，训作"和"比较直接。《泰族训》中"邪气无所留滞，四枝节族，毛蒸理泄，则机枢调利，百脉九窍莫不顺比，其所居神者得其位也，岂节拊而毛修之哉"一段可以视作对前文"悦穆胸中"的解释，综观其文，正是和顺之意。

以和之意来读本章，十分通畅。"有状混成"言其无分，"悦穆"言其和而无对立，"独立"言其无匹。无分为一，故和；无对立，故无对无匹。上下文意相关而顺畅，若以"寂寥"无声无形之意插入其中则有颇为突兀，与上下不和谐。

"独立不改"之"改"字郭店本作"亥"，帛书乙本作"玹"，北大本作"狢"，三字皆从"亥"声。廖名春云：

疑"亥"为本字。《玉篇·亥部》："亥，依也。""不亥"即不依，不依附。"不亥"与"独立"义同，"独立"是正说，"不亥"是反说。"荄"当为"亥"之借。"改"与"亥"音近，故可通用。

廖说认为"亥"为本字，"不亥"与"独立"相关是正确的，只是以"依"来解释"亥"不如以根之义来解释更合适。《说文解字》："亥，荄也。十月微阳起接盛阴。"段玉裁："许云'荄也'者：荄，根也。阳气根于下也。"亥即荄，根之意。"不亥"，即无根之意。此段与《庄子·大宗师》有对应关系。《大宗师》云：

> 夫道，有情有信，无为无形；可传而不可受，可得而不可见；自本自根，未有天地，自古以固存。

本章与《大宗师》都是说"道"，主题相同。"自本自根，未有天地，自古以固存"与本章"先天地生，独立不亥"语义非常接近。"未有天地，自古以固存"对应"先天地生"，"自本自根"对应"独立不亥"。老庄以为万物皆有所从出，皆有其本其根，唯出万物者无所从出，也就是无本无根，换言之即是"自本自根"。万物皆有所出，唯出万物者无所出，无所待故而说独立，无所出故而说无根，"独立不亥"即是无所待无所出之意。

"周行不殆"一句，郭店本、帛书甲乙本皆无，北大本与传世本有。文义与上下文颇不相属，似不当有，今暂存其文，不加说解。"道大，天大，地大，王亦大"，郭店本、北大本作"天大，地大，道大、王亦大"。"道大"在"地大"之后，今从古本。

经过校理，此章面貌如下：

> 有状混成，先天地生，悦穆，独立不亥（荄），可以为天下母。吾不知其名，字之曰道，强为之名曰大。大曰逝，逝曰远，远曰反。故天大，地大，道大，王亦大。域中有四大，而王居其一焉。人法地，地法天，天法道，道法自然。

传世本之讹误，盖于汉代即已经产生，传之既久，不敢轻改正文，但文意则据校理后的文本方始可通，今据此为释。

"有状混成"，言"混成"者，是无分之状，下文云"可以为天下母"，可见此段所描述者就是母，道始母《老子》中多互称，故而下文又字之曰道。始母是指一种混然之状。

"先天地生"之"生"是存之意，谓在天地之先存在。《庄子·大宗师》

"未有天地，自古以固存"，与此同意，天地万物的形成是混然破裂而来，混然自然在天地之前。需要说明的是，所谓"先天地生"不是说在天地存在之前有个混沌的物质，然后由这个物质中分化出天地，从宇宙生成论的角度理解非老庄一系道家思想。只是说天地由混然分出，混然是万物之所从来，是天地之始。

"悦穆"，和之意。第四十二章"万物负阴而抱阳，冲气以为和"，在混然之时气虚而不被驾驭，得气之自然，故而阴阳和。

"吾不知其名，字之曰道，强为之名曰大"，道、大一为名、一为字，两者同指"混成"，但都不能完全涵盖"混成"。王注云：

> 道取于无物而不由也，是混成之中，可言之称最大也。吾所以字之曰道者，取其可言之称最大也。责其字定之所由，则系于大。大有系则必有分，有分则失其极矣，故曰强为之名曰大。

王弼以为，之所以称为道，是因为"无物而不由"。由是经由之意，万物都经由它，从之而出，故称之为道。无物不由，涵盖最广，道是可称言中涵盖最大的称呼。对于为什么称为"大"，王弼的解释拙而不明，主要是"系于大"的含义难于理解。系，是拴缚、拘系之意。"系于大"是受到大的拴缚限制之意。"大有系则必有分，有分则失其极矣"，有限制必然有所分属，有分属则有所定，不能用来准确地涵盖混成的无极无定。王弼这里所说的有分，是指名字本身的局限。《老子指略》云：

> 夫"道"也者，取乎万物之所由也；"玄"也者，取乎幽冥之所出也；"深"也者，取乎探赜而不可究也；"大"也者，取乎弥纶而不可极也；"远"也者，取乎绵邈而不可及也；"幽"也者，取乎幽微而不可睹也。然则"道"、"玄"、"深"、"大"、"微"、"远"之言，各有其义，未尽其极者也。然弥纶无极，不可名细；微妙无形，不可名大。是以经云："字之曰道"，"谓之曰玄"，而不名也。然则言之者失其常，名之者离其真……

凡是名皆有其义，义也就局限了名，不能表达名之外的含义。如称为大，是说统摄所有；称为"微"，是因为不能看见。大与小不能相兼，以大作为"它"的名，就不能表达小的意思。反之，以微来作它的名，就不能表达大的意义，每个词只能表达"它"的一面，而不能涵盖其全。而混成既大且小，既玄且深，兼有之，所以名不能形容"它"，只能不名。必不得已而名，只能是强名，《老子》用"大"勉强作"它"的名。

王弼《老子指略》云："'大'也者，取乎弥纶而不可极也。"弥纶是统摄之意，统摄不可极，即无所不统。这个意思也可以称为万物归，三十四章"万物归焉而不为主，可名于大"，"归"是万流归宗之归，归附以之为宗主之意。万物皆归，为万物之宗主，故可名为"大"。为万物之宗主，统摄万物，两者其实是一事之两面。统摄万物，为万物宗主，正是从这个意义上称"混成"为"大"。

"大曰逝，逝曰远，远曰反"三句，陈鼓应云："以下三个'曰'字，可做'而'或'则'字解。"陈说甚是，此曰乃是连词，于《老子》文中常见，译为"乃"或"而"比较好。王弼注云：

> 逝，行也。不守一大体而已，周行无所不至，故曰逝也。周无所不穷极，不偏于一逝，故曰远也。不随于所适，其体独立，故曰反也。

"大曰逝"句，王弼以为：逝，是行之意。"周行"是周遍而行。王之意谓"大"并非守一体不动，而是无所不至。"逝曰远"句，王以为是行不在一处，而是周遍无所不穷极。"不随于所适"之"适"是往之意，不随于所往，而其体独立。此意与六十五章云"玄德深矣远矣，与物反矣"相似，"反"字含义与此相同，谓窈冥深远，不与物同，而反在其根源处。不随于所往，即不随于物变化，在根源处独立，与物的脱离原初而为物正相反。

河上公略同王注。河上公注云：

> 其为大，非若天常在上，非若地常在下，乃复逝去，无常处所也。言远者，穷乎无穷，布气天地，无所不通也。

"大曰逝、逝曰远"，河上公以逝为行之意，谓大不拘一处，无所不通。河上公以气言，不同于王注，但大体上河上公、王弼的解释基本是一致的，皆言大无常所，不拘一处。三十四章云"大道泛兮，其可左右"，与此意思相近，谓道泛滥不拘一体，左右皆可往。

"天大、地大、道大、王亦大"之"大"，是指统摄广之意。"天大"，谓天广大无所不覆；"地大"，谓地广大无所不载；"王大"，谓王广有天下。"道大"，谓道为万物宗主，统摄万物。依上文之意，道、大是从两个角度对"混成"各得一偏的称名。称道是指众物由其出，称大是指无所不统，称道则不能涵盖大，称大则不能涵盖道。这里说"道大"，谓众物所出者能统摄广大。

"域中有四大"谓天、地、道、王皆在域内，域一词兼言可见可知之境，天、地、王还是可见之物，道幽深不可见闻，但可以知其存，故而也在域内。《老子》所说的道或大或混成或始母，都不是像气一样充斥域内、包裹宇宙的概念，而是幽深不可闻见，独立无所待，又像水一样不守一体，无所不可往者。道与域是隔离的两个层面的概念，两者不互相包括，不是说道上还有一个"域"，这是要厘清的区别。

"而王居其一焉"，是全章的最关键的一句。《老子》言混成，言天地有大，言古圣王有大，揣其心意，只是为了劝今之当权者从道守一。此重复"王亦大"之论，申明王可为其一，有待于今之侯王之意十分明显，从中可见《老子》理论的现实目的。

"人法地，地法天，天法道，道法自然"，王弼注云：

> 法，谓法则也。人不违地，乃得安全，法地也。地不违天，乃得全载，法天也。天不违道，乃得全覆，法道也。道不违自然，乃得其性。法自然者，在方而法方，在圆而法圆，于自然无所违也。自然者，无称之言，穷极之辞也。用智不及无知，而形魄不及精象。精象不及无形，有仪不及无仪，故转相法也。道顺自然，天故资焉。天法于道，地故则焉。地法于天，人故象焉。所以为主，其一之者，主也。

"法"是法则，不违背之意。"安全"、"全载"、"全覆"之"全"是动词，保全、不丧失之意。人不违背地，就会保全其安，不至于倾覆。地不违背天，使其载的功能不丧失。天不违背道，使其覆盖的功能不丧失。"道不违自然，乃得其性"，道不违背"自然"，才能使道成为道，道违自然则道散矣。诸所取法，以自然为最终。法自然是什么意思呢？王弼解释说"法自然者，在方而法方，在圆而法圆，于自然无所违也。"在方在圆是举例而言，言物在方圆，不是说道，道无所谓方圆。物在方而法方，即物为方则不求圆，随其性而为方，不违于方。在圆则不求方，随其性而为圆，不违于圆。不违背其性，就是法自然。道法自然，即不违道之性。道的性是什么呢？道的性就是使道为道者，具体表现即是上文所说的混成、独立等。道如果求其混成独立就是有违，就是不自然，道不求混成独立等就是无违，就是道法自然。道无心顺其自身就是得自然。

"用智不及无知，而形魄不及精象"，用智谓人，无知谓地、天、道、自然。"形魄"指地，有形体。"精象"即天象，天无具体形体，仅有星辰运行之天象。有智的人及不上无知的地，所以人要取法于地。有形魄的地及不上只有精象的天，所以地要取法天。"精象不及无形"，形魄、天象两者皆有形分又及不上无形分的道，所以取法道。"有仪不及无仪"之"仪"，取法之意，道有所法还是"有仪"，不如无所取法的"无仪"，故"道法自然"，无仪即是指自然。下面的"道顺自然，天故资焉。天法于道，地故则焉。地法于天，人故象焉"是反转顺序又说了一遍相互取法。反复两遍，只是为了引发下文何者为主。

"所以为主，其一之者，主也"，主是宗主之意，比喻取法者不违于被取法者，后者似前者的宗主。"一"是动词，不使之二，有统摄之意。谓能够作取法者的宗主，都是能统摄取法者的。人法地，以智由无知分出，故无知为主，统摄有智；地法天，以地从天，故精象统摄形魄；精象还是有形，不如无形，故无形统摄有形；道取法于自然，即道无违于自身的性，原始究终，道是最后的宗主。

第二十六章

【题解】

　　本章主旨是强调以重使轻，治国不当自矜自伐使身轻，而应当谦卑处下以为君。

　　重为轻根，[1]静为躁君。[2]是以君子终日行不离辎重。[3]虽有荣观，[4]燕处超然。[5]奈何万乘之主而以身轻于天下？[6]轻则失本，[7]躁则失君。[8]

【注释】

　　[1]根，以树为喻，根基。

　　[2]君，主宰。

　　[3]君子，王本误作"圣人"，今据帛书甲乙本、北大本改。终日，良久。《史记·扁鹊仓公列传》："终日扁鹊仰天叹。"王念孙《读书杂志·史记五》："终日犹良久也。……《吕氏春秋》：'终日而至，则与无至同。'言良久乃至，则与不至同也。……良久谓之终日，犹常久谓之终古矣。"辎重，装载物资装备的车叫辎车、重车，所载为辎重。

　　[4]河上公云："荣观，宫阙。"古时宫门前有双阙，其上可观览。虽，通作"唯"，发语词，无义。

　　[5]河上公云："燕处，后妃所居也。"指居所最深之处，与宫阙对应。超然，谓离尘脱俗。

　　[6]主，帛书甲乙本、北大本皆作"王"，义长。方百里兵车百乘，万乘则方千里，王畿方千里，故此句当作"万乘之王"。于，王本脱，今据帛书甲乙本、北大本增。于天下，为天下。

　　[7]本，根。

〔8〕君，主宰。

【译文】

重是轻的根基，安静是躁动的主宰。所以君子比较久的行动就不离开辎重。有宫阙熙熙可观，就有燕处之地安静超然。为什么大国的君主，却轻率躁动来以治理天下呢？轻就会失去根本，躁动就会失去主宰。

【述评】

"重为轻根，静为躁君"强调以重使轻，以静使动，以重静来制约平衡轻躁。《韩非子·喻老》"重则能使轻，静则能使燥"，王弼注"不行者使行，不动者制动"都是此意。末句"轻则失本，躁则失君"，是首句的反面重申，前后照应。"本"对应首句的"根"，"失君"的"君"对应首句的"君"，都是主宰之意。重是轻的根基，轻需要重来稳定，同理，静是躁的主宰，躁需要静来辖制。

"君子终日行不离辎重"，是行路中所见轻重关系。终日行，即比较久的行动，如出访、行军之类。这样的行动，都离不开辎重。辎重是重，终日行是轻。轻要有重才能成事，说明"重"的重要性。下一例以宫室居处为例说明轻重关系。"荣观"，据河上公注，是宫阙之意。古时君主居所前朝后寝，前方为办公之地，后方为居住之所。居所之最外一道宫门前有双阙，即宫门两侧的高台，台上起楼观，可为观览之处，所以这样的建筑又称为"观"，也叫做"象魏"，观上往往悬示教令，使众人观览。这样的地方自然比较躁动。与此对应，"燕处"是宫殿建筑群的寝居之地，故而河上公以"后妃所居"解释燕处。这样的地方比较安静。古代建筑有朝必有寝，故而有"观"必定有燕处之地，两不相离。此以说明"躁"不能离"静"。

学者多以为这句是虽处荣华可游观，个人却安闲静居之意。本章主题是说明轻重之道，并用于治国，并非讲个人取向，如此解于文义颇为突兀。不如解作宫观上下文意统一协调。又有学者依据帛书甲乙本"荣观"作"环官"、北大本作"荣馆"，以为官与馆通，观当作馆。如果解作"馆"则是客舍，与"燕处"没有形式联系，以静使躁之意无从谈起，解作"客舍"远不如解作"观"贴切。

以上两则都是通过具体事例来说明轻重的关系，从上文轻重关系可以自然推出治天下应当以重守轻的结论。"于天下"是一个短语，于训作为。高明云："'于'犹'为'也，说见《经传释词》卷一。"《经传释词》云：

于，犹"为"也。《礼记·郊特牲》曰："扫地以祭，于其质
也。"又曰："祭天，扫地而祭焉，于其质而已矣。皆谓为其质，不
为其文也。"《大戴礼·曾子本孝篇》："如此而成于孝子也。"言如此
而后成为孝子也。《曾子事父母篇》曰："未成于弟也。"言未成为弟
也。……

"于天下"即"为天下"之意。"万乘之主，以身轻于天下"，是当时君主
的状况。"身轻"，谓君主失其根，具体表现即自彰自显，自伐自矜。轻则
恐将亡，万乘之主当体会以重使轻之意，谦卑居下，生而不有、长而不
宰。如此才能轻不失重，使君位长保，天下安定。或以"以身轻于天下"
为爱身重于天下之意，远离主题，失之。

轻重是《老子》比较特别的表达方式，所指颇泛，如此章以辎重为重，
则轻进为轻；燕寝超然为重，荣观熙乐为轻；人身则自矜自伐为轻，谦卑处
下为重。总体而言，轻是指脱离安定，有趋于灭亡之势。重则是抑制轻的
脱离，为了制衡灭亡趋势而采用的措施。根与枝叶、君与臣的比喻比较好的
说明这种关系。枝叶无根则死，必有根基方能存活，这比喻轻对重的依赖。
有君则有所主，无君则无所归，这比喻重对轻的制约。《老子》其他章多有
类似轻重关系者，如"知其雄，守其雌"、"高以下为基、贵以贱为本"之
类。雄趋于刚强则将亡，有似于轻；雌可为长久，有似于重；守雌以处，有
似于以重制轻。总之，轻重是《老子》关于事物关系的一种总结，与《老
子》中其他思想是相互贯通的。

第二十七章

【题解】

本章言善于救人者无所抛弃，使人物皆得其用。

善行无辙迹，〔1〕善言无瑕谪，〔2〕善数不用筹策，〔3〕善闭无关楗而不可开，〔4〕善结无绳约而不可解。〔5〕是以圣人常善救人，〔6〕而无弃人，〔7〕物无弃财，〔8〕是谓袭明。〔9〕故善人，〔10〕善人之师；〔11〕不善人，〔12〕善人之资。〔13〕不贵其师，不爱其资，〔14〕虽智大迷，〔15〕是谓要妙。〔16〕

【注释】

〔1〕善，善于，下五善同。辙，车迹。迹，足迹。

〔2〕瑕，玉上斑点或裂痕，比喻缺点、毛病。谪，责。

〔3〕数，计数。筹策，古时候计数工具。

〔4〕闭，关闭。关，门闩。楗，通作"键"，钥匙。

〔5〕结，打结，捆缚。绳约，绳索。

〔6〕救，助。

〔7〕而，王本误作"故"，今据帛书甲乙本、北大本改。弃人，抛弃一部分人。

〔8〕物无弃财，王本误作"常善救物，故无弃物"，今据帛书甲乙本、北大本改。财，通作"材"。弃材，不被利用的资材。

〔9〕袭，因。明，知常曰明之明，指常道。

〔10〕"人"后王本衍"者"字，今据帛书甲乙本北大本删。善人，与

下文不善人对文，指好人。

　　〔11〕"善"前王本衍"不"字，今据帛书甲乙本、北大本删。善人，与上文善救人对应，善于救人之人，即圣人。

　　〔12〕"人"后王本衍"者"字，今据帛书甲乙本、北大本删。不善人，指坏人。

　　〔13〕资，取用。

　　〔14〕爱，爱惜，不抛弃。

　　〔15〕虽智大迷，虽然表面上聪明，实际上糊涂。

　　〔16〕要妙，精要玄妙。

【译文】

　　善于行动的没有痕迹，善于说话的无可挑剔，善于计数的不用计算工具，善于关闭的不用门闩钥匙而不能够打开。善于打结的不用绳索而不可以解开。所以圣人善于救助世人，而无所抛弃，善于使用材物，各得其用。这叫做因循常道。所以好人是善救人的圣人的老师，坏人为善救人的圣人所取用。不尊重好人这样的老师，不知道爱惜其可取用，虽然自以为聪明，实际上却是糊涂。这些是精要深奥的道理。

【述评】

　　这一章中最关键的一句话是"圣人常善救人，而无弃人，物无弃财"，其上所说五善是为了引发此句。吴澄云：

　　　　行者必有辙迹在地，言者必有瑕谪可指，计数者必用筹策，闭门者必用关键，结系者必用绳约，然皆常人所为尔，有道者观之，则岂谓之善哉。……举五事为譬以起圣人善救之意。

《老子》所说善是一种极致状态。今以善言为例来说明，越是善于说话的人，前后矛盾、逻辑错误就越少，言的极致状态一定没有这些瑕疵。《老子》把这种极致状态称为善。除了本章，还有五十四章"善建者不拔，善抱者不脱"，六十八章"善为士者不武，善战者不怒，善胜敌者不与"等。欲达到这种极致状态，只有通过消除对立才能实行。卢育三以"善闭"为例说明：

　　　　在老子看来，开关是对立的统一，有关就有开，有开就有关……

他就认为关是关不住的，因为有关就有开，要想永远关住，除非就莫
关，不关当然也就无所谓开，没有开，也就关住了。简言之，不关就
关住了。这就叫做"善闭无关键而不可开"。

要想实现极致关闭，只有把开消除。消除了开，也就无所谓关，这样就关
住了。开关是一对概念，取消了一个，另一个也会消失，所以实际上开关
都被取消了。取消对立之后，就只有"一"存在，事物的极致状态——
善，其实就是消除矛盾而至于"一"。

"善救人"与上文所说的"善"语意一致，即极致的救人才是善救人。
救人而有所弃，算不上极致，极致必然是无所弃，故言"善救人者无弃
人"。能做到这点的就是极致的人——圣人。

下文"善人，善人之师；不善人，善人之资"此句紧承上文，进一步
说明这个意思。"善人"、"不善人"的善人是指好人、坏人。"善人，善人之
师"王本误作"善人者，不善人之师"。帛书甲乙本、北大本三本皆无"不"
字。高明已经指出《韩非子·喻老》篇所见本同帛书甲乙本：

> 《喻老》篇云："周有玉版，纣令胶鬲索之，文王不予，费仲来
> 求，因予之。是胶鬲贤而费仲无道也。周恶贤者之得志也，故予费
> 仲。文王举太公于渭滨者，贵之也；而资费仲玉版者，是爱之也。故
> 曰：'不贵其师，不爱其资，虽知大迷，是谓要妙。'"……韩非在这
> 里清楚地说明了"不善人，善人之资"的具体内容，"不善人"指费
> 仲，"善人"指文王。韩非又以文王举太公之事，以喻"贵师"，从而
> 又说明了"善人，善人之师"的具体内容，前一善人指"太公"，后
> 一善人显然还是指文王。由此可见，《韩非·喻老篇》所解《老子》
> 此文，必与帛书甲、乙本相同。

从《韩非子》和高明的释义中可以明确连用的两个善人所指不同，后一善
人指"文王"。其实，后一善人是上句"圣人常善救人"的"善救人者"
之省，所指即是"圣人"，韩非以文王当之，十分合适。故知此句当从古
本作"善人、善人之师"，后一善人指圣人。圣人对事物不加区分，所以
无所谓善、不善，善人吾师之，不善人亦所有取用，无所弃取。

善人当贵之，而贵善人并非抛弃不善人，故而不善人也要爱之。所以
说"不贵其师，不爱其资，虽智大迷"，不知道对善不善都要贵爱，虽然表
面聪明，其实还是糊涂。无善、无不善，唯一而已，这才是圣人治天下的精
妙关键，所以说"是谓要妙"。

第二十八章

　　本章指出圣人以居下的方式，为天下的楷模，引导民众回归到初始状态。

　　知其雄，守其雌，〔1〕为天下溪。〔2〕为天下溪，常德不离，复归于婴儿。知其白，〔3〕守其辱，〔4〕为天下谷。〔5〕为天下谷，常德乃足，复归于朴。〔6〕知其白，守其黑，〔7〕为天下式。〔8〕为天下式，常德不忒，〔9〕复归于无极。〔10〕朴散则为器，〔11〕圣人用之则为官长。

【注释】

　　〔1〕雄、雌，比喻刚柔，动静。

　　〔2〕溪，山间的水流。

　　〔3〕白，王本误作"荣"，今据帛书甲乙本、北大本改。白，这里指自洁自显。

　　〔4〕辱，通作"䘏"，黑垢，这里指与众不异。

　　〔5〕谷，川谷，山间的水流。

　　〔6〕朴，未经加工的木材，指未经人为。

　　〔7〕白，这里指光明，比喻有知。黑，这里指暗昧，比喻无知。

　　〔8〕式，法式，楷模。

　　〔9〕忒，差。

　　〔10〕"知其白"至"复归于无极"，王本在"复归于婴儿"下"知其荣"上，今据帛书甲乙本、北大本正。林希逸云："无极，无物也。"

〔11〕器，物。

【译文】

懂得雄强，而守持雌柔，作天下人的溪流。作天下人的溪流，恒常的德行就不会脱离，复归到婴儿的状态。懂得自洁，而与众不异，作为天下的溪流。作为天下的溪流，恒常的德就会充足，复归于质朴。懂得光明，而守持暗昧，作为天下的楷模。成为天下的楷模，恒常的德行不会有差失，复归于无物的状态。质朴散去则器物呈现，圣人把这样的人作为众器的官长。

【述评】

《老子》一书中本章最接近《诗经》的表现形式，连章叠句，回环往复。三个"知其"领起三章，章与章之间形式相同，都是"知其口，守其△，为天下△。为天下△，常德△△，复归于△"，△处押韵。今传王弼本有二处错误，其一是"知其白，守其辱"中"白"误作"荣"。其二是"知其白，守其辱"与"知其白，守其黑"次序颠倒。按照帛书甲乙本、北大本调整之后，会发现"为天下溪"与"为天下谷"，"知其白，守其辱"与"知其白，守其黑"四句文字略有不同而内容相似。这样，连续的两章不仅形式重复，内容也相联。反复吟咏，很有诗歌的美感，也可以看出《老子》成书年代较早，深受《诗经》影响。

辱，通作"黵"，黑垢之意，与白为反义词。雌雄、白黵都是一种比喻，雄喻刚强，雌喻柔弱，白喻自洁自显，黵喻与众不异。溪、谷同意，都是山间的川流，众水所注入，以喻居下而天下归附。"知雄守雌"与"知白守辱"两章意思相近，重心在"为天下溪"、"为天下谷"，意为守雌、守黵则天下归往。"为天下式"指可为天下法式，与上文为天下溪谷对应，天下溪谷谓居下，天下式谓在上，以明居下得上之意。七十八章"受国之垢，是谓社稷主。受国不祥，是为天下王"，与此意思相似，可以参看。

"常德不离"、"常德不忒"意思相似，就是与常德不离不差。不离不差，合而为一，则无所缺失，自然是"常德乃足"。德足，则复归于初。婴儿、朴、无极都是对初始状态的描写。婴儿，是人之初生，朴，是未雕琢的原木，是以比喻的方式描述初始。"无极"是无正之意，五十八章："祸兮福之所倚。福兮祸之所伏。孰知其极，其无正。""无正"之"正"是奇正之正，指可以确定的正道（详见彼章）。初始之时，无所谓正奇，一之而已。

三章反复吟咏，基本意思就是"复始"。

"朴散则为器，圣人用则为官长"，王弼注云：

> 朴，真也。真散则百行出，殊类生，若器也。圣人因其分散，故
> 为之立官长，以善为师，不善为资，移风易俗，复使归于一也。

王弼对"真"的解释又见于他处，第三章"常使民无知无欲"，王弼注云："守其真也。"六十五章"古之善为道者，非以明民，将以愚之"，王弼注云："明谓多见巧诈，蔽其朴也。愚谓无知守真，顺自然也。"结合几处注释，可以知道王弼所说的"真"是指"无知无欲"。王弼之"真"本于《庄子》，是对伪而言，指未经人为。《庄子·秋水》有比较明确的说明：

> 北海若曰："牛马四足，是谓天；落马首，穿牛鼻，是谓人。故曰，
> 无以人灭天，无以故灭命，无以得殉名。谨守而勿失，是谓反其真。"

《秋水》以去人得天为真。真的反义词"伪"，郭店楚简写作"惼"，裴锡圭云："指'背自然'的人为。"甚是。两相对照，可证"真伪"是指经过人为与否之意。王弼以为"无知无欲"是真，以为无知无欲是未经人为的样貌。朴又可以训为本。《吕氏春秋·论人》："故知知一，则复归于朴。"高诱注："朴，本也。"器由朴发展而来，朴是器所从出，故而训为本。本、真，两者差别只在于角度不同，本是从发生的角度说，真是从实质所在的角度说，两者都是原初之谓。

"真散则百行出，殊类生，若器也"谓无知无欲之状散去，各种行为都出现，人有善恶等类别产生。器，对朴而言。器是有形名之谓，《周易·系辞》"形而下者谓之器"，有形则为器。三十二章"道常无名，朴"、三十七章"无名之朴"，无名则无形，朴谓无形分的原初之状。人有知欲则本真之朴散去，遂有知欲善恶生，有形有分为器矣。

"圣人因其分散，故为之立官长，以善为师，不善为资，移风易俗，复使归于一也。"王弼圣人立官长之说，本于六十七章"不敢为天下先，故能为成器长"。成器，即有知有欲之众。"不敢为天下先"与本章的"知雄守雌"正相呼应，谓能守持柔弱者。圣人使守持柔弱者为有知有欲之众人的官长，则可以移风易俗。第十章王弼注云："一，人之真也。"移风易俗的目的是复归于混然无知无欲的未经人为的真实状态。

第二十九章

【题解】

此章言明治国不可以有为。

大制不割。〔1〕将欲取天下而为之，〔2〕吾见其不得已。〔3〕天下神器，〔4〕不可为也。为者败之，执者失之。〔5〕故物或行或随，〔6〕或歔或吹〔7〕，或强或脞〔8〕，或伓或隳。〔9〕是以圣人去甚，〔10〕去奢，去泰。〔11〕

【注释】

〔1〕大制不割，王弼本属上章，且"大"前有故字，今据北大本移于此。制，裁制。割，割裂。

〔2〕取，获取。为之，指有为的方式。

〔3〕已，语气助词。不得，得不到。

〔4〕神器，如神之器。

〔5〕执，把持。

〔6〕行，前行。随，跟随。

〔7〕歔，同嘘，吐气舒缓而使温热。吹，吐气急速而使寒凉。

〔8〕脞，碎石。脞，王本误作"羸"，今据帛书乙本改。

〔9〕伓，通作"培"，堆土。隳，毁坏。伓，王本误作"挫"，今据北大本改。

〔10〕去，去除。

〔11〕甚、奢、泰，泛指一切过分的欲求。河上公云："甚谓贪淫声色，奢谓服饰饮食，泰谓宫室台榭。"

【译文】

　　大的裁制不割裂。想要通过有为的方式获得天下，我断定他不会成功。天下是神奇的器物，不能以有为的方式去获取。以有为的方式获取它必然失败，想要把持它必然会失去。各种事物有的需要在前行就让它在前行，有的需要在后跟随就让它在后跟随。有的需要吐气舒缓而使温热就让它温热，有的需要吐气急速而使寒凉就让它寒凉，有的需要强就让它强，有的需要碎就让它碎，有的需要建设就建设，有的需要毁弃就毁弃。因此圣人去除那些极端过分的地方，任性之自然。

【述评】

　　"大制不割"一句，传世本多分入上章，北大本分入此章。帛书甲乙本全书不分章，但这一句作"夫大制不割"，夫是发语词，用于一章的结尾是非常罕见的，故而可以认为帛书甲乙本也将此句划入本章。王弼于本章结尾处注云："凡此诸或，言物事逆顺反复，不施为执割也"，王弼所谓"割"似即对应"大制不割"，如果是这样，那么王弼所见本也是把"大制不割"划入本章。不割即不裁制万物，与下无为取天下，任物自性的意思正相应。因此把"大制不割"置于此章首句比较合适。

　　"或歔"至"或隳"一句，王弼本误作"或歔或吹，或强或羸，或挫或隳"。帛书甲本作"或炅（歔）或□□□□□或杯或撺"，残缺五字。乙本作"或热（歔）或碰，或陪（培）或堕（隳）"，脱"或吹或强"四字。北大本此句完整无缺，作"或热（歔）或吹，或强或桲，或怀（培）或隋（隳）"。综合三本，这句话的原貌基本得以呈现，只是"或强或"后一字到底当写作何字、是何意思，尚需讨论。北大本的"桲"，是一种名为桲庐李的植物，与此处文意不合，整理者以为是"挫"字讹误，是很有道理的。帛书甲乙本"碰"，是碎石之意。《广韵·果韵》："碰，碎石。"傅奕本此字作"剉"，剉也有碎的意思。《齐民要术·种谷》引汉《氾胜之书》："又取马骨剉一石"。"马骨剉"，应当是马骨碎块。《吴越春秋·勾践入臣外传》："夫斫剉养马。"斫剉，是切碎草料的意思。王弼本的"挫"，可以通作"剉"，《汉书·王莽传下》："莽欲以厌凶，使虎贲以斩马剑挫忠。"颜师古注："挫，读曰剉。"《老子》本章一句中的连续两个词语意都相关，"或行或随"是先行与追随的关系，"或歔或吹"是缓慢吐气和迅疾吐气的关系，"或陪或堕"是建设与毁坏的关系。"或强或碰（剉）"，恰好是强硬与碎折的关系，与前后文十分协调。因此，此字无论是写作"碰"或"剉"，其含义都应当是"碎"的意思，帛书比较早，据此写作"砼"比较合适。

"将欲取天下而为之"直截了当的指出以有为方式必然达不到目的。接下来是个比喻，天下是如神之器。"山陵川谷丘陵能出云为风雨，皆曰神"（《礼记·祭法》）。人对神是极崇敬的，尽祭祀之能事而已，而不敢驾驭之，只是做好自身的功夫，静待神的降临。对待天下就如同对待神，只可以等待他的归属，而不可以去争取，就如同等待神的降临一样，等待天下的到来。

"故物或行或随，或歔或吹，或强或砼，或怀或隳，是以圣人去甚，去奢，去泰"一段有两种解释方向，一以为此段说盛衰有常，适中而行，以吴澄为代表：

> 如行、随、呴、吹、强、羸、载、隳（吴澄本如此——引者）八者之相反而相因，圣人知其势之必至于此也，而处之有其道焉。凡过盛必衰，衰则亡之渐也，惟不使之过盛，则可以不衰，而又何有于亡？……甚也，奢也，察也，极盛之时也。能不过盛，则可以保天下之不亡矣。

二是以为此段说任自然而行。以王弼为代表：

> 凡此诸或，言物事逆顺反复，不施为执割也。圣人达自然之至，畅万物之情，故因而不为，顺而不施，除其所以迷，去其所以惑，故心不乱，而物性自得之也。

前者的关键在于把"八个或"理解为"相反而相因"。相反的互相转化，要保持强盛就要适中而行，去除过分的地方。这样的好处是把"八个或"同后面的"三个去"结合起来解释，比较统一。后者以为"八个或"理解为"逆顺反复"，两者之间不是相互转化，而是或顺以行，或反以行，顺其自性之意。这样好处是与上文无为的主题比较契合，但解释"三个去"的时候会有些困难。

两者所依据的文本都有缺陷，今天根据三个古本可以较好地理解这"八个或"的关系。"八个或"中只有"或培或隳"可以理解成转化。"或行或随"，是先行与跟随的关系，先行不必然转变为跟随，"或歔或吹"是缓慢吐气与急速吐气的关系，缓慢吐气不必然变成急速吐气，如果以此来说明盛衰转变，无疑是不那么贴切的。《老子》中坚强往往与柔弱对立，用"或强或砼"来说明也不那么贴切。总体上看，"八个或"与盛衰之变关系不大，所以理解成转化也就不很合适

"圣人去甚，去奢，去泰"似乎与上文不属，其实不然。这句中"甚、奢、泰"都是人的弊病，物谈不上甚、奢、泰。《老子》的思想一向是以修身而治天下，所以圣人是去除惑乱自身的甚、奢、泰，而不是他人的或是物的甚、奢、泰。而依吴澄的解释，"甚、奢、泰"是物的由盛转衰，去"甚、奢、泰"是圣人阻止这种趋势。这显然与句子的意思不相合。王弼注云"除其所以迷，去其所以惑，故心不乱"却相合。那么这句与前文有什么联系呢？简单梳理一下本章的思路就可以知道意思还是连贯的：天下不可以有为的方式取得，需要无为的方式，无为即是各安万物之性。圣人所需要的是去除自身的甚、奢、泰，呈现自身的本性，这样就做到无为，天下也就取得了。

第三十章

【题解】

本章说对待战争要采取不逞强的态度。

以道佐人主者，〔1〕不以兵强于天下。〔2〕其事好还。〔3〕师之所处，荆棘生焉，〔4〕大军之后，必有凶年。〔5〕善者果而已，〔6〕不敢以取强。果而勿矜，〔7〕果而勿伐，〔8〕果而勿骄，果而不得已，〔9〕是谓果而勿强。物壮则老，是谓不道，〔10〕不道早已。〔11〕

【注释】

〔1〕以道佐人主者，指有道之臣。

〔2〕于，王本脱，今据郭店本、帛书甲乙本、北大本补。强，逞强。

〔3〕"其事好还"，郭店本作"其实好长"，且在章末。还，返。

〔4〕荆棘，泛指丛生多刺的灌木，农事荒废，良田不长，故荆棘丛生。

〔5〕"大军之后，必有凶年"，郭店本、帛书甲乙本、北大本无此句。

〔6〕者，王本误作"有"，今据郭店本、帛书甲乙本、北大本改。善者，善用兵者。果，战胜。

〔7〕矜，自恃。

〔8〕伐，自夸。

〔9〕果而不得已，郭店本无此句。不得已，迫不得已。

〔10〕不道，不合于道。

〔11〕"物壮"至"早已"，郭店本无此句。已，止。早已，指不久长。

【译文】

以道来辅佐君主的臣子，不用兵在天下逞强。用兵之事容易遭到报应。军队所到之处，就会长满荆棘。大战过后，一定是凶荒的年份。有道的人，只是取得胜利罢了，不炫耀武力。战胜而不自矜，而不自夸，而不骄傲，战胜是迫不得已，这叫做战胜而没有逞强。事物壮盛就会衰老，是因为它不合乎道，不合乎道的都不长久。

【述评】

　　这一章是郭店本与其他本子有很大差别，没有"其事好还。师之所处，荆棘生焉，大军之后，必有凶年"、"果而不得已"、"物壮则老，是谓不道，不道早已"三句，末尾有"其事好长"四字。其文云：

　　　　以道佐人主者，不欲以兵强于天下。善者果而已，不以取强。果而弗伐，果而弗骄，果而弗矜，是谓果而勿强。其事好长。

郭店本的文意顺畅，语气完足，从文字角度优于今本。但帛书甲乙本、北大本已经同今本大体一致，且郭店本当是节抄本，有所取舍。《老子》文辞往往模拟《诗经》，比兴之间，颇为跳跃，这样流畅的句子，反而让人生疑。今两存之，以待更多材料的发现。

　　尽管版本有所差别，但文意基本一致，这一章说对待战争要采取不逞强的态度。战争不会给任何人带来好处，在战争中没有胜利者，所以说"师之所处，荆棘生焉，大军过后，必有凶年"。老子认为即便战争不可避免，只是在迫不得已的情况下才使用，所以此章说"果而不得已"，下章说"不得已而用之"。在不得已使用武力的时候要本着"果而不强"的态度。《尔雅·释诂》："果，胜也。""果而不强"就是战胜就罢了，不要逞强。战胜，是功成的一种。《老子》中关于"功成"的解说有很多，如"功成而弗居"（二章），"功成名遂身退，天之道"（九章），"功成而不名有"（三十四章），"功成而不处"（七十七章）所以这些都表达了同一个意思，就是功成而不自居有功。本章也是这个意思，所以后面说"不敢以取强。"又解释"不敢以取强"："果而勿矜，果而勿伐，果而勿骄"，勿矜、勿伐、勿骄与弗居、不名有、不处的意思正相应合。

　　前文表明了观点，"物壮则老，是谓不道，不道早已"则是说明原因。苏辙云：

　　　　壮之必老，物无不然者。唯有道者成而若缺，盈而若冲，未尝壮，故未尝老，未尝死。以兵强天下，壮亦甚矣，而能无老乎。

凡物盛极就会衰微，以至于亡，在老子看来这是不道的表现。有道的状态应当是，"未尝壮，故未尝老，未尝死"，保持在不盛不壮，就可以不老。不盛不壮，就是其他章所说的守柔处下。用兵之道的果而不强，是守柔处下的一个具体表现。也可以说合于道的用兵方式就是不逞强。

第三十一章

【题解】
　　本章说君子既不应当装饰兵器，也不应当美化战争。

　　夫觟美不祥之器，〔1〕物或恶之，故有欲者不处。〔2〕君子居则贵左，〔3〕用兵则贵右。〔4〕兵者不祥之器，〔5〕非君子之器，〔6〕不得已而用之，铦纕为上，〔7〕不美也。〔8〕而美之者，是乐杀人。〔9〕夫乐杀人者，则不可以得志于天下矣。吉事尚左，〔10〕凶事尚右。〔11〕偏将军居左，〔12〕上将军居右，〔13〕言以丧礼处之。杀人之众，以哀悲泣之；〔14〕战胜，以丧礼处之。

【注释】
　　〔1〕觟美，王本误作"佳兵者"，今据北大本改。觟，读作"佳"，佳美，装饰美化之意。
　　〔2〕欲，王本误作"道"，今据帛书甲乙本、北大本改。"夫佳兵"至"不处"，郭店本无。"物或"至"不处"注释详见二十四章。
　　〔3〕居，平素居处。贵左，以左为尊。
　　〔4〕用兵，指战争。古时候认为左阳右阴，阳生而阴杀。《诗经·裳裳者华》毛传："左阳道，朝祀之事；右阴道，丧戎之事。"
　　〔5〕兵，兵器。
　　〔6〕"不祥之器，非君子之器"，帛书甲乙本、北大本作"非君子之器也，不祥之器也。"
　　〔7〕铦纕，王本误作"恬淡"，今从郭店本改。当读作"铦庞"。铦，

锋利。纆，器物坚实。

〔8〕"不美"前王本有"胜而"二字，后无"也"字，今据郭店本、帛书甲乙本、北大本删增。不美，不装饰美化兵器。

〔9〕乐杀人，以杀人为乐。

〔10〕吉事，先秦时期，祭祀、冠、婚、娶等为吉事。尚左，以左为上。

〔11〕凶事，丧葬等为凶事。

〔12〕偏将军，将佐，位卑。

〔13〕上将军，主将，位尊。

〔14〕泣，通作莅，临。

【译文】

　　装饰美化不祥的器物，是让人厌恶的东西，所以有欲求于天下的人不作。君子平时以左方为尊，而用兵则以右方为尊。兵器是不祥的器物，不是君子所应当使用的。迫不得已使用，以锋利坚固为上，不要装饰美化它。装饰美化它是以杀人为乐。以杀人为乐的人不可能得志于天下。吉祥的事以左为上，不吉祥的事以右为上。偏将军处在左，上将军处在右，说明是以凶丧之礼对待战争。杀人众多，以悲哀的心情临视。战胜了，以凶丧的礼节对待。

【述评】

　　这一章是三十章的继续，有人怀疑这一章遭到篡改。然而郭店简、帛书甲乙本、北大本都有这一章，只是个别地方有区别，主体内容大体相同，说明这一章是《老子》所固有，古今学者多疑了。

　　"夫觟美不祥之器"，据北大本写定，其他各本有较大歧异，传世本多作"夫佳兵者，不祥之器"，帛书甲乙本作"夫兵者，不祥之器"，郭店本没有这句。古今多有以为传世本"佳兵"不辞者，如王念孙以为"佳"是"隹"之误。新出资料显示各本都不作"佳兵"，怀疑是正确的。但北大本的"觟"当通作"佳"，《史记·扁鹊仓公列传》引《老子》曰"美好者，不祥之器""美好"与"佳美"类似，可见"佳"字自有来历，不是误字。帛书甲乙本、北大本代表两个版本系统，一本作"夫兵者"，一本作"夫佳美"，今传本"夫佳兵者"是糅合两个版本的结果。

　　两个版本比较，当以"佳美"更准确。佳美是同义连用，"夫觟美不祥之器也"应该连读，是指装饰、美化"不祥之器"的行为（韩巍《北京大学藏西汉竹书》）。"夫佳兵不祥之器"（中华书局本《老子道德经河上公章句》，据别本在"兵"字下补"者"字，今不取）河上公注云："佳，饰也。祥，善也。兵者，惊精神，浊和气，不善人之器也，不当修饰之。"河上公以"佳"作动词，"兵"、"不祥之器"连读，整体是"修饰兵这个不祥之器"的意思。虽然河上公受到"兵"字的干扰，解释稍嫌臃肿，但东汉人确实是这样理解文意。可见"不祥之器"前面的词应当是装饰美化意思，其文本当然是写作"佳美"更合适。帛书甲乙本"夫兵者，不祥之器"在后文重出，语意拖沓，显然不如"佳美"文字通畅。而且"夫兵者，不祥之器"是反对战争，而本章的意思则是"反对美化不祥之器"（详见下），"兵者"与全章内容相悖，显然是错误的。

王弼本"恬淡"，郭店本作"铦绵"，帛书甲本作"铦袭"，乙本作"铦懵"，北大本作"恬偻"。恬与铦读音相近，或可通假，而"淡"与从龙（龍）得声的"绵"、"袭"、"懵"，或"偻"音声相远，不能通假。王弼本当有误。劳健《老子古本考》已经怀疑王本"恬淡"是"铦锐"之讹，谓兵器但取铦锐，无用华饰也。劳健虽无确据，但文意讲通了。张松如结合帛书进一步指出：帛书作"铦庞"（帛书甲乙本作"袭"，盖张以为读作"庞"——引者），"庞"疑为"厖"字之变，敦庞、骏庞，皆有厚大之义，谊与铦锐相近，均指兵器言。裘锡圭结合郭店简指出：郭店本这个词的首字即"铦"字，绵应读为"功苦"之"功"，"铦功"就是说兵器以坚利为上；帛书乙本的"懵"亦可读为"功"。帛书甲本的"袭"应是从"龙"声之字的形近讹字。"袭"、"淡"二字古音相去不远，可能有人将"铦袭"一类异文读为"恬淡"，遂为今本所袭用。

张、裘二先生之说很有道理，这个词应当是用来描述兵器的，首字当读作铦，取其锋利之意。次字读作"功"缺少有力的实例，不如读作"庞"，但张松如以为庞是厚大之意则不妥。庞，器物坚实。《淮南子·氾论训》："古者民醇，工庞，商朴，女重。"高诱注："工庞，器坚致也。"《大戴礼记·主言》有句类似的话："民敦，工璞，商悫，女憧。"两句中"璞"与"朴"形义皆近，"憧"是"重"的讹字，虽然对工、商的描述稍有差异，但是基本上《氾论训》的"庞"字应相当于《主言》"悫"。《说文解字》："糳，悫也。""糳"即郭店本"绵"字右侧所从。盖《大戴礼记》早期版本作"工糳，商璞"，传抄者不知道"糳"当读作"庞"，有器物坚实之意，只知"糳"有悫义（恭谨，朴实），以为"悫"更适合描述商人，遂颠倒两词，以顺文辞。从两处古文献的异同可以推知"糳"可通作"庞"。"铦庞"一词是锋利坚实意思，描述兵器正好合适，放在《老子》本章中可谓十分通顺。

"庞"与北大本的"偻"也有相通之处。《说文解字》："庞，高屋也。"

段玉裁云："谓屋之高者也。故字从广。"高屋岂不就是楼么？《说文解字》："楼，重屋也。"庞与楼文义很接近。庞是东部并声，楼是侯部来声，音声不相远。因为声音含义都很接近而导致混淆，是很正常的现象。楼、偻都从娄得声，可以通假，北大本写作"恬偻"是完全可以理解的。庞是从龙的字和从娄的字交叉的节点，更加证明这个字应当读作庞。可能《老子》"铦庞"一词在当时就比较冷僻，传抄者颇多误解，后世以讹传讹，遂误作恬淡，以粗合文意。

首句"夫佳美不祥之器，物或恶之，故有欲者不处"提出本章主题"反对装饰美化不祥之器"。这里的不祥之器，可以认为是泛指，凡是不祥善的东西都不能美化，不拘泥于某种不祥之器。"君子居则贵左，用兵则贵右"以及下文有两层意思，一是不装饰兵器，二是以丧礼用兵，目的都是说明本章"反对装饰美化不祥之器"这个主题。兵器就是一种不祥之器，所以只求锋利坚实，不装饰美化它。而对战争而言，如果以吉礼对待，就是美化它；以丧礼对待，就是不美化它。丧礼都尚右，上将军居右，就是用丧礼对待用兵。君子既不应当装饰兵器，也不应当美化战争，这才是想要得志于天下的人应有的态度。

本章的主题鲜明，论据清晰，只是传世本字多讹误，以致主题不申。今即明其意，反观全章文字，则首句不可或缺，而郭店本独少此一句，必是编者删减无疑，益证郭店本绝非全本，摘抄而已。

第三十二章

【题解】

本章说明两种政治治理境界。

道常无名，〔1〕朴，〔2〕虽小，天下莫能臣也。〔3〕侯王若能守之，万物将自宾。〔4〕天地相合以降甘露，〔5〕民莫之令而自均。〔6〕始制有名。〔7〕名亦既有，〔8〕夫亦将知止。〔9〕知止可以不殆。〔10〕譬道之在天下，〔11〕犹小谷之与江海。〔12〕

【注释】

〔1〕名，名称，与形相联系，有形则有名。无名，道无形故无名。

〔2〕朴，没有加工的原木，此指未经人为的状态。

〔3〕臣，臣服，此为使动用法，使……臣。

〔4〕宾，宾服，服从。

〔5〕天地相合，指天气下降，地气上升，二气交合。甘露，甜水，指及时的雨水。此句意谓天地和合，风调雨顺。

〔6〕自均，自然调均。

〔7〕制，裁制。

〔8〕名亦既有，名已经出现。

〔9〕将，虚词，当。止，居处。知止，指知道在那里停止居处。

〔10〕殆，危险。

〔11〕譬，比喻。

〔12〕小，王本误作"川"，今据郭店本、帛书甲乙本、北大本改。

与，王本误作"于"，今据郭店本、帛书甲乙本、北大本改。小谷，小水。

【译文】

　　道无法称名，混然不经人为，虽然小不可见，天下没有什么能使（道）臣服。侯王如果能够守持它，万物将会自然的宾服。那时天地和合，雨水及时降下，民众没有人命令却能够保持调匀。始割裂为名。名已经有了，就要知道应当在哪里停止不动，只有这样，才能够不危险。道在天下如果可以比喻，正如小河流与江海一样，（有小有大，有低有高）。

【述评】

　　此章以"始制有名"为界分为两段，两段表示两种治理境界。王弼于"始制"注云："谓朴散始为官长之时也。"朴未散为一时段，朴散为一时段。吴澄的说法更明白一些，于"道常无名"注云"此言道也"，于"始制有名"注云"此言德也……故人之用此德者当知止于德，不可再降而下也。"吴澄以"道"为第一层境界，以"德"为第二层境界，以下则不可再降，再降不入流矣。道德未必如吴澄所说得那样清楚，但其说两重境界则是正确的。

　　"道常无名"是第一层境界，无名和朴是其主要特点。无名与朴含义小有差别，主旨是一致的，皆形容混然之状。名因形定，有道之时，万物混然，没有形分，故而无名。朴是未经人为的本来面目（详见二十八章），此指无名有道之时的混然样貌。

　　"虽小，天下莫能臣也"与三十四章相关。《老子》中与"臣"相对应的词是"主"。三十四章云：

　　　　道泛兮，其可左右。万物恃之而生而不辞，功成不名有，衣养万物而不为主。常无欲，可名于小。万物归焉而不为主，可名为大。

《老子》以生养者为主，则被生养者为臣。道生养万物，万物恃道而生，故道实际上是万物主。本章所说的"天下莫能臣也"即谓天下万物无不赖道而生，没有资格作道的主。"虽小"，谓不可见闻，故言小。三十四章"常无欲，可名于小，万物归焉而不为主，可名于大"与"虽小，天下莫能臣"意思是一样的，谓道小不可见，大而为天下主。

"侯王若能守之，万物将自宾。天地相合以降甘露，民莫之令而自均"，理解这段首先要知道当时的知识背景。古人以为圣王可以管阴阳（详见四十二章），通过圣王的调节则阴阳合，阴阳合则甘露降下。此等说法非一家之言，是古代的普遍知识。

> 桓公曰："乘车之会三，兵车之会六，九合诸侯，一匡天下……昔三代之受命者，其异于此乎？"管子对曰："夫凤皇鸾鸟不降，而鹰隼鸱枭丰，庶神不格，守龟不兆。握粟而筮者屡中，时雨甘露不降。……今三祥未见有者。虽曰受命，无乃失诸乎？"（《管子·小匡》）

> 王正则元气和顺、风雨时……故天为之下甘露，朱草生，醴泉出，风雨时，嘉禾兴，凤凰麒麟游于郊。（《春秋繁露·王道》）

> 臣闻古之贤君，其德行非布于海内也，教顺非洽于民人也，祭祀时享非数常于鬼神也。甘露降，时雨至，年谷丰孰，民不疾疫，众人善之，然而贤主图之。（《史记·赵世家》）

> 太清之始也，和顺以寂漠……当此之时，玄元至砀而运照，凤麟至，著龟兆，甘露下，竹实满，流黄出，而朱草生，机械诈伪莫藏于心。（《淮南子·本经训》）

以这个知识为背景，就可以知道"天地相合以降甘露"是说君主有道后的效果。侯王如能守持道抱朴不失，会有神奇的效果，万物都会恢复其本有的秩序，具体而言，天地交泰，风调雨顺，人民皆淳朴而无智无诈，没人命令人民却如同有人调度一样，均匀得当。大道既行于天下，没有比这更高的治理境界了。

"始制有名"以下是第二境界，核心是"知止"。"始制有名"的"制"，裁制之意。《周易·系辞上》："制而用之谓之法。"孔颖达疏："言圣人裁制其物而施用之。"《韩非子·难二》："管仲善制割，宾胥无善削缝。"《淮南子·主术训》："贤主之用人也，犹巧工之制木也。"高诱注："制，裁也。"始制，即始被割裂之意。名因形定，有形则有名，无形则无名。初始之时，混然为一，形尚无分，可以说是"无名"。有分有形，始也就被割裂了，成形也就有了名，所以说"始制有名"。治理天下的人，即便不能守朴，只是因于名而治理，也需要知道应当停止，有所居处。如此虽未必得，亦不远矣。

"道常无名"、"始制有名"提起的两段标明统治境界。抱朴可到达无名的高层境界。知止因于名，境界稍低。其他章所说无欲、有欲，与此略似。

无欲者，物未形，境界高。有欲者，已经是有名，境界稍低。但正如吴澄所云"尚未离德"，还是可以接受的。

本章最后一句"譬道之在天下，犹小谷之与江海"，小谷即小水流，与江海大水对应。"小"传世本误作"川"，遂以为是河流朝宗于海之意。今赖古本知当作"小"，刘笑敢已经指出："大小对比之意更明。"结合上文，我们很容易知道：小谷与江海正是对应两重境界。末句与上文如合符节，也证明本章主旨必是两种境界的差别无疑。

第三十三章

【题解】

　　本章八句是上文知止不殆的延伸。

　　知人者智，[1]自知者明；胜人者有力，自胜者强；知足者富，强行者有志；[2]不失其所者久，[3]死而不亡者寿。[4]

【注释】

　　[1]"知"前北大本有"故"字，且与上章合为一章。人，指他人，与下文"自"对应。

　　[2]强，勉力。行，这里指守本真。志，志向，意愿，这里指"取天下"。有志，使志向实现。

　　[3]所，处所。不失其所，指处在应当处的地方，即知所止。久，长久。

　　[4]亡，消亡。不亡，指人死而其道永存。

【译文】

　　了解他人只可称为智，认识自己才能称为明。胜过他人只可称为有力，胜过自己才可以称为强。知足的人就可以富有，坚决守道可以得志于天下。不失掉所应当处在的位置就可以称为久，死了却还存在的人才能叫做寿。

【述评】

　　本章传世本皆独立成章，但北大本"知人者智"前有"故"字，且不别为一章，与上章合而为一。帛书甲乙本无故字，但是帛书甲乙本本身不分章，不能确定分章情况。就文意而言，这一章核心内容是延续上章的"知止不殆"而继续阐发，所以当从北大本并入上章，只是传世本章次已为人所熟知，今姑且从之不变，而其题旨则当与上文合读方明。

"知人者智，自知者明；胜人者有力，自胜者强"，谓不知自处，而好胜人，并以为是智识。物壮则老，不道早已，胜人有力终不免早亡，以此知所进退，知所自处，则可谓明，克制好胜人之欲，守柔自处，乃可谓强。《老子》中的"明"基本上是指对道的认识，如十六章"知常曰明"，五十二章"见小曰明"，常、小都是对道一方面的描述。"强"是五十二章"守柔曰强"之强，与此基本是协调的。

"知足者富，强行者有志"，注解者于此多以为"强行者有志"是勉力行道可以称为有志向，这样则与上文的"知足者富"就没什么关系。王弼云："勤能行之，其志必获。"强行是勉力而行，有志是指志向实现，而不是有志向。这里《老子》中所谓的"志"指有天下。三十一章"不可以得志于天下矣"，正是志指天下之证。知足则无所缺，可以称为富，而行道则为天下所宗，无不有也，富之极。

"不失其所者久，死而不亡者寿"是相对的一组。"不失其所者久"与"知止可以不殆"意思类似，是从两个方面说一件事。知止是知道应当停在那里，换言之，这个地方就是他应在的处所。"知止"与"不失其所"同意。知止可以不危殆，不失其所者自然可以长久。"死而不亡者寿"，是其人虽死而道德犹存。《左传》所言"太上有立德"为三不朽之首，正与此意近。极言其长久无期，则以人死不亡为喻。

总之，本章八句是上文知止不殆的延伸，北大本把他们划在同一章比较合适。

第三十四章

【题解】

    这一章的主旨是说道统摄万物，但没有统摄之心，圣人效法道，才能无所不统。

    道泛兮，[1]其可左右。[2]万物恃之而生而不辞，[3]功成不名有，[4]衣养万物而不为主。[5]常无欲，[6]可名于小。[7]万物归焉而不为主，[8]可名于大。[9]是以圣人能成大也，[10]以其不为大，[11]故能成大。[12]

【注释】

    [1]"道"前王本有"大"字，今据帛书甲乙本、北大本删。道泛，言道泛滥，无所不适。

    [2]可，可以，指具有可能性。其可左右，意谓可左可右，可上可下，即无所不在之意。

    [3]万物恃之而生而不辞，帛书甲乙本无，北大本作"万物作而生弗辞"。恃，依赖。弗辞，疑当作"弗始"，不造作事端。

    [4]名，占有。

    [5]衣养，北大本作"爱利"。衣，通作"爱"，惠也。养，供给所必需。利，给予好处。

    [6]无欲，指无欲之时。

    [7]可名于小，言其实非小可限定，仅就其一方面而言。小，指精微不可见。

    [8]归，归附。

    [9]于，王本误作"为"，今据帛书甲乙本、北大本改。大，指无所

不容。

〔10〕"是以"至"大也"八字,王本脱,今据北大本补。帛书甲乙本大体与北大本相同,唯"人"后有"之"字。大,指圣人亦能无所不容。

〔11〕"其"后王本有"终"字,"不"后王本有"自"字,今据北大本删。帛书甲乙本大体与北大本相同,唯"大"后有"也"字。

〔12〕"成"前王本有"其"字,今据帛书甲乙本、北大本删。

【译文】

道泛滥,可左可右,无所不往。万物依赖道生长而道从不推辞,事功成而道不自以为有功,给予万物恩惠以及好处而不主宰万物。在无欲之时,道似乎没有影响,可以名之为小。万物归附于道而道不为万物主宰,可以名之为大。是以圣人能够无所不统摄,是因为他不以统摄为心,所以最终能成为无所不统摄。

【述评】

首句"道泛兮,其可左右",王弼云:"言道泛滥,无所不适,可左右上下周旋而用,则无所不至也。"左右此代指其在任何地方,左右上下四周,没有地方不可以到。王弼的意思是比较准确的,后人往往把道泛理解为道体广大,无所不包,如李嘉谋就解释此句谓"充满八极",这是受到气论的影响而导致的模糊的理解,与《老子》意不同。道泛是指像水一样"无所不适",可以适天,可以适地,可以适人,而不是充满域中把万物包裹其间。无所不包的是气,无所不统的才是道。道强调的是统摄,而不是包裹或充满。统摄是强调为主,受其统属,不强调都在其内,这是《老子》道的一大特点。这与其成书于春秋时的情况是相协调的,西周春秋的天子强调的是为天下主,而不是把天下都纳入畿内。下文"不为主,终成大",都是基于统摄之意。

"万物恃之而生而不辞"北大本作"万物作而生弗辞"。第二章有与此类似一句"万物作焉而不始,为而不恃,功成而弗居",今传本"不始"误作"不辞"。辞、始音近而至混淆,疑北大本大体正确,而"辞"当作"始",此句当作"万物作而生弗始"。三十章王弼注云"为始者,务欲立功生事",为始是欲立功而为事端,是有心为之。万物兴作,而其间有能守道者,如天地,得长存,其长存是道之力,但道非有意欲使之长存,无心而至此,故而说"生弗始"。与下文"功成不名有,衣养万物而不为主"无论文字还是含义都保持基本一律。

"功成不名有"，功成指物之生而不毁。这是比喻的说法，道本不兴作事功，从世俗的角度来看，物之生则可谓事功，故而说"功成"。"不名有"，名是占有之意，不名有即不占。从世俗的角度看，事功是谁完成的就应当谁所有，万物皆赖道生，则当为道所有，但事物感觉不到道的存在，故言不名有。

"衣养万物而不为主"之"衣"字北大本作"爱"，"衣"与"爱"音近可通假，爱养万物也是比喻的说法，道本无所亲爱，从世俗的角度说，道生养万物似对万物有爱而养之。"不为主"之"主"与生养有关，父母养子女，则为子女主；君主养民，则为民之主。盖先秦以为：为人所生养，生养者必然是其主，既为主，当然受到主的主导。简言之，受人生养，听人之命，这种主属关系是当时普遍接受的事理。道生养万物，万物本当听命于道，但道不可见闻，虽养万物，万物却感觉不到道的存在，故而说不为主。

"常无欲，可名于小"，王弼注云：

> 万物皆由道而生，既生而不知其所由。故天下常无欲之时，万物各得其所。若道无施于物，故名于小矣。

王注甚是。这里的"无欲"与首章的"常无欲"相同，是如王弼所说的"天下常无欲之时"，三十七章可为证明："道常无为，侯王若能守之，万物将自化，化而欲作，吾将镇之以无名之朴。"因"欲作"与否分成两个阶段，前一段欲未作，后一段欲作（详见三十七章），前一段即王注所谓无欲之时。常无欲之时，万物各得其所，道不为主，不名有，似对万物没有什么施为，没有影响，所以可以称为小。

"万物归焉而不为主，可名于大"之"归"是万流归宗之归，与宗之意近，归附以之为宗主之意。万物皆归，则道无不统摄，故可名为"大"，"大"是指统摄之广。道统摄万物，另一个角度就是万物朝宗于道，两者意思相同。王弼《老子指略》云："'大'也者，取乎弥纶而不可极也。""弥纶"是统摄之意，王弼之说是比较精确的。从统属的角度，才可以讨论"道"是否为主。"不为主"谓道虽统属万物，但不为了统摄而求统摄，只是无心而行，不知其为统摄。"不为主"是为了引发下文，"不为主"是成为大的原因，而不是名于大的必要条件，只要统摄万物即可名于大。

"可名于大"，王本误作"可名为大"，帛书甲乙本，北大本"为"皆作"于"，"可名于大"与上文"可名于小"对应，作"于"是很合理的。此外从意义上说，"名于大"也比"名为大"合适。"名于大"谓可以从大的角度描述道，而"名为大"则是说以"大"作为"道"的名，二十五章很明确的说"强为之名曰大",可见"大"不能作"道"的名，仅仅是可以从无所不统摄的角度描述道而已。

"是以圣人能成大也，以其不为大，故能成大"，道不为主，不求统摄万物，而能无所不统，圣人体道而行，也不求统摄而能无所不统。这种情况与三十九章中所说类似，三十九章云：

> 天得一以清，地得一以宁，神得一以灵，谷得一以盈，侯王得一
> 以为天下贞。其致之，天毋已清将恐裂，地毋已宁将恐发，神毋已灵
> 将恐歇，谷毋已盈将恐竭，侯王毋已贵以高将恐蹶。

天如果求清则恐怕会崩裂，地如果求宁则恐怕会废坏。天地不求为清宁，而能长清宁。圣人不求包容万物而能无所不容。大道之行的关键就在于"生而不辞，功成不名有，衣养万物而不为主"，一言以蔽之，无己无私而已，圣人正是无己无私才能做到无所不容。

第三十五章

【题解】

　　本章以"乐与饵"为界分成两节，上节说天下归有道者，下节以譬喻说天下归有道而不离。

　　执大象，[1]天下往。[2]往而不害，安平太。[3]乐与饵，[4]过客止。[5]道之出言，[6]淡乎其无味。视之不足见，听之不足闻，用之不可既。[7]

【注释】

　　[1]执，帛书甲乙本同，郭店本、北大本作"埶"。大象，指道。或云：象，治象，指记载政教法令的文字。

　　[2]往，归。

　　[3]安，乃。平，均平。太，通作"泰"，安宁。

　　[4]饵，食物。

　　[5]过客，过路旅客。

　　[6]言，王本误作"口"，今据帛书甲乙本、北大本改。言，指政教法令。道之出言，指在"言"中表现出来的道。

　　[7]可，王本作"足"，今据郭店本、帛书甲乙本、北大本改。既，穷尽。

【译文】

　　掌握住大道，天下会归往。归往而不互相伤害，就会和平而安泰。音乐与食物也可以使过客停止，（却不能使他们归往。）而言表现出来的道，虽然淡淡的没有味道，看也看不到，听也听不见，但是使用它却不会穷尽（所以天下才会归往）。

【述评】

　　这一章说有道则天下自然归化。首句"执大象"有两种解释方向，一是训"执"为"守"，"大象"为道之喻，其含义是守道，这比较常见，古今注家多从此说。一是认为"执"当从郭店本、北大本作"埶"，读为"设"。"设象"具体含义又有多说，窃以为魏启鹏比较合理。魏云：

　　　　设大象，典出西周古制"设象"《国语·齐语》："管子对曰：昔吾先王……合群叟，比校民之有道者，设象以为民纪。"韦注："设象，谓设教象之法于象魏也。《周礼》：'正月之吉，悬法于象魏，使万民观焉，挟日而敛之。'所以为民纪纲也。"……象魏，是古代天子、诸侯宫门外的一对高建筑，称为"阙"或"观"。……郑玄注："大宰以正月朔日，布王治之事于天下，至正岁，又书而悬于象魏，振木铎以徇之，使万民观焉……"所谓"治象"，指记载政教治令的文字。孙诒让正义："……书谓以治象书于版而县之。……凡书著文字，通谓之象。……案：西周旧制的'设象'，犹是陈列形之于文字的政教法令，以为万民所观所诵。"

凡是写成文字，可以泛称为"象"。设象，就是把法令书写于版牍上，悬挂在"象魏"上，让民众观看，以达到约束民众的目的。大象，指法令之大者，指表现于法令文字中的道。设大象，直译就是把含有大道的文字法令发布于象魏上给大家看。我们知道大道不能用文字法令来表达，所以这里只是借设象之词来比喻通过政教法令把大道传播开来，让大家周知。在政教法令中表现出道，天下就会归往，上下文衔接很自然。而且，这与下文所说的"道之出言"正相呼应。蒋锡昌云：《老子》'言'字多指政教法令而言。"所以，"道之出言"也是政教法令中所表现的"道"的意思，与"设大象"意思一致。可见"设大象"也是讲得通，甚至在与上下文协调上更好一点。

　　"往而不害"，范应元云："并育而不相害。"天下归者各得其处，并生而不相害。"安平太"中"太"是泰的通假字。安是连接虚词。王引之《经传释词》已经指出："'安'犹于是也，乃也，则也。《老子》曰：'往而不害，安平太。'言往而不害，乃得平泰也。""平"是均平之意。古所谓均平不是平均相等之意，而是皆得其所之意。如《史记·陈平列传》：

> 里中社，（陈）平为宰，分肉食甚均。父老曰："善，陈孺子之为宰！"平曰："嗟乎，使平得宰天下，亦如是肉矣！"

父老表扬陈平分社肉均，自然不是所有人的肉都相等之意，而是当多者多，当少者少，并且不遗漏每个人之意。与《左传》文十八所说"地平天成"之意类似，不是大地都变成平地之意，而是高者高之，低者低之，普遍得到治理之意。上文万物各得其所处，互不相害，故此处言"平"以说明其不相害之结果，文意十分协调。

"乐与饵，过客止"一段，看似支离，其实是譬喻之词，范应元已经说得很明白：

> 此起譬也。张乐设饵以留客过客，过客非不为之止也。然而乐饵终则客去矣。若同夫执大象者，天下自然归之而不离也哉。

以音乐和事物留住人，音乐与食物用尽，人就会离开，这样的是过客，不是归附。归附的人因道而来，不是为了音乐与事物而来。

"道之出言，淡乎其无味。视之不足见，听之不足闻，用之不可既。"此接上文"乐与饵"之譬喻继续说，与音乐、食物相比，在政令上表现出来的道没有味道、颜色、声音。但是道就是这样用之不尽，不似音乐与食物有用尽之时，所以为道所归附者，永不会离开。

本章以"乐与饵"为界分成两节，上节说天下归有道者，下节以譬喻说天下归有道而不离，两节相互联系，相辅相成。这样的结构也可以说明"设大象"与"道之为言"含义相对，"设大象"应当是发布政教法令之意。

第三十六章

【题解】

本章是对有欲者而言的策略论，阐明柔弱胜刚强的道理。

将欲歙之，[1]必固张之；[2]将欲弱之，必固强之；将欲废之，必固举之；[3]将欲夺之，必固予之，[4]是谓微明。[5]柔弱胜强。[6]鱼不可脱于渊，国之利器不可以示人。[7]

【注释】

[1]将，欲，打算。欲，想要。将欲，指有欲者打算如何。歙，通作"翕"，敛，合。

[2]固，必，一定。将欲、必固都是同义连用。张，展开。

[3]举，王本误作"兴"，今据北大本改。高亨云："兴当作举，形近而讹。古书常废举对言。"举，举用。

[4]予，王本作"与"，今据帛书甲乙本、北大本改。与、予同义，今从旧文。予，授予。

[5]微，几微，这里指难以看见的道。微明，河上公云："其道微，其效明也。"

[6]"强"前王本衍"刚"字，今据帛书甲乙本、北大本删。

[7]利器，利国之器，指圣知仁义等号称有利于国家的东西。

【译文】

想要合上，一定要先张开。想要削弱，一定要先增强。想要废弃，一定要先举用。将要夺取，一定要先给予。这道理幽微不易见，但效果显著。柔弱能够胜强。如同鱼不可以脱离水一样，那些所谓有利于国家的东西不能显示出来。

【述评】

这一章是对有欲者而言的策略论，阐明柔弱胜刚强的道理。范应元云：

> 天下之理，有张必有翕，有强必有弱，有兴必有废，有与必有取，此春生夏长、秋敛冬藏、造化消息盈虚之运固然也。然则张之、强之、兴之、与之之时，已有翕之、弱之、废之、取之之几伏在其中矣。

事物发展大体五个阶段，始、成、盛、衰、亡，这里只涉及盛、衰、亡三个阶段。强盛之时其衰亡也就开始了，所以范云"张之、强之、兴之、与之之时，已有翕之、弱之、废之、取之之几伏在其中矣"，这是事物之理，循这个理而行事，促使它到强盛的极点，实际上等于加速它的衰亡，这也就是从中推论而来的策略。河上公云："先开张之者，欲极其奢淫。先强大之者，欲使遇祸患。先兴之者，欲使其骄危。先与之者，欲极其贪心。"使之穷奢极欲，衰亡就不招自来了。

第一章"常有欲以观其徼"，王弼注云："徼，归终也。……欲之所本，适道而后济。"有欲者需要体察事物的趋势，趋势所向，即王弼所说的"归终"，《老子》所说的"徼"。欲求需要循理顺势而为才能实现，即王弼所说"欲之所本，适道而后济"。《老子》经文云"将欲"者，说的很明确，是对"有欲者"说话，阐述的是有所求的前提下的策略问题。王弼注云"将欲除强梁，去暴乱，当以此四者"，是很正确的解释。而大多学者以为此是圣人之策略，则是不明《老子》中"有欲"、"无欲"的两层境界差别，错解文意。

这个道理虽然幽微，但是效果却十分明显。从明显的趋势入手，而探求那个幽微的道理，就是所谓"微明"。这种修辞方式与《周易》中"尸居而龙见，渊默而雷声"相同，表达的意思与"无声无形，有情有信"相似，把两个相反的词放到一起，说明虽然不能感觉得到，却能显现实效之道。

知道盛极必亡的微明之理，柔弱与刚强的地位就是清楚了，可以说柔弱胜过强。所谓胜，不是指柔弱与刚强的直接对抗中胜出，而是指取强必然灭亡，持守柔弱可以长久，从这个意思上来看，柔弱胜过刚强。刚强必

亡，推而言之，柔弱也必然会变成刚强，柔弱也会灭亡。所以，关键只在于
"守"一个字，守柔不失才可以避免至于衰亡。虽知不守，也是不行的。

"鱼不可脱于渊，国之利器不可以示人"，鱼与渊的比喻比较好理解。
范应元云：

> 《西升经》……又曰："人在道中，道在人中。鱼在水中，水在鱼
> 中。道去人死，水干鱼终。"是知鱼以喻人，渊以喻道。鱼脱渊则终，
> 人离道则死矣。

渊是用来比喻道，鱼比喻得道之人。

"利器"是指什么，意见分歧。《庄子·胠箧》以为圣人就是国之利器：

> 虽重圣人而治天下，则是重利盗跖也。为之斗斛以量之，则并
> 与斗斛而窃之；为之权衡以称之，则并与权衡而窃之；为之符玺以信
> 之，则并与符玺而窃之；为之仁义以矫之，则并与仁义而窃之。……
> 故曰："鱼不可脱于渊，国之利器不可以示人。"彼圣人者，天下之利
> 器也，非所以明天下也。故绝圣弃知，大盗乃止……

《韩非子》给出另外一个答案："赏罚者，利器也。君操之以制臣，臣得之
以拥主。……故曰：'国之利器，不可以示人。'"除此之外还有很多意见，
此不一一列举。范应元对此有个总结性意见：

> 治国不以道，而以世俗之所谓圣智仁义巧利示天下而使之乱者，
> 亦犹以利器示人也。……河上公以权道为利器，韩非以势为渊，以赏
> 罚为利器，子由（苏辙）以柔弱为利器，王雱以刚强为利器，遂使后
> 世疑此章为权谋之术，皆不得老氏之意也。……故切切明夫人不可离
> 于道，譬之鱼不可脱于渊也。此岂权谋之术哉？为人主者不以道德化
> 人，而以利器示人，则是鱼之脱于渊也。

范应元总结历代看法，认同《庄子》的看法，以为"圣知仁义巧利"
就是《老子》所说的利器。《庄子·胠箧》中圣人以仁义、斗斛、权衡、符
玺治国，圣人本人被称为圣知，范应元所说的"圣知仁义巧利"就是对
《庄子》中圣人与圣人之法的概括。范所指出的"鱼不可脱于渊"与"利器
不可示人"有对应关系，是十分正确的。渊是道之喻，鱼是得道之人的比
喻。鱼脱渊则死，说明不可能离道而得道。"失道而后德，失德而后仁，失

仁而后义"仁义等已经远离道德，就如同鱼不得水必死一样，脱离道的仁义不可久长，终为大盗所窃，以至于国家混乱。真正的治国大道是抱一无为，功成不名有，作为有欲者即便做不到这些，至少也应当不提倡仁义巧利，让这些所谓的利器隐藏而不能被人所知晓。

曲解老子的人，经常以此章为例证明老子所说的是阴谋权术，细读本章内容，不过是根据道的趋势顺势而为。其相似之处，当如苏辙所说"圣人与世俗，其迹固有相似者"。事实上此章解释对有欲者而言，下无欲者一层，其所论虽相似，其心意不在射利，而在劝人从道。

第三十七章

【题解】
　　本章说有道之境无为，万物自化。时代下降，治理者需知足以定天下。

　　道常无为，〔1〕侯王若能守之，万物将自化。化而欲作，〔2〕吾将镇之以无名之朴。〔3〕无名之朴，〔4〕夫亦将无欲。〔5〕无欲以静，〔6〕天下将自定。

【注释】
　　〔1〕王本"为"后衍"而无不为"四字，今据郭店本、帛书甲乙本、北大本删。
　　〔2〕吴澄云："欲，有心为之。"
　　〔3〕吾，郭店本无此字，义长。范应元云："作，动起也。镇者，安也，重也，压也。"王弼云："朴，真。"
　　〔4〕无名之朴，北大本同，帛书甲乙本上有"镇之以"三字，郭店本无此四字。帛书甲乙本义长。
　　〔5〕无欲，郭店本作"知足"，帛书甲乙本、北大本作"不辱"。夫，彼。
　　〔6〕无欲，郭店本作"知足"，帛书甲乙本、北大本作"不辱"。

【译文】
　　有道时总是无为，侯王如果能够守执它，万物将自然地归化。（时代下降），欲求萌生，我就用无名的朴来安定它。用无名的朴来安定，就会没有欲望，没有欲望就会安静下来，天地万物就会自然达到安定。

【述评】

本章有"欲未作"和"欲作"两个阶段。从段落上说以"化而欲作"为分界，前后分为两节。前一节言有道之境无为而治，是理想的境界。后一节言欲作而镇之以朴，是次一等境界。

"道常无为"后王本衍"而无不为"四字，郭店本、帛书甲乙本、北大本四本皆无此四字。今传河上公正文有此四字，读其注文"道以无为为常也"，没有提及无不为，其正文应当也没有"而无不为"四字，故而不释。此四字必是衍文无疑。

"道常无为"与"道常无名"句式相近，是说有道之时无名无为，无名无为是有道时的特点。"无为"，《老子》属之于"圣人"，如第二章"是以圣人处无为之事"，"无为之事"，六十四章"是以圣人无为，故无败"，五十七章"故圣人之言云：……我无为而民自化"。圣人行道，无为而治，是《老子》所说的至高之境。

五十七章云"我无为而民自化"，那么"侯王若能守之"的"之"是指"无为"，谓侯王若能守持无为则万物自化。《老子》之侯王有两类，一是指古之圣侯王，一是指今之侯王。三十九章有确证"昔之得一者……侯王得一以为天下正。"这里十分明确地称"昔"，是指以往得一者，必定是指古之圣侯王。本章言"若能守"，是未必能守之意，是指今之侯王。古之侯王能守，而今之侯王不能守，所以才有"化而欲作"之说。所谓"化"即是指上古治世。所谓"欲作"谓今之侯王承先圣王而临天下，大不如前，欲望勃兴。下文说以朴镇欲，是为今侯王设法。这已经是次一等境界了。《老子》这个说法有其背景，古代普遍认同时代下降，认为上古存在一个黄金时代，今不如古，愈晚愈差（详见八十章）。只有明白这种假设，本章的文意才能顺遂。

"化而欲作"，在这个时候就要"镇之无名之朴"，以朴制欲。镇是重之意。《国语·周语上》："故为车服、旗章以旌之，为赘币、瑞节以镇之。"韦昭注："镇，重也。"《国语·周语上》："夫执玉卑，替其赘也；拜不稽首，诬其王也。替赘无镇，诬王无民。"韦昭注："镇，重也，无以自重也。"《国语·晋语三》"惠公既杀里克而悔之，曰：'芮也，使寡人过杀我社稷之镇。'"韦昭注："镇，重也。"镇与一般意义上的由上向下压的含义不同，是有重物在下而不至于倾覆之意，《晋语三》"社稷之镇"一词此意尤为明显。"化而欲作，吾将镇之以无名之朴"与"重为轻根"之意接近。欲作则趋于覆灭，为了避免覆灭，要有所遏制，以朴之重来约束欲之轻，使欲求不至于泛滥成灾。

朴是指未经人为的原初混然状态（详见二十八章），无形分，故以无名称。以朴为重，如同它章所说的"守母"。言母者，重在生养之意；言朴者，重在无形分之意，此是两者差别，至于两者指原初，则无分别。知道现在的状态是从原初之混朴发展而来，欲越多，求越盛，则离原初越远，越危险，不离根本才能安定。

"无欲"，郭店本作"知足"，帛书甲乙本、北大本作"不辱"。"欲"与"辱"音近可通假。"不辱"又见于四十四章"知足不辱"，是不蒙受耻辱的意思，于此文意难通。郭店本作"知足"，义长。大概因"知足不辱"文相连属而误抄作"不辱"，后以音改为"不欲"或"无欲"，以协调文义。

以朴镇欲，则欲望得到约束，不至于无限求取，故可言"知足"。无求取则政令日息而静。不求生厚，则税减，民不饥；不求善恶之察察，则刑罚措。民得足食而不陷于刑，则自定矣。

"无为"与"镇欲"是治理的两层境界，无为高妙而难至，镇欲浅近而易行。这与三十二章无名、有名，第一章无欲、有欲两种时代，都是相互呼应的。高境界一时不能达到，也要体会朴之意，先做到"知足"，这时欲望得到约束，天下也可以安定下来，不至于大乱。以此为阶，或可渐至于有道无名之境界。

《老子》一书本以《德经》在前，《道经》在后。本章是《老子·道经》之终章，也是《老子》全书之终，有总结之意，指明古之侯王无为万物可自化，今之侯王即便如不能无为，也当知足，如此天下才能安定。言之谆谆而明，只是不知有多少侯王听进《老子》的教诲。

第三十八章

【题解】

陈鼓应云："本章的立论动机，实有感于人际关系愈来愈外在化，而自发自主的精神已逐渐消失，仅靠一些规范把人的思想行为定著在固定的形式中。"

上德不德，[1]是以有德。[2]下德不失德，[3]是以无德。[4]上德无为而无以为，[5]下德为之而无以为。[6]上仁为之而无以为，[7]上义为之而有以为。[8]上礼为之而莫之应，[9]则攘臂而扔之[10]。故失道而后德，[11]失德而后仁，失仁而后义，失义而后礼。夫礼者，忠信之薄而乱之首。[12]前识者，[13]道之华而愚之始。[14]是以大丈夫处其厚不居其薄[15]，处其实不居其华，故去彼取此。[16]

【注释】
〔1〕上德或下德是对德的分等，上德是最高等、最完善的德。不德，不知有凡俗所谓德。
〔2〕有德，具有真正的德。
〔3〕不失德，知有德——如仁、义——而不失去。
〔4〕无德，无真正的德。
〔5〕无以为，不知有所为。林希逸云："以，有心也。无以为，是无心而为之。"

〔6〕无，王本误作"有"，今据北大本改。帛书甲乙本无此句。

〔7〕上仁，指最完善的仁，下"上义"、"上礼"略同。为之，指践行仁。无以为，不以行仁为目的。

〔8〕有以为，知有所为。

〔9〕莫之应，不应对，指己行礼，而人不行礼。

〔10〕攘臂，捋起衣袖，伸出胳膊，形容激奋之状。仍，牵引。此句指强行牵引不行礼者就范。

〔11〕德，指下德。

〔12〕范应元云："尽己之谓忠，以实之谓信。"这里指上所说仁义。薄，浇薄，不足，与厚对文。首，开端。

〔13〕前识，先见。

〔14〕华，古花字，与"实"对文。吴澄云："前识，犹先知智也。道犹木之实（种子），未生之初，生理在中，胚腪（胚胎）未露，既生之后，则德其根也，仁其干也，义其枝也，礼其叶也，智其华也，根干枝叶华自道中生。"道之华，犹言道之末。

〔15〕大丈夫，可体道的人，不同于体道的圣人。

〔16〕去彼取此，去彼薄华，取此厚实。

【译文】

　　具有上德的人不知有德，所以有真正的德。下德的人知有德而不失，所没有得到真正的德。上德的人无所作为，也不知有所为。下德的人有所作为，但也不知有所为。上仁的人有所作为，但也不知有所为。上义的人有所作为，也知道有所为。上礼的人有所作为而得不到回应，于是就捋起袖子，伸出胳膊，强迫牵引服从。所以失去道之后才有德，失去德之后才有仁，失去仁之后才有义，失去义之后才有礼。礼是忠信不足后的产物，是祸乱的开始。那些号称有先见的人提倡礼，都是道的华而失去实，是愚昧的开始。所以大丈夫应当选择厚以自处而不是薄，选择实以自处而不是华，所以去除仁义礼而选择道德。

【述评】

　　本章中"上德无为而无以为，下德为之而无以为"一句这里据北大本写定，河上公本同。此句各本颇多异文。韩非、王弼（此指范应元所见王弼本）、傅奕、范应元本作"上德无为而无不为"，学者多有从之者。今帛书甲乙本、北大本同作"上德无为而无以为"，则从者虽众，亦未必是。而且《韩非子·解老》虽引此句作"上德无为而无不为"，细读内容，则不似解释"无不为"，反而似解释"无以为"：

> 所以贵无为无思为虚者，谓其意无所制也。夫无术者，故以无为无思为虚也。夫故以无为无思为虚者，其意常不忘虚，是制于为虚也。虚者，谓其意无所制也。今制于为虚，是不虚也。虚者之无为也，不以无为为有常。不以无为为有常则虚，虚则德盛，德盛之谓上德，故曰："上德无为而无不为也。"

《韩非子》之意，所谓真正做到虚者，是指他的心意无所专注，如果专心注意要做到虚，那显然是不虚了。虚者的无为是这样：不把无为作为一种经常性的功夫，如果做到不把无为作为一种具有经常性的功夫，那就是虚了。虚就是德盛，德盛就叫做上德。（梁启雄《韩子浅解》）全部解释都没有说到"无不为"，所说的有意至虚不为虚，无意至虚才是虚，正是"无以为"之意。所以今传《解老》篇的"无不为"很可能是"无以为"之误。如果是这样，今所见所先秦两汉古本此句都做"无以为"，作"无不为"者，盖涉其他章而误。

"下德为之而无以为"据北大本写定，传世本多做"下德为之而有以为"，帛书甲乙本无此句。近人多从帛书甲乙本，以为当无此句，从文意来看，这很可能是正确的。王弼注云："凡不能无为而为之者，皆下德也，仁义礼节是也。"下德就是指仁、义、礼，没有一个介于仁和上德之间的单独的下德。从文句上看，这句也是重复的。高明云：

> 老子……以"无为而无以为"最上，"为之而无以为"其次，"为之而有以为"再次，"为之而莫之应，则攘臂而扔之"最次。据帛书甲、乙本分析，德仁义礼四者的差别非常整齐，逻辑意义也很清楚。……如王弼诸本衍作"下德为之而有以为"，则同"上义为之而有以为"相重；傅奕诸本衍作"下德为之而无以为"，则同"上仁为之而无以为"相重。由此可见，"下德"一句在此纯属多余。

此句衍文产生时间很早，西汉时期的北大本已经有了，这里姑且存之，以待更多材料的发现。

在这一章里有两个重要的概念"上德"、"下德"。所谓上下是对德的分等，上德在境界上高于下德。上仁、上义等的上也是这样，只是下仁、下义不足论，所以没有提及。上德与下德之分，徐大椿有个很好的解释：

> 上德，德之最上者也。不德，以与德合体，而相忘于德也，如此则德常在我，而终身不离矣。不失德，言保守其德，惟恐失之，则身与德为二，而德终不在我也。

具有上德的人混然无知，没有"德"的观念，不知何者为德，故云"上德不德"。无我、无德，德我不分，混然为一，"与德合体"，故云"是以有德"。下德之人有德的观念，知道什么是德，如此也就知道什么是非德，是非之念耿于心中，守其所是而不离，故云"下德不失德"。混沌凿破，德我两立，不能为一，所以"身与德为二"，德在我之外，则无德矣，故云"是以无德"。

下德是泛而言之，具体又有上仁，上义，上礼之分。其中上仁境界又最高。如《韩非子·解老》所言，"其喜人之有福，而恶人之有祸也，生心之所不能已。"仁是有了分别之后的一种状态，肯定福，否定祸，欲人有福而行之，已经不是"无为"，而是"有为"了，因此仁在境界上比上德低了一层。但仁又是自然而然产生的，不是有心为，而是"无以为"，又比上义高一层。

上义，就是明其宜执之不懈，有了刻意有为的含义，是"为之而有以为"。最下层的是上礼。礼重往来，我为礼而人不应，遂牵引强迫使之就范，上礼已经摒弃自觉，全是强迫了。

忠信是一个儒家的概念，范应元引朱熹《四书章句集注》注云"尽己之谓忠，以实之谓信"是很合适的。所谓尽心，就是竭其诚心。刘宝楠《论语正义》：

> 《周语》："忠者，文之实也。"杨倞《荀子·礼论》注："终，诚也。""诚"、"实"义同。诚心以为人谋谓之忠。故臣之于君，有诚心事之，亦谓之忠。

忠，即诚、实。"信"也是类似的意思，《说文解字》："信，诚也。"这里所说的诚、实，指人心由衷而发的真实情状。举例而言，仁就是由衷而发的对人亲爱之心，这种亲爱之心自然而然，不造作，不矫饰，是内心真实情状的体现。故而可以说，仁是忠信的体现。

忠信与礼的关系是质与文的关系。《荀子·臣道》："忠信以为质……礼义以为文。"礼是用来文饰忠信这个质的。以雕刻原木为譬，原木本身是质，而在其上雕刻图案则为文。木材本身厚实，再加上其上的图案美丽，就是最理想的文质彬彬。如果图案雕刻得越来越繁华富丽，而不注重承载图案的木材本身是否厚实，就是文胜质。文胜质，文也不会久长。本章所说的"礼者，忠信之薄"，即是说作为质的忠信越来越被忽视，而作为文的礼越来越凸现。只重视外在形式，不重视是否由衷而发，这样的结果只能导致国家社会混乱，所以说"乱之首"。

王弼云："前识者，前人而识也。"前识是先见先识之意。众人皆不知仁义，而有先识者以其聪明而提倡仁义，仁义遂为人所知；继而又提倡礼，礼遂为世所行。仁义礼行，则混然之大道废，先识者以其聪明凿破混沌，破坏混然为一的大道。如以大道为种子（实），则仁义礼从其中生出，而礼最末而最富丽，似由种子生出的花朵，故云"道之华"。先识者以其聪明而设为仁义礼等治理天下，其结果是愈治愈混乱，则所谓聪明实是愚蠢，前识也就是"愚之始"。

道、德、仁、义、礼序列即定，厚薄、实华即明，则何所居处自然就清楚了，故云"大丈夫处其厚不居其薄，处其实不居其华，故去彼取此"。

德是《老子》的重要概念，这里简单综述一下。《老子》的德指规制物的行为的原则的总和，在具体内容上绝弃所有传统上的德目，如仁义礼等，以的原初混然状态为内容。简单说，物处于混然状态就是有德。《老子》的德与道有者紧密联系。张岱年云：

> 德是一物所得于道者。德是分，道是全。一物所得于道以成其体者为德。

正如刘笑敢所说，"这不是张先生个人的看法，而是古已有之的普遍看法。"《老子》之德是一物得于道者。有道之时，万物混然为一，物我不分。万物混然，一物当然也是混然于其中，混然是一物与万物共有的本质特点。其实就是道德所指向的两种原则具有同一性，互相协调。两种原则虽然同一无间，而有物之实体在，不能实际的融为一体，故而说德即是一物得于道者（详见本书附录"道论"部分）。

第三十九章

【题解】

　　本章主旨在劝侯王守一以免颠覆之患。

　　昔之得一者：〔1〕天得一以清，〔2〕地得一以宁，神得一以灵，〔3〕谷得一以盈，〔4〕侯王得一以为天下贞。〔5〕其致之，〔6〕天毋已清将恐裂，〔7〕地毋已宁将恐发，〔8〕神毋已灵将恐歇，〔9〕谷毋已盈将恐竭，〔10〕侯王毋已贵以高将恐蹶。〔11〕故必贵以贱为本，〔12〕必高以下为基。〔13〕是以侯王自谓孤、寡、不谷，〔14〕此其贱之本邪？非也？〔15〕故致数舆无舆。〔16〕不欲球球如玉，〔17〕珞珞如石。〔18〕

【注释】

　　〔1〕昔，古来。得，不失。严遵云："一者，道之子，神明之母，太和之宗，天地之祖。"

　　〔2〕天得一以清，天之清明是因为得一不失之故。

　　〔3〕神，天地间的神祇。灵，灵验，指神的效验。《老子》不直接否认神，但是认为神有灵效是因为"一"。

　　〔4〕"盈"下王本衍"万物得一以生"六字，今据帛书甲乙本、北大本删。谷，山间的水流。盈，水满。

　　〔5〕侯王，此指古之圣王侯，非泛指王侯。贞，通作"正"。王念孙云："正，长也，君也。"

　　〔6〕致，求取，获得。

　　〔7〕毋已，王本作"无以"，今据帛书甲乙本、北大本改。下四毋已

皆同。毋已，无休止。恐，恐怕，可能会有不好结果之意。裂，崩裂。

〔8〕发，通作"废"，塌陷。

〔9〕歇，消失。

〔10〕"竭"下王本有"万物无以生将恐灭"八字，今据帛书甲乙本、北大本删。竭，尽，水干。

〔11〕以，王本脱，今据帛书甲乙本、北大本补。厥，颠覆。

〔12〕必，王本脱，今据帛书甲乙本、北大本补。必，一定。本，根基。

〔13〕必，王本脱，今据帛书甲乙本、北大本补。

〔14〕谷，善。不谷，古代王侯自称的谦词。

〔15〕"此其贱之本邪？非也？"，据北大本写定。王本作"此非以贱为本邪？非乎？"。帛书甲乙本略同北大本，唯"邪"做"与"。非也，不是吗，反问之辞。

〔16〕致，求取、获得。数，很多。舆，车，或以为通作"誉"，赞美，美名。

〔17〕琭琭，玉美貌。

〔18〕珞珞，石恶貌。

【译文】

古来得一而不失去的，有这样几个：天得一不失所以清明，地得一不失所以安宁，神得一不失所以有灵效，川谷得一不失所以总是不枯竭，古之圣王侯得一不失所以可以做天下的正长。如果他们有所求，天就会无休止的追求清，这样恐怕会崩裂；地就会无休止地追求安宁，这样恐怕会塌陷；神就会无休止的追求灵效，这样恐怕会消失；谷就会无休止地追求充盈，这样恐怕会枯竭；侯王无休止追求尊贵和高人一等，这样恐怕会颠覆。所以一定是这样的：贵以贱为本，高以下为基。高贵的侯王自称为"孤、寡、不谷"，这不就是以贱为本么？难道不是么？故而（为显示高贵）求取很多车最终会无车。不要像美玉一样，而要像普通的石头一样。

【述评】

理解本章需要对古代思想中物我不分的背景有所了解。以今天的认识而言，天地等没有意识，不存在自我认识问题。但古人对此认识比较模糊，有时将主体意识投射到物上，仿佛物也有主体意识，本章体现得很明显。理解古人思想应当以当时理解为准，不能以今人的理解强加古人，这样才能比较准确的理解文义。

本章的关键在于"一"的含义。一的含义十四章有比较明确的说明：

> 视之不见名曰夷，听之不闻名曰希，搏之不得名曰微。此三者不可致诘，故混而为一。一者，其上不皦，其下不昧，绳绳不可名，复归于无物。是谓无状之状，无物之象。是谓惚恍。迎之不见其首，随之不见其后。执古之道，以御今之有，能知古始，是谓道纪。

谓视、听、搏皆是一端，不能知全体，故而要去其诸端，混而为一来"认知"这个全体，一是去诸端对全体的认识方式。认识的结果也可以称为"一"。"一者"以下就是去诸端而认识的结果，实质上就是对混然状态的认识。在万物未成的时候，混然可称为始；在万物已成的时候，混然可称为母（详见第一章、第五十二章）。本章所说是万物已成的情况，即是指母言。王弼云：

> 物皆各得此一以成，既成而舍以居成，居成则失其母，故皆裂发歇竭灭蹶也。

王弼以"母"来解释"一"是很正确的。王弼所说的"既成而舍以居成，居成则失其母"，既成，指天地等已经脱离原初而形成。居成，是指天认识到自己是天，地认识到自己是地，天地自居成则非混然无所知，已经失去了混然的状态，所以说"舍以居成"。《老子》所说、王弼所释都是在古代物我不分的背景下说明或阐释的。王弼所说的"失其母"就是指失去混然状态。天的"自我认识"就是清，居成的体现就是要努力保持自身的清，而努力求清的结果就是裂（详见下），同理，地求宁的结果就是废，如此天地就会不保。所以说"故皆裂发（废）歇竭灭蹶也"。天地长保的原因就是不失其母，母就是不自知的混然。得一即谓不失其母，混然不二。吕惠卿注云：

> 道一而已，而得之，则得之者与道为二，非一也。唯其得之而无得，故谓之得一也。

得一体现出来就是无心、无为、自然。魏源云：

> 天不自知其清，地不自知其宁，神不自知其灵，谷不自知其盈，万物不自知其生，则侯王亦不自知其贵高，明矣。不自知其清宁者，无心而运，无为而成也。不自知其为灵与盈者，不自知为生者，自然也。

天清、地宁、神灵、谷盈、侯王为天下正是因为得一。一，本来就是指无所分别，不分则不知有异，异尚不知，何谈有求？有知则有心，有求则有为。一，无知无求，可以说是无心无为。无心无为则所行无有目的，行为只是任其自身的天性而运行，可言自然。

天地神谷正是因为做到这些，所以才有清宁灵盈之效。如果失去这些则是另外一种场景。下文"其致之"以下是反面说明。致，或以为是诚，或以为极，或以为推致，多不得其意。"致"与下文"致数舆无舆"之致同义，是求取，获得之意。《论语·子张》："君子学以致其道。"《韩非子·五蠹》："人主兼学匹夫之行，而求致社稷之福，必不几矣。"两处致皆作求取解。"其致之"谓天求清、地求宁之意，与"天毋已清"、"地毋已宁"正相呼应。

"天毋已清将恐裂……侯王毋已贵以高将恐蹶"五句中"毋已"，今传本大多作"无以"，误。无论帛书甲乙本、北大本直接作"毋已"，即便河上公也是按照"毋已"来解释的。河上公云："不可但欲清明无已时，将恐分裂不为天。""无已"正是解释"毋已"，即不休止之意。"欲清"有两层含义，即知道什么是清，然后求清。有知有求则非无心，有心而为则非自然，如此必不能无为，所以欲清就是失一，不休止求清则失之更甚。下毋已宁、毋已灵、毋已盈、毋已贵高，意皆相同，明有求则失一，失一则所求终不能得。

本章举了众多的例子来说明得一的玄妙，而其目的只在劝说侯王。正如释德清云："此老子主意，只重在'侯王无以正，而贵高将恐厥'这一句。"想要避免贵高而颠覆的结局，就要执一守母而行。

"故必贵以贱为本，必高以下为基"是承上而言守母。王弼注云：

> 清不能为清，盈不能为盈，皆有其母以存其形。故清不足贵，盈不足多，贵在其母，而母无贵形。

"清不能为"是承上文天求清而来，求清不能得清，所得只是毁坏，所以说"清不能为清，盈不能为盈"。天谷保持清盈是因为守母，是母让他不毁坏，所以说"皆有其母以存其形"。最珍贵的是母，母即是混然，混然即无形分，母不以形为贵，所以说"贵在其母，而母无贵形"。贵自以为贵，高自以为高，则贵高不可得，必守母可得贵。贵者当自贱，以体现其不自贵；高者当自下，以体现其不自高，这样就体现了混然。

"侯王自谓孤、寡、不谷，此其贱之本邪"，侯王是贵者，而以孤寡不谷这样不善之名作为自称，这是先圣王制作的规定，这个规定体现了古圣王自贱不自贵的精神，《老子》引之以为其论说之佐证。

"故致数舆无舆"之"舆"，指车。"数舆"，即众多之车。古之车辆众多多表示势力强大或富有。如《左传》闵公二年："卫文公……元年，革车三十乘；季年，乃三百乘。"以车辆之多，表示卫国势力强弱。又如《国语·晋语八》："秦后子来仕，其车千乘。楚公子干来仕，其车五乘。叔向为太傅，实赋禄，韩宣子……问'秦公子富，若之何其钧之？'"秦公子有车千乘，韩宣子以为富。"致数舆"为求取众多的车，即表示求取高位或富贵。为了显示势力强大或富贵，求取众多车辆其结果终将无车，故云"致数舆无舆"。此句承上，也是自贵高则不保之意。

"不欲琭琭如玉，珞珞如石"，玉、石本不异，而以为玉美而石恶，兢兢然求美避恶，则是与物相反，愈求愈不得，《老子》故戒之云："不欲琭琭如玉，珞珞如石。"不当明辨贵贱，当混然不异。

王弼《老子指略》中所说由不炎不寒的五物之母生出炎寒的道理与本章的高下贵贱的道理类似，高下贵贱的分异不是从来就有的，是从无高下贵贱中生出来的，这个不高不下，不贵不贱的"东西"就是高下贵贱之母，也就是混然。物有成是因为守母，保持混然，如天地即是得一守母故不坏。高贵如侯王者，如果欲高贵不失，也要守母，在实践中的体现就是自贱自下。自贱自下也是守柔用弱的一种体现，而柔弱的行为方式是合于道的，所以贵高者自贱自下也是合于道的方式。

第四十章

【题解】

本章主旨谓反始守柔以处是合乎道的行为方式。

反者道之动，〔1〕弱者道之用。〔2〕天下之物生于有，〔3〕有生于无。〔4〕

【注释】

〔1〕反，郭店本作"返"。反，复。道之动，合乎道的动。

〔2〕道之用，合乎道的用。

〔3〕之，王本误作"万"，今据郭店本、帛书甲乙本、北大本改。

〔4〕王弼云："天下之物皆以有为生，有之所始，以无为本。将欲全有，必反于无也。"

【译文】

复归，是合乎到的动。柔弱，是合乎道的用。天下之物皆赖有而有存，无的分化产生有。

【述评】

本章是承上章而来，文意相联，可合看。本章很短，但却是《老子》中很重要的一章，明确地提出了几个重要概念。首句"反者道之动，弱者道之用"是一组。此处反的含义，古来主要解释方向有两种：一是解释为相反之反，二是解释为复返之返。从《老子》全书的用词以及思想来源来看，当是第二义。朱谦之云：

> "反"即复也。故《老子》曰："万物并作,吾以观其复。夫物云云,各复归其根,归根曰静,静曰复命。"又曰"复归于婴儿","复归于无极","复归于朴",此复之即返而归之也。"大曰逝,逝曰远,远曰反",此待其远而后反也。反自是动,不动则无所谓反,故曰:"反者道之动。"反自是逆,逆而后顺,故曰:"玄德深矣远矣,与物反矣,然后乃至大顺。"

朱谦之从《老子》本文之例指出反就是复。卢育三进一步结合历代注释指出:

> 朱谦之释反为复,亦即返,但这是专指返无的运动。古人多这样解释,比如河上"反者道之动"注:"反本也,本者道所以动,动生万物,背之则亡也。"王弼二十八章注:"此三者(指'复归于婴儿'、'复归于无极、'复归于朴'),言常终,后乃德全其所处也。下章云'反者道之动也',功不可取,常处其母也。"焦竑说:"无必生有,是故贵反,反者反于无也。"综上所引,返无,就是返本、反终、守母的意思。……在老子看来,事物不能发展到极端,发展到极端,便会向对立方面转化,为了防止转化,就必须返无,返无才能常有。

朱、卢说是,反是复返之意。郭店本《老子》有此句,正作"返",可以佐证朱、卢之说。在《老子》看来,事物有个发生发展的过程,由始而成,由成而盛,由盛而衰,由衰而亡的。发展到顶点就要衰亡,避免衰亡就要避免发展到顶点,保持在本初状态就可以避免发展到顶点。从既发展的状态来说就是要复返本初,也就是所谓"反"。

道之动,主要有两种解释方向,一是解释为道本身的动,一是解释为合乎道的动。上文已经说明反是复返之意,其意自然是人有所失,而复返于本。道无所失,自然无所谓返,故而当以第二义为是。汉魏旧注都以为是合乎道的动:

> 审于反复,归于玄默,明于有无,反于太初。无以身为,故神明不释;无以天下为,故天下与之俱。夫何故哉?因道而动,循一而行。(严遵《老子指归》)
> 道之所以动,动生万物,背之则亡也。(河上公注)
> 高以下为基,贵以贱为本,有以无为用,此其反也。动皆知其所无,则物通矣。故曰:反者道之动也。(王弼注)

严遵所说"因道而动",河上公所谓"背之则亡",都很明显是把道之动解释成合乎道的动。王弼所说稍晦涩,需要略加解释。"动皆知其所无"的"无",指本章注前一句"有以无为用"的"无"。"动皆知其所无",即有所动则当知动之所本的无。王所理解的"道之动",就是"有所本的动",也就是合乎道的动的意思。结合旧注可知:道之动解为合乎道的动比较切合文意。

"弱者道之用"关键是如何理解用字,根据理解不同,这句也有两种解释方向:一是以为用是体用、作用体现义,句意是道体现为弱。一是以为是施行义,句意为用弱合道。今由此发端,略述《老子》中用字含义。《老子》中用字含义基本上有三种含义。一是:使用之用。如:

> 道冲而用之,或不盈。(第四章)
> 绵绵若存,用之不勤。(第六章)
> 道之出口淡乎其无味……用之不足既。(第三十五章)
> 大成若缺,其用不弊。大盈若冲,其用不穷。(第四十五章)

这里反复说到"用而不盈","用而不足既","用不穷",其意如"取之不尽,用之不竭"之用,使用之意。

二是利用之用。如:

> 三十幅共一毂,当其无,有车之用。埏埴以为器,当其无,有器之用。凿户牖以为室,当其无,有室之用。故有之以为利,无之以为用。(第十一章)

车之用,器之用,室之用,是指车可为人利用。无之以为用,是因为"无"才使"有"可以为人所利用。

三是施行之意。《说文解字》:"用,可施行也。"本章即是这个意思。弱者道之用,句例仿上句"反者道之动",反是合乎道的行动方式,柔才是合乎道的施行方式。简明地说:弱是有所施行的行动原则。古人往往直接理解为"用弱而强"或"以柔弱为用"。如河上公:"柔弱者,道之所常用,故能常久。"如王安石:"弱非所以为强,然有所谓强者,盖弱则能强也。"林希逸:"强以弱为用。"高延第:"刚则折,弱则挫,故以柔弱为用。"

体用之说颇为晚出,如吴澄所说"道之体则虚,用则必以弱为事",以体用解释显然是不合适的。解释为作用体现,其本质还是不离体用说,往往要结合上句"反者道之动"解释为道本身的运动以及体现。如陈鼓应:

"道的运动是循环的；道的作用是柔弱的。"许抗生："向自身的回复，是'道'的运动。柔弱是'道'的作用。"上文"道之动"不是道本身的动，这句"道之用"也不便解释成道在外的体现与作用。

"天下之物生于有，有生于无"以王弼的解释最为贴切，王注云：

> 天下之物皆以有为生，有之所始，以无为本。将欲全有，必反于无也。

有形、有名、有用泛称为有。天下之物本来只是自然而已，无所谓有。无所谓有，即是混一不分。一旦其有所分，即成为某物，因而有形、有名、有用。从这个意义上说，天下之物是待有而生。所谓无，就是无形，无名、无用，混然为一。有是从无出来的，必先无，后始有。无是根，有是由根生出者。故云："有之所始，以无为本。"物既有，其后则将生长繁盛以至于衰亡，想要保全又避免衰亡，就必须要复归于一，就是其本根之处，故云"将欲全有，必反于无也"。

王注十分精彩，甚得《老子》之意。本章前两句说反、说弱，后一句说生于有、生于无。这两句看似全无关系，以至于有人视为两章。从王注可知其紧密相联，有本于无，欲使有免于衰亡，就要反无，反无的具体行动就是秉持柔弱，前后脉络十分清楚。王力说："无生有，有生万物；万物并作，则宜反始守柔以处之。"其解释颠倒前后顺序，文意就更加显明了。

第四十一章

【题解】

本章言大德非道则不可成，欲有成，必合道而行。

上士闻道，勤而行之；中士闻道，若存若亡；[1]下士闻道，大笑之。不笑不足以为道。故建言有之：[2]明道若昧，[3]进道若退，夷道若纇；[4]上德若谷，[5]大白若辱，[6]广德若不足，[7]建德若偷，[8]质真若渝；[9]大方无隅，[10]大器免成，[11]大音希声，[12]大象无形，[13]道殷无名。[14]夫唯道善贷且成。[15]

【注释】

〔1〕存，郭店本作“闻”。

〔2〕建言，立言。

〔3〕明道若昧，合乎道的明如同暗昧。

〔4〕夷，平。纇，不平。

〔5〕谷，川谷，山间水流。

〔6〕白，指德行高洁。辱，通作“黷”，黑垢也。

〔7〕广，指所容甚大。不足，指不能盈满，好似不足。

〔8〕偷，苟且，怠惰。

〔9〕渝，变。

〔10〕方，行事应该遵守的规范。大方，指极致的规范。隅，角，这里比喻端方不苟的品性。

〔11〕免，王本误作“晚”，今据帛书乙本改。郭店本作“曼”，《广

雅·释言》："曼，无。"曼与免意近。北大本作"勉"，通作"免"。免成，无成，指非一用之才，而是全才。

〔12〕希，听之不闻。张默生云："大音希声，是说大音是天籁之音，故无声可闻。"

〔13〕象，类。

〔14〕殷，王本误作"隐"，今据北大本改。帛书甲乙本作"褎"。褎、殷都是盛大之意。

〔15〕贷，施与。成，成就。

【译文】

上士听闻道，勤勉地践行；中士听闻道，好像听进去，好像又没听进去；下士听闻道，哈哈大笑。假如不大笑，就是人人都懂得，就不足以成为道。所以立言如下：合乎道的明如同暗昧，合乎道的前进如同退却，合乎道的平治如同不平。最高的德如同川谷，高洁的德行如同有污垢，宽广的德行如同不足，立德如同苟且怠惰，其质性真常不变却又如同随时而变。最方正的没有角，最大的器不拘于一用，最大的声音听不见，大象没有形类，道盛大却无可名。只有道，善于施与且善于成就。

【述评】

道微妙玄通，深不可识，非普通人可以理解。《老子》依据对听闻道德的不同反应，将人分为三等：上士、中士、下士。上士听闻道则勉力而行，中士听闻道，将信将疑，不笃信，不果行。下士听闻道觉得十分荒唐，遂加嘲笑。而他的嘲笑恰恰证明了道之深奥，不是下士之类的人所能明白的。

即便很多人不懂，《老子》还是立言以待知者，下文继而以正言若反的语言阐述大道。魏源云："明道三句，言其体道也。上德五句，言其成德也。大方四句，又广喻以赞之。"魏源所说很有道理，"明道"、"进道"、"夷道"三句，都含道字，意思相近，即魏源所说体道。体道者，所行合于道之意。都是"合乎道"的意思。进道若退，语意最明，合乎道的进如同退却，如第七章云"后其身而身先"可为证明，不能有其他理解。明道，或有释为光明之道，如此则与"进道"句式、文意相悖。明是动词，彰明显耀之意，合乎道之彰明方式是使之暗昧。与"不自见故明"之意略同，"自见"正是彰显之意，即世俗所谓明。夷道，平治之法合于道。王弼云："因物之性，不执平以割物。"王以"执平割物"释夷，把平治之法解作夷，也是作动词讲。
严遵云：

> 夷道若类，使正玄起，除其法物，去其分理。从民之心，听其所
> 有，灭其文章，平其险阻。折关破键，使奸自止，坏城散狱，使民自
> 守。休卒偃兵，为天下市。万方往之，如川归海。

严遵所说的"法物"，"文章"，"关键"、"城狱"等，都是世俗所谓治平之
法。而合乎道的治平之法，就是把这些都去掉，"从民之心，听其所有，
使民自守"。去掉所谓的"平"后，民各得其所，千般万样，看起来似乎
不平，所以说"若颣"。颣，《说文解字》云"丝节也"，引申为不平。但
这种不平才是合乎道的平，所以说夷道若颣。

上德五句以下五句，虽然不是句句含有德字，但都是描述有德之状。
"上德若谷"之"谷"，郭店本、帛书甲乙本皆作"浴"，严遵注云"德如溪
谷"，谷必是山间水流之意，不作空谷解。谷得一以盈，谷为众水注入，始
终充盈，从不枯竭。以谷喻上德之充沛不尽。

"大白若辱"，以白比喻德之高洁。苏辙云："使白而不受污，此则不屑
不洁之士，而非圣人也。"王雱注："自得其德不同乎庶物者也，故不染而
白，以其白自异于物……不辱而洁则是伯夷之隘也。"白不受污，是伯夷叔
齐之类洁身自爱者，非《老子》所谓有德者，《老子》所谓有德者和光同
尘，不自异于人，故大白若辱。

"广德若不足"，言无所不容。王弼云："广德不盈，廓然无形，不可满
也。"吕惠卿云："广德者，廓乎其无不容也。"有容则大，至大无不容，故
言广德。有可满盈之限度，则不可谓大，故广德必不可盈满。不满则看起
来就像不足一样。

世俗以为有所为则德有所立，有德者无为而万物自为，似无所立德，
故似苟且偷懒，故云"建德若偷"。俞樾以为建通作"健"，是刚健之德。
《老子》通篇多言柔弱，无一言提到刚健之意。河上公释"建德"为"建设
道德之人"，王弼释为"不立不施"，古来多训"建"为"立"，今从之。

古所谓真，往往指不变。《淮南子·本经训》"质真而素朴"，高诱注：
"真，不变也。"质真，即指有德之人质性不变之意。《老子》所谓有德者任
万物自为，正如奚侗所云"不言而善应"，随物而应，故看起来似变，故言
质真若渝。

大白、质真两条虽不含德字，其形容德行则无可疑，这五句如魏源所
说都是言德。总而言之，合道之动、有德之行都与世俗之状相反，故下士

大笑也不奇怪。

"大方无隅"以下传世本有两处重要讹误。一是"大器免成"一句，传世本皆作"大器晚成"，郭店本作"大器曼成"，帛书乙本作"大器免成"，诸多学者已经指出，曼、免皆有"无"意，免成、曼成都是无成之意。

一是"道殷无名"一句，传世本皆作"道隐无名"。帛书乙本作"褒"、北大本作"殷"。帛书整理者已经指出："严遵《道德指归》释此句云：'是知道盛无号，德丰无谥。'盖其经文作褒。"北大本整理者云："'褒'、'殷'皆有'盛大'之义，故可通用，'隐'乃'殷'之同音假借。"两说并是，字当作"殷"或"褒"，盛大之意。

"大方无隅"之方是义方之方，指行事应该遵守的规范，非指方形。大方，即《庄子·秋水》所说的"吾长见笑于大方之家"的大方，指极致的规范，《庄子》所谓大方之家，即是通晓极致规范的人。只有无所不规，才能叫大方。隅是廉隅之隅，《礼记·儒行》"砥厉廉隅"，指品行端方，似有棱角。有棱角即为规范所规。有所规，则必有有所不规存，如有义则有不义存。有所不规则不能叫大方，反言之，大方必定是无棱角的。这样极致的规范只有道才可以。

"大器免成"之器是指一用之才。卢育三云：

> 器，一用之才。《论语·公冶长》："子贡问曰：'赐也何如？'子曰：'女，器也。曰：'何器也？'曰：'瑚琏也。'"何晏注："孔安国曰：'言汝是器用之人也。'"祀时盛粮食用的器皿。瑚琏虽贵重，容量有限，且只有一用。大器，非一用之才，而是全才，或大用之才。

大器，非一用，无所不盛，才能说是大器。凡能盛物之器，皆有一定形状，这就是器之成。有确定形状，必有不能容之物。器无不能盛，则必不能有确定的形状。道盛德广则无所不容，能称为大器的只有道，道无形状，故云"大器免成"。

大音希声一句，《庄子·齐物论》的"天籁之音"即其释义。《齐物论》云：

> 南郭子綦曰："……女闻人籁而未闻地籁，女闻地籁而未闻天籁夫！"子游曰："敢问其方。"子綦曰："夫大块噫气，其名为风。是唯无作，作则万窍怒呺……"子游曰："地籁则众窍是已，人籁则比竹是已，敢问天籁。"子綦曰："夫吹万不同，而使其自已也。咸其自取，怒者其谁邪？"

南郭子綦与子游所讨论的地籁是指自然万物之声，人赖是丝竹之声，对于什么是天籁之声的说明不那么直接，所谓"夫吹万不同，而使其自已也。咸其自取，怒者其谁邪？"即是说：鼓舞万物，使之发声的"那个"，就是天籁。所以《庄子》所谓的天籁之声实是道之声，而道实无声。无声之声，是为大音，《齐物论》的这段实在是"大音希声"的绝佳注释。

"大象无形"，王弼注云："有形则有分，有分者，不温则炎，不炎则寒，故象而形者非大象。"王以温、炎、寒以为例，说明形象之意。《老子指略》云："无皦昧之状，温凉之象"则所谓象就是温、炎、寒之类。《老子指略》又云：

> 若温也则不能凉矣，宫也则不能商矣。形必有所分，声必有所属。故象而形者，非大象也；音而声者，非大音也。然则四象不形，则大象无以畅；五音不声，则大音无以至。四象形而物无所主焉，则大象畅矣；五音声而心无所适焉，则大音至矣。

结合多处论述，可知王所谓"四象不行"之四象盖指温、凉、寒、炎，略近于两仪生四象之四象，而又稍有不同。这样的四象就是四类，故而可知象即取类比象之象。《淮南子·要略》："假譬取象，异类殊形，以领理人之意。"不同形类以不同的象，来使人明白其间的差别。王所谓形，指有分。除了上引王注外，《老子指略》又云："故有此名必有此形，有此形必有其分。"有所分则有形，形也就是上引《淮南子》所说的形类，是一类事物的通称。取温、凉、寒、炎四名以象其类则为象，就各得其分而言则为形。有其象，则必有其形类，有形类则有分。有分就是不全，以例而言，"若温也则不能凉矣"，如果形类分属于温，那么就不能再属于凉，不能温凉兼属。象其全的才能称为大象，有形分的不能算是大象。故言"故象而形者，非大象也"。大象无形分才能象其全，故言"大象无形"。这样极致的象，只有道才能胜任。

"道殷无名"是对前面四大的总结。"道殷"之道是合于道之意，道殷即合于道则盛大之意。无名之意，王弼《老子指略》有解释："名号生乎形状"，又云"名也者，定彼者也"。有形有状则有名，有所定则有名，无形无状、无所定则无名。具体在本章内容而言，"道殷无名"，大方、大器、大音、大象之类物之盛大者必依道而行始可言盛，"道殷"即指此。而要达到这样盛大的境界，需要无隅、免成、希声、无形，这四者正是无形无定之意，"无名"即指此。

"夫唯道善贷且成"承上句言道之功效。贷，范应元云："施与也。"王弼云："贷之，非唯供其乏而已，一贷之则足以永终其德，故曰善贷也。"依道而行，似有取于道，自道而言则为施与。德行有取于道而至于大方、大器等，其德行到了极点，即是王弼所谓"永终其德"。自施与方而言，一次借出，即至极效，则为善于施与，即善贷。道善于成物，大方、大器、大音、大象都是道所成，极言道之功效至伟。

第四十二章

【题解】

本章从万物化生之本说明当损以自处的道理。

道生一，^{〔1〕}一生二，^{〔2〕}二生三，^{〔3〕}三生万物。万物负阴而抱阳，^{〔4〕}冲气以为和。^{〔5〕}人之所恶，^{〔6〕}唯孤、寡、不谷，而王公以为称。^{〔7〕}故物或损之而益，^{〔8〕}或益之而损。人之所教，亦我而教人。^{〔9〕}强梁者不得其死，^{〔10〕}吾将以为教父。^{〔11〕}

【注释】

〔1〕道，指万物与我为一。一，指意识到一。生，分出。

〔2〕二，指"一"和"对一的言说"合称为二。

〔3〕三，"一"与"对一的言说"是一体，加上"一"，和"对一的言说"合称为三。

〔4〕抱，向。负，背。

〔5〕冲，虚。

〔6〕人，众人。恶，厌恶。

〔7〕称，此指自称。

〔8〕损，减损。益，增益。

〔9〕亦我而教人，王本误作"我亦教之"，今据帛书乙本、北大本改。众人之所教授，也是我所教授。

〔10〕焦竑曰："木绝水曰梁，负栋曰梁，皆取其力之强。故曰强梁。《金人铭》曰：'强梁者不得其死，好胜者必遇其敌。'"

〔11〕河上公云："父，始。"教父，教之起始。

【译文】

最初万物与我为一，意识不到一。至意识到并说出万物是一，"一"就从道分出来。"一"与"对一的言说"，就是二。"对一的言说"与"一"是"一体"，"二"和这个"一体"，就是三。有三，万物就出现了。万物背阴向阳，都有阴阳二气，（侯王）虚其气不驾驭之，使阴阳至于和，（才能返于一。）众人厌恶孤、寡、不善，而王公以此自称，（这是虚气守柔的表现。）所以事物减损它就是增强它，增强就是减损它。众人所教授的，也是我教授的内容，（都是满招损，谦受益。）强梁者不得其死，我把它作为首先教授的内容。

【述评】

本章前半以一二三说万物生化，其内涵众说纷纭，大致有两个方向：一是以气化论方式的解释，"以元气解释一，以天地或阴阳解释二，以及用和气来解释三"，比较有代表性的是《淮南子》、严遵注、河上公注、吴澄等。这种方式，正如陈鼓应所说"'元气'与'和气'都是汉人习用之词"，不合于先秦气论不发达的情况。二是以从物我为一的角度解释，以庄子、王弼、苏辙等为代表。后说据《老子》时代较近，合于《老子》全书思路，近代以来注家多不言，今据《庄子》、王弼注的解释略加申述。《庄子·齐物论》：

> 天地与我并生，而万物与我为一。既已为一矣，且得有言乎？既已谓之一矣，且得无言乎？一与言为二，二与一为三。自此以往，巧历不能得，而况其凡乎！故自无适有以至于三，而况自有适有乎！无适焉，因是已！

《庄子》以为真正的一，是"万物与我为一"，此时物我两忘，浑然一体，不知有一。所以《庄子》说"既已为一矣，且得有言乎？既已谓之一矣，且得无言乎？"既然已经混然为一，就不能言说一。一旦说出一，就已经不是物我两忘混然为一了。已经说出一，则已经有说者，说者即是我，有我则不再与一一体，我与一，已经是两个，故云"一与言为二"。（为了

有所区分，下文以"整一"称未分之一，以"言一"称我已分出之一。）我
与"言一"本是一体，只是因言而从"整一"分出，所以，虽然只是说出
"一"，已经有"我、言一、整一"这些区别，所以说"二与一为三"。一、
二、三，是用来表示混一之分。《庄子》又说"自无适有以至于三"，所谓
"无"，即未言无我之境，万物为一而不自知。所谓有，即有所分之境。从
无至于有，只是说出"一"，一已经不是整一，实际上已经有区分，以数字
形象描述就是"三"。至于从三之后，分之更甚，分而至于千万，万物就形
成了。

王弼注释此文，与《庄子》思路一致：

> 万物万形，其归一也，何由致一？由于无也。由无乃一，一可谓
> 无？已谓之一，岂得无言乎？有言有一，非二如何？有一有二，遂生
> 乎三。从无之有，数尽乎斯，过此以往，非道之流。……既谓之一，
> 犹乃至三，况本不一，而道可近乎？

王以为万物归终是"一"，故云："万物万形，其归一也"。"何由致一？
由于无也"两个由字，都是经由的意思。无，此指无所区分。其意谓这
个"一"怎么会出现呢？必定要去除所有分别才能实现。"由无乃一，一
可谓无？已谓之一，岂得无言乎"，既然说"由无所区分可以达到一"，就
已经把"一"区分出来了（言一），有"言一"在，就不是真正的无所区
分，也就无法达到整一。"有言有一，非二如何？"，即说了一，就是有所
说的一（言一）和"说"的区分。"说"必定是"我所说"，简言之，就是
我与言一的区分。"我"与"言一"是二，加上"整一"，就是三。所以说
"有一有二，遂生乎三。"一、二、三可以说明由真正的无所区分的无，到
有所区分的境况，这些数字还算是对从无到有的描述，之后的数字则都是
描述从有至有，跟道没有关系了。故云："从无之有，数尽乎斯，过此以
往，非道之流。"最后王又说："既谓之一，犹乃至三，况本不一，而道可
近乎？"其意："一"本来是为了说明无所区分，一旦说出"一"，实际上
已经不是真正的"一"，而已经区分为"三"，离道已经远了。这还是本于
"一"的状况，如果不本于"一"，更加不能近道。可见王弼以为：泛言
之，一、二、三都还在道的范围之内。

《庄子》和王弼所说稍有不同，然而本质无别。都以为物我两忘、混然
为一是"无"。"无"被打破，有所区分是"有"。这与《老子》其他章所说
的有名与无名，始与母（一章、三十二章、五十二章，详见彼注）两重境
界的思路是一致的，可以互相印证。混然为一的"无"之境，是无名状态。

混然为一被打破，有所区分，就进入有名状态。万物从一出，故"一"是始。既分之后，一又称为母。这些说法都可以佐证庄子、王弼从有无的角度理解一二三，更加合乎《老子》文意。

以上说从无至有，万物以生，"万物负阴而抱阳，冲气以为和"一句则是承上说从有至无，返于初始。此句王弼注云：

> 故吾知其主，虽有万形，冲气一焉。

王所说的"万物之生，吾知其主"，其意即万物是由"一"而生，"一"是万物之主。"冲气一焉"的"一"是动词，至于一之意。已知"一"是万物之主，故要至于一。"冲气"则是至于一的手段。近人多训冲为"涌摇"，非是。冲，当训为虚。范应元云："古本作'盅'，器虚也。……虚也、和也。"段玉裁云："凡用冲虚字者，皆盅之假借。《老子》：'道盅而用之'，今本作冲是也。《尚书》冲人，亦空虚无所知之意。"冲气，即虚气。"虚气"与"专气致柔"意思一致（详见第十章）。《老子》认为"心使气曰强"，反之，不以心使气，任气之自然，则为虚气。王弼之意，万物已有，当知一为万物主，任气之自然以至于一。

以气论解释本章者往往以"二"来解释阴阳，但是这样的解释并不合适。阴阳与和，在《庄子·田子方》文中有比较明确的解说，可以代表先秦道家的基本观点。

> 孔子见老聃……老聃曰："吾游心于物之初。"孔子曰："何谓邪？"曰："心困焉而不能知，口辟焉而不能言。尝为女议乎其将。至阴肃肃，至阳赫赫。肃肃出乎天，赫赫发乎地。两者交通成和而物生焉，或为之纪而莫见其形。……非是也，且孰为之宗！"孔子曰："请问游是。"老聃曰："夫得是，至美至乐也……"

从文中可知：和，是阴阳交通的一种状态，物是因为阴阳气和才得以产生。老聃先说阴阳交通而物生，然后说"或为之纪而莫见其形"，明确指出"莫见其形"的"东西"才是阴阳交通的原因。这个"莫见其形"的"东西"即下文所说的"是"（指向代词，"这个"之意）。所以说"非是也，且孰为之宗"，其意：如果不是"是"，谁能做宗主呢？"是"才是阴阳交通成和的宗主。所以下文孔子才会问"请问游'是'"，老子才会答"夫得'是'"。"是"之所指也即引文开头部分所说的"物之极"。简言之，阴阳之和有所宗，所宗者才是至于阴阳之和的原因。

从《田子方》这段引文可以看出阴阳是另外一个系统的东西，不是一、二、三这个有无生化系统中的内容，不能勉强放进来。两个系统的交集在于阴阳之所宗或物之极，是阴阳之所宗导致了阴阳之和。换言之，得阴阳之所宗则阴阳可以和，不得阴阳之所宗则阴阳不能和。

《老子》说"万物负阴而抱阳，冲气以为和"，其意即通过"冲气"使阴阳至于和。换言之，虚气以得一，则阴阳至和。"一"与阴阳至和的关系同《庄子》所说阴阳之所宗与阴阳至和的关系是相同的。"一"就是《庄子》所说的阴阳之所宗，一不同于阴阳系统，而又主宰阴阳系统。因此把"二"解释为阴阳就混淆了两者的区别。

这样，又引出一个问题，"虚气至一"的只能是人，不可能是其他。王弼云"吾知其主……冲气一焉"，言"吾"，是指人无疑。严遵"冲气为和"注云：

> 万物之生也，皆元于虚、始于无，背阴向阳。归柔去刚，清静不动，心意不作而形容修广、性命通达者，以含和柔弱而道无形也。

严遵所说"形容修广、性命通达者"也只能是人。人的活动可以关涉阴阳，《国语》有明文，《周语上》记载西周末年的伯阳父以阴阳二气解释地震，并指出人是阴阳失和的原因：

> 夫天地之气，不失其序；若过其序，民乱之也。阳伏而不能出，阴迫而不能烝，于是有地震。

韦昭注云："言民者，不敢斥王也。"地震是因为阴阳失序，阴阳失序是因为王的过失。王的得失可以关涉阴阳，不止此一条，又见《国语·周语下》：

> 伯禹……高高下下，疏川导滞……合通四海。故天无伏阴，地无散阳。

又《庄子·在宥》：

> 黄帝……闻广成子在于空同之山，故往见之，曰："……吾欲取天地之精，以佐五谷，以养民人。吾又欲官阴阳，以遂群生，为之奈何？"

又《淮南子·览冥训》：

> 昔者，黄帝治天下，而力牧、太山稽辅之，以治日月之行律，治阴阳之气，节四时之度，正律历之数。

这些材料的共同点是：与阴阳发生关系的人物或是帝或是王。材料非见一处，非只一条，可见帝王管阴阳绝不是空穴来风，当是古来自有的说法。这些说法与《老子》中侯王的功能十分契合。三十二章云："侯王若能守之，万物将自宾。天地相合以降甘露，民莫之令而自均。"三十七章云："侯王若能守之，万物将自化。"阴阳近于天地，《庄子·田子方》云"至阴肃肃，至阳赫赫。肃肃出乎天，赫赫发乎地"，说得十分明白。侯王得一，万物自宾自化，阴阳自然也会和，所以才会有"以降甘霖"之说。可见，本章"冲气以为和"的人必定是侯王。下文接着说"唯孤、寡、不谷，而王公以为称"，语势极顺，毫不突兀，益证此冲气者必为侯王。

"唯孤、寡、不谷"以下紧承上文，把玄理引入凡世。吕惠卿云：

> 古之制名者，以其所恶而为王公之称者，欲其贵而不忘贱，高而不志下，抱而知所负，向而知所反，以不失乎冲一之和而已，故物或损之而益，益之而损。

吕指出王公称孤、寡、不谷，是贵不忘贱的体现，所本的道理就是上面所说的"冲气为和"，这些都十分正确。贵而自以为贵，则有心矣，有心则气强，气强则速亡，故无心为贵，方可长贵。无心之境，实不可言说，可言说则不是无心，此不可得，退而求其次，以言诫之，以孤、寡、不谷这些不善之名作为自称，示不忘以贱守贵，以本守末。贵而加以美称就是增益贵，如此最终会灭亡；以孤寡不谷为自称是减损贵，反而能实现长贵。这个道理抽象的说，就是"物或损之而益，益之而损"。

这个道理在侯王自称中有体现，那么其理古已有之，代代传教，故云"人之所教"。我所说之理，不异于古人，所以说"亦我而教人"。"强梁者不得其死"是传自先代的名言《金人铭》中的一句。《说苑·敬慎篇》：

> 孔子之周，观于太庙右陛之前，有金人焉，三缄其口而铭其背曰："古之慎言人也……强梁者不得其死，好胜者必遇其敌……"

这句话传自古人，又与我所说的道理相符，可见我所教不异于古人。所以，我所说的道理以这句话来开始是非常合适的，故云"吾将以为教父"。《老子》言玄论道，本其初衷，不过是劝诫侯王，过分强横则难免灭亡。

　　近现代研习老学者颇有以为后半截为三十九章错简者，其说非是。如前文所述，本章前后两节关系紧密，不可分割，历代注家皆知其意。传世本分章有与它章合并者，如吴澄即合今本四十、四十一、四十二、四十三为一章，未有割裂划入他章者，本章内文意前后统一是不容置疑的。今北大本出，本章独立为章，与王弼本不异，知错简说误无可疑。

第四十三章

【题解】

　　本章以至柔可以贯至坚引发无有之道的影响无所不至，言明体道而无为的益处之巨大。

　　天下之至柔，驰骋天下之至坚，[1]无有入无间，[2]吾是以知无为之有益。不言之教，无为之益，天下希及之。[3]

【注释】

　　[1]驰骋，成玄英云："是攻击贯穿之义也。"

　　[2]无有，河上公云："无有谓道也。"无间，没有间隙。

　　[3]河上公云："天下，人主也。"希，少。

【译文】

　　天下最柔弱的东西可以贯穿天下最坚强的事物，无有可以进入没有缝隙的事物之中。我因此知道无为是有益的。不言的教导，无为的益处，天下的人主很少有赶得上。

【述评】

　　"天下之至柔，驰骋天下之至坚"，至柔何指，有多种不同说法，如：严遵以为太和是至柔："清浊太和，至柔无形……故字曰至柔，名曰无形。"河上公以为："至柔者，水也。至坚者，金石也。"王弼以为气、水皆得称至柔，"气无所不入，水无所不出于经。"《老子》本书七十八章云："天下莫柔弱于水,而攻坚强者,莫之能胜。"则至柔指水比较合于本书之意。

"驰骋"近人多从焦竑说训为"役使",此说非是。下文说"无有入于无间",其核心词是"入",其意在于说明无所不达。上下文意相关,则此句意思与下句当协调,以驰骋为役使,是至柔驾驭至刚之意,无关于"无所不达",故不可取。成玄英释"驰骋"为"攻击贯穿之义",其意是至柔入于至刚,比较合于下文。

无有,指道,汉魏旧注有共识。河上公云:"无有谓道也。"严遵云:"夫道以无有之有,通无间。"王弼云:"虚无柔弱,无所不通。"王注意稍晦,需稍加解释,十四章王弼注云:"无状无象,无声无响,故能无所不通。"无所不通,即指视之不见、听之不闻之无物者。王所谓"无所不通"者即河上公所谓道。

无间,即无间隙之意。焦竑云:"无内者,天下莫能破,而无有能入之。"物有间隙,是因为其有内。内部再无其他,则无间隙。无内为物之至小,入其内则必定更小于无内者,无内者已经是至小,不可能有更小,所以无内从逻辑上说是不能有入,入尚不可,自不能破。战国时惠施所谓"至小无内"正是此无间之意的引申,焦竑以此来解释十分正确。能够进入无间无内之物者,不能有形质。河上公:"道无形质,故能出入无间。"无内虽无间隙,而道无须间隙,故无间之物亦可入。

"至柔"、"无有"两句语意层层递进,吕惠卿云:

> 水以其柔弱,故几于道,然而不能无形者也,而犹攻坚强者莫之能先。……而况以无形之至柔,太易之未见炁,于以驰骋天下之至坚,而入于无间,则孰不为之动,而亦何入而不自得哉?

李嘉谋曰:

> 今天下之至柔,已能驰骋天下之至坚,况于无之真,岂不足以破有之伪乎?故无有能入无间。

"至柔"一句是以有形之物为譬喻,以见其无往不破。至柔有形,只是近于道者,"无有"一句更进一步说无形之道无不可入。这两句又是用来引起下文的"无为之益"。

"吾是以知无为之有益",范应元云:

> 谓道之所以驰骋于至坚,入于无间者,惟柔弱虚通而已,岂有为

　　哉，吾是以知无为之有益而无损也。

水贯穿金石，非欲贯穿金石；无有入无间，非欲入无间，两者皆非有心而为，虽是无为，而其影响已经至于最难影响处，可见无为的益处是多么大。

　　前面几句，还是从玄理的方面说，下面则引入政治层面。"不言之教"是不以政教法令而治。无为之益，上面已经说过其效无所不及，"不言之教"就是体会无为的道理而在政治方面的体现。"天下希及之"之"天下"，河上公注为"人主"，是引申而言，以强调末句当从政治层面理解。天下的人主却很少有能理解的，以至于在七十章感慨地说："吾言甚易知，甚易行，天下莫能知，莫能行。"

第四十四章

【题解】

这一章说正确处理身与名货的关系。

名与身孰亲? 身与货孰多?〔1〕得与亡孰病?〔2〕是故甚爱必大费,〔3〕多藏必厚亡。知足不辱,知止不殆,〔4〕可以长久。

【注释】

〔1〕多,重。
〔2〕病,忧虑。
〔3〕费,损耗。
〔4〕殆,危殆。

【译文】

名声与生命那个当亲近? 生命与财货那个更重要? 得到与失去那个更值得忧虑? 过度的爱惜必然要有因此有大的花费,藏得越多失去的就越多。知足就不会受辱,知止就不会有危险,这样才能长久。

【述评】

"名与身孰亲? 身与货孰多? 得与亡孰病?"三个连续的问句是提出问题,"甚爱必大费,多藏必厚亡"是回答。"名与身孰亲?"与"甚爱必大费"对应。甚爱即甚爱惜名声。甚爱名声,则会损耗其身。"多藏"即多藏财货。多藏财货,则引人攻击,不仅财物丧失,甚至于失去性命。两相比较，哪个更重要是不言而喻的。

成玄英云"知足不辱……此一句结货"，"知足不辱"一句，是针对藏货而言。三十三章云"知足者富"，知足为富，藏货非富，致祸而已。避祸不辱，只有知足。李荣有个很形象的比喻，以腹来说明何为知足："腹者受而不取，纳而不留，易足以无情。"腹接受食物，非为收藏食物，最终还要排泄出去，到一定程度即自动停止，是谓不贪、知足。

"知止不殆"一句是针对"爱名"而言。成玄英云："知止不殆……此句结名。"所谓名者，如义士、君子之名者是，如《庄子》云：伯夷死名于首阳之下。"成玄英又云：

> 身，内也，实也。名，外也，宾也。……世皆求外丧内，贪名亡实，何者？夫令誉芳名，本为身者也，身既为名致死，名竟何所施为。

名附属于身，身死要名作什么呢？当以身为重，而以名为轻。摆正轻重关系，以重制轻，就是知止。只有这样，才不会出现危险。

本章所谓"名"，与"道常无名"或"始制有名"之名不同，彼处是形名之名，此处是名教之名，伯夷这样为义而死的，为名而有殆。名教之名是形名之名的一个小类，是"圣知"发明出来，用来约束人的器具。《老子》对于形名的态度是"名亦既有，夫亦将知止，知止可以不殆"，对其小类——名教之名也说"知止"，是很自然的事情。

《老子》本章是有的放矢，针对是当时两种普遍存在的情况加以批评。爱名者如伯夷，为义名而殉身。爱货如晋国郤氏，"其富半公室，其家半三军"，最终为晋国其他的大夫所杀。这些都是不知足，不知止的结果，故《老子》严诫之。

《老子》此章言明义显，一读便懂，释德清云："《老子》此言，可谓破千古之重昏，启膏肓之妙药，昭然如揭日月于中天也。"语甚精当，不是过誉之词。虽然如此，我们还是要知道，知足、知止只是基础，不是最高境界。苏辙云：

> 先身而后名，贵身而贱货，犹未为忘我也。夫忘我者，身且不有，而况于名与货乎？然贵以身为天下，非忘我不能。故使天下知名之不足亲，货之不足多，而后知贵身，知贵身，而后知忘我，此老子之意也。

贵身而后名、贱货还没有达到忘我的境界。《老子》之意在于先知道贵身，而后知忘我。苏说十分精当，甚得《老子》两种境界之意。

第四十五章

【题解】
　　本章言清静就是大成、大盈之法，用此可以为天下的君长。

　　大成若缺，[1] 其用不弊。[2] 大盈若冲，[3] 其用不穷。[4] 大直若屈，大巧若拙，大赢若绌。[5] 躁胜寒，静胜热，清静为天下正。[6]

【注释】
　　[1] 成，全，无缺。大成，指万全无困之成。
　　[2] 弊，困弊。
　　[3] 盈，满。冲，虚。
　　[4] 不穷，不尽。
　　[5] 赢，王弼本误作"辩"，今据帛书甲本改。绌，王弼本误作"讷"，今据北大本改。赢，伸，进。绌，缩，退。
　　[6] 正，君长。

【译文】
　　极致的成全状态，看起来如同缺失，而用之不败。极致的盈满，看起来如同空虚，而用之不竭。极致的直看起来如同曲，极致的巧看起来如同拙，极致的伸如同出缩。躁动能克制寒，静能克制热，清静才能做天下的君长。

【述评】

本章可分为三节，大成四句为一节，大直三句为一节，躁胜寒三句为一节。

成，泛指使物事成为其物事。《中庸》云："诚者非自成己而已也，所以成物也。"成内容不同，成字字义是相同的。举例而言：成天，即使天成为天，即天清；成地，使地成为地，即地宁。天坏、地裂则是不成。

就世俗常识而言，成与弊有必然联系。有成则有所局限，用此至于有成之道术以规矩他物，期于皆成，则总不能尽得所规。故以此有成之道术不能行于万物，终将有困弊之时。举例而言，大匠可以成器，以其法稼穑则必有所困。概言之，成此一物之道术不能行于万物，使万物皆得其成，有所成则必有所困。

推寻文义，所谓弊，是有成之法行于他物而产生的现象。成无所谓弊，如天成，则清；不清，则缺，无所谓弊。达到成、达到清的法门才说得上有弊或不弊的问题。如大匠成器的法门才是可以行于他物，才会产生弊或不弊的问题。因此通过这个用词，我们可以知道：本章所说的大成，是指至于大成之道，或至于大成之法的意思，而不是大成本身。大成本身无所谓用，大成之法才有用弊的问题。

一物有成，只是小成，万物皆成，是为大成。大成则万物各得其所成，即云皆成，已经没有余物，无余物则此法可行于众物，则无所谓困弊，故云："其用不弊"。大成之时，自然而已，天清、地宁、甘露降下，侯王好像不存在，民莫之令而自均，忘我而和于一。既已经忘了，就谈不上法。不能与万物合一忘我但明白这个道理的人，已有法这个概念，他们解说这个道理："至于大成的法门就是无法之法。"既然说无法，世俗人听上去很像是法坏缺的意思，所以就其世俗而言叫"若缺"。知道有多种境界之别，这个问题相对就比较好理解。

盈是满之意，与虚互为反义。既言满则有量，久用终有竭尽之时，故就常识而言，盈与竭有必然联系。一器之满不如江海之满，一器之盈小，江海之盈大。江海虽大，只限于水，必至于无所不容，无一不可盛，始可谓大盈。有所不容，则量有限，则终有尽时；无所不容，则无限量，无竭尽之时。故云："其用不穷。"既无尽，则永远可以继续容纳，可容纳不就是世俗所谓虚么？故云："大盈若冲。"

"大直若屈"之直，指对公义的秉持，如《论语·为政》"举直错诸枉"之直。知公义之为公义，则公义为是，非公义为非。此一是非，彼一是非，不知何是何非，故而所谓公义亦无法确定。大直之人不定是非，无所秉持，一之而已。自世俗而言，这样的人随是所是，随非而非，似所接皆屈从，故云："大直若屈。"

"大巧若拙"，《庄子·胠箧》有解释：

> 故绝圣弃知，大盗乃止；擿玉毁珠，小盗不起；焚符破玺，而民朴鄙；掊斗折衡，而民不争；殚残天下之圣法，而民始可与论议。擢乱六律，铄绝竽瑟，塞瞽旷之耳，而天下始人含其聪矣；灭文章，散五采，胶离朱之目，而天下始人含其明矣；毁绝钩绳而弃规矩，擺工倕之指，而天下始人有其巧矣。故曰：大巧若拙。

所谓巧就是圣知、珠玉、符玺、斗衡、礼法、音乐、文章、工具等都可以谓巧，简言之，即一切人为所设之物事。把这些都去除，就是至于治世。达于治世，可谓巧之极致，是为大巧。治世中没有世俗所谓巧的那些礼法制度，则自世俗看起来就像是拙一样。

"大赢若绌"，此句传写多异，郭店本作"大成若诎"，帛书甲本作"大赢若炳"，北大本作"大盛若绌"，王弼本作"大辩若讷。"裘锡圭已经指出：郭店本的"成"是"赢"的音近讹字，"诎"应读为"绌"。北大本整理者也说明："赢"、"盛"意近，"炳"可读为"绌"。结合各本及其解说，可知此句当写作"大赢若绌"。赢绌泛指伸屈或进退。《荀子·非相篇》"与时迁徙，与世偃仰，缓急赢绌，府然若渠匽檃栝之于己也。曲得所谓焉，然而不折伤。"杨倞注："赢，余也。赢绌，犹言伸屈也。"杨注所谓伸屈，意即进取与否。《荀子》之意是当进则进，当退则退之意，使己不受伤。世俗以进取为赢，以消极退缩为绌。伸以用世，目的在于达到治世。诸所巧设之制度只会使世界越来越乱，而达到治世必须除去这些。自世俗角度来看，除去制度则是退缩。故云"大赢若绌"。

"躁胜寒，静胜热，清静为天下正"，是上文的延伸，言大成、大盈之法。王弼云：

> 躁罢然后胜寒，静无为以胜热。以此推之，则清静为天下正也。静则全物之真，躁则犯物之性，故惟清静，乃得如上诸大也。

王之意：躁动则暖，可以克服寒；安静则凉，可以克制燥热。转而相推，以静为终极之胜。此解是道家常说，颇合《老子》二十六章"静为躁君"之意。《庄子·天道》解说颇为明白：

> 明于天，通于圣，六通四辟于帝王之德者，其自为也，昧然无不

> 静者矣！圣人之静也，非曰静也善，故静也；万物无足以铙心者，故
> 静也。……虚则静，静则动，动则得矣。静则无为，无为也，则任事
> 者责矣。……静而圣，动而王，无为也而尊。

静不是因为想要静，这样的静还是有为之静。万物不能"铙心"，人不受外物的干扰，得其本真，自然就静下来。这样的静，才是真静。由此可知，道家所说所谓静，是不受外物干扰，非不行动。故而下文说"静而后能动"，顺理成章。一般之动，是有感于物之动，有所因待。静而后之动，是为静所主宰之动，非感于物，无所因待，唯道是瞻，故行无不得。明白静之理，则为圣；因静而动，则为王。

王弼所说"全真"，就是《庄子》所说"无足以铙心"，也就是《老子》所说之"清静"。《庄子·天地》云"无为而万物化，渊静而百姓定"，渊静即清静，盖取水为喻，水止则成渊，止则清，故云清静。清静则不受外物所扰，其动合道，故可以作天下的君长。清静就是大成、大盈之法。

第四十六章

【题解】

这一章说明战争之起，在于欲望；控制欲望，在于知足。

天下有道，却走马以粪；[1] 天下无道，戎马生于郊。[2] 罪莫大于可欲，[3] 祸莫大于不知足，咎莫大于欲得。[4] 故知足之足，[5] 常足矣。[6]

【注释】

[1] 却，退下来。走马，善跑的马。粪，谓播种耕田。

[2] 戎马，战马。郊，指战场。战场上产马驹，形容战事频繁。

[3] 罪莫大于可欲，王本脱此六字，郭店本、帛书甲乙本、北大本有，而文字稍异，今据北大本补。可欲，指足以引起欲念的事物。

[4] 欲得，欲望实现。

[5] "之"下郭店本有"为"字，义长。本句前一足字，是安足之意，意为基本需求得到满足的状况。后一足字是足够之意。

[6] 常足，永不缺乏。

【译文】

大道在天下实现的时候，没有战争，善跑的马用不上，退下来种田。天下治理不得其道的时候，战争频繁，小马在战场上出生。罪过没有大于欲望被挑动，祸患没有大于不知足的，灾殃没有大于贪得无厌。所以知道实现安足已经足够，就会永不缺乏。

【述评】

"天下有道，却走马以粪；天下无道，戎马生于郊"。这两句形象地说明战争频繁是有道与无道的显著区别。有道之时，没有战争，战马不得其用，退而耕田。无道之时，战争频繁，以至于"戎马生于郊"。古时母马不参战，由于连年战争，征用马匹太多，公马不够用，连怀胎的母马也被征用，以致母马在战场上产驹。

战争频繁是因为君主欲望失控。"罪莫大于可欲，祸莫大于不知足，咎莫大于欲得"，罪、祸、咎皆指结局之恶果，可欲、不知足、欲得，都是说欲望泛滥。蒋锡昌云："这三句词异意同，谓兴师动众，杀人盈野，此皆人主贪欲之过。"

君主欲望泛滥结局莫非不幸，要改变这种状况，就要知足。"知足之足"，郭店本作"知足之为足"，表达更为清楚。前一足字，是安足之意，意为基本需求得到满足的状况。后一足字是足够之意。基本需求得到满足，即应无复他求，这样就能永远不匮乏。严遵云：

> 贵为天子，富有四海，爵尊宠极，莫与比列。布衣粗裘而天下以为好，蔬食藜羹而天下谓之美。变世化俗犹风之靡草，民之从化犹鱼之赴水。……游于昭旷之域，听视天地之间。上观自然之法式，下察古将之得失。凿井而饮，耕田而食，长妻生子，与民相极。是命之足者也。

严遵形象地把知足为足的君主模样勾画出来，布衣粗裘，蔬食藜羹，凿井而饮，耕田而食，一副简单之极的生活样貌，而这样的结果却是"民之从化犹鱼之赴水"，我无为而天下归之，何战乱之有哉？

第四十七章

【题解】

【题解】

　　这一章的核心是教人守道知本。

　　不出户，知天下；不闚牖，〔1〕知天道。〔2〕其出弥远，〔3〕其知弥少。是以圣人不行而知，不见而名，〔4〕不为而成。

【注释】

　　〔1〕闚，与窥同，看。牖，窗户。
　　〔2〕知，王本误作"见"，今据帛书甲乙本、北大本改。
　　〔3〕弥，越。
　　〔4〕《墨子·经上》："名，达、类、私。"名，此指知其类属。

【译文】

　　不出门就知晓天下的状况。不向窗户外看，就知晓天道。走出去越远，知晓的就越少。所以圣人不用外出就可以知晓，不用看见就可以称说事物。不作为就可以有成。

【述评】

　　《老子》本章论述有个非常古典的背景假设，以为万物以道为宗主，天下之物，因道而通为一。严遵云："天地人物，皆同元始，共一宗祖。六合之内，宇宙之表，连属一体。"河上公云："天道与人道同，天人相通，精气相贯。"王弼云："事有宗而物有主，途虽殊而同归也。"都是这个意思。人为万物之一，道亦在人之身。道一而已，在身之道即是在外之道。对在身之道的了解即是对身外之道的了解，故而无须外出，即可了解此道。"不出户，不阒牖"、"其出弥远，其知弥少"都是从这个角度来说。后世多以"性"来解说在身之道。苏辙即从"性全"来解释此章："古之圣人，其所以不出户牖而无所不知者，特其性全故耳。"《老子》之意或与宋人所说"性"未必全同，而其源流盖不相远。

《老子》所谓"知"也有特别含义。一般意义的"知"是指对于事物的认识，《老子》以为一般的知算不上真知，只有对道的知才是真正的知。套用《老子》惯用的造词方式，《老子》这个意义上的知可以称为"大知"。所谓"知天下"、"知天道"正是从这个角度理解。对天下、天道的根本大宗的把握才是真知，才能叫做知。道在我身，不需远求，故可以不出户，天下之道与在我身之道为一，故可以知天下。明白了《老子》的背景，以及用词的特定含义，则可以知道，虽然本章文字玄妙，却是顺理而言，不是突兀之语，循词可知其理。

如以凡俗所谓对事物的认识为知，则所知越多，而离道越远。王弼有个很好的比喻，可以说明这个问题："自然之道，亦犹树也。转多转远其根，转少转得其本。多则远其真，故曰惑也。少则得其本，故曰得也。"（二十二章王弼注）道是本根，万物由此生出，正如同枝叶与树根的关系。对这些分枝知道得越多，离道越远。所以说"其出弥远，其知弥少"。

道非外行可得，圣人的抱一体道，不离根本，则已得真知，所以说"圣人不行而知"。圣人不见万物而知其类有所属，分于道而已，故曰"不见而名"。圣人因物之性，不需要再有作为而万物自化。万物皆得其性，则可谓自成，故云"不为而成"。

第四十八章

【题解】
　　这一章说无为可取天下。

　　为学日益，为道日损。损之又损，以至于无为，无为而无不为。取天下常以无事，〔1〕及其有事，〔2〕不足以取天下。

【注释】
　　〔1〕取，治。
　　〔2〕及，若。

【译文】
　　求学是天天增加学识，求道却要天天都减损它。减损再减损，一直到无为的境地，达到了无为就没有什么做不成的。只有以无事的方法，才能治天下。如果有所事，就不能治天下。

【述评】
　　现代所谓为学就是对知识的掌握。古所谓为学，没有现代所谓学的概念那么广阔，主要指政教礼乐。于此河上公注有明文："学谓政教礼乐之学也。"渊博是对为学的一般评价标准，一事不知，学者之耻。《国语·晋语九》有个故事，可以很好地说明学的内容以及对学的态度。

　　范献子聘于鲁，问具山、敖山，鲁人以其乡对。献子曰："不为具、敖乎？”对曰："先君献、武之讳也。"献子归，遍戒其所知曰：
"人不可以不学。吾适鲁而名其二讳，为笑焉，唯不学也。人之有学
也，犹木之有枝叶也，犹庇荫人，而况君子之学乎？"

范献子从不知道鲁国的避讳来讨论学，避讳是礼中的一个小节目，可见河
上公以为"政教礼乐"为学是很有道理的。范献子以不知鲁国的避讳为不
学，可见其对学的态度正是以渊博为标准。以渊博为标准，故而强调"日
益"，强调学识的增长。

学本身是对事物之分的认识，如礼就是学之大端，其繁缛琐细至极，
至有经礼三百，曲礼三千。上引鲁讳就是礼的一个小部分，即便如范献子
这样的好学之人，亦有所不知。道本身是混然，就是无分，就决定了道不
能够以学的方式去得到，而要以相反的方式获得，把所有的分都去除，至
返于一，最终至于忘其一，而至于无，道就呈现了。王弼本章注云"务欲
反虚无也"，正是此意。如以王弼之说晦而不明，则苏辙之说较为清晰："去
妄以求复性，可谓损矣。而去妄之心犹存，及其兼忘此心，纯性而无余，然
后无所不为，而不失于无为矣。"苏所谓"兼忘此心"就是王弼所说的无。

去学复一，则政教礼乐尽去，君主无所为。去掉了有为的枷锁，万物
也就得其自性而自成，王弼所谓"动常因也"即是此意。君主之动，因物自
性而动，实无须动。自君主角度而言，即无为而成，万物皆化，有为达不到
的目的都达到了，故云"无为无不为"，"取天下常以无事"。

"及其有事，不足以取天下"，自《老子》之理而言之，有事即有为，有
为之事，皆有盛衰，盛于一时，终必不保，故云不足以取天下。自实事而言
之，周后以力取天下者，秦汉至于明清，短则十几年，长不过四百年（两汉
共计），无一终有，此句可为帝王谶语。今日之日，天下一词又不限于中华
大地，何国何人可以力取天下？

第四十九章

【题解】

这一章描述圣人不言之教而民自化。

圣人常无心，〔1〕以百姓心为心。善者吾善之，不善者吾亦善之，德善。〔2〕信者吾信之，不信者吾亦信之，德信。圣人在天下歙歙焉，〔3〕为天下浑其心。〔4〕百姓皆属其耳目焉，〔5〕圣人皆孩之。〔6〕

【注释】

〔1〕常无心，王本误作"无常心"，帛书乙本、北大本作"恒无心"，今依王弼本用字惯例改。

〔2〕德，通作"得"，下"德信"之"德"同。

〔3〕焉，王本脱，帛书甲乙本有，北大本作"然"，今据帛书甲乙本补。在，临，临视天下而不有之意。歙歙，心无所主貌。

〔4〕为，治。浑，浑朴。

〔5〕百姓皆属其耳目焉，王本脱此八字，今据帛书甲本、北大本补。属，帛书乙本作"注"。属耳目，视听专注之意。

〔6〕孩，婴孩，此作动词，以婴孩视之。

【译文】

圣人没有是非之心，而是以百姓心为心。对于善的人，待之以善；对于那些不善者，也待之以善，善就实现了。信实的人，我诚信以待；不诚信的人，我也待之以诚信，信就实现了。圣人临于天下，歙歙然没有是非，治理天下使民心浑朴。百姓视听皆专注于圣人，圣人使百姓像婴孩一样。

【述评】

在《老子》看来，今日善不善之别非自古即有，有道之时，只是整一，没有善与不善之别。道为名所割裂，而后有善不善之分。圣人体道守一，泯灭是非之心，以此来引导民众复返于初。对于百姓的是非心，圣人一如镜鉴而已。吕惠卿云："以百姓心为心，犹之鉴也无常形，以所应之形为形而已。"镜鉴本无形，照物之形，则为物之形，镜子不会选择形状。百姓的善，在圣人那里映出善，百姓的不善，在圣人那里映出不善。"善者吾善之，不善者吾亦善之"正是圣人不作抉择之意。

圣人不作抉择有非凡的效果。范应元云：

> 盖是心之初，无有不同，是以圣人不敢有为多欲以生百姓之妄心。

圣人不执是非以断，就不会挑动百姓的妄心。妄心灭，就会恢复到其初状态。人心之初，不善尚未生，故而无不善，自世俗角度则是纯善，自道而言，则是无是非。总之，圣人不执是以断非，则天下自化。

"圣人在天下歙歙焉，为天下浑其心。百姓皆属其耳目焉，圣人皆孩之"正是上文之意的延伸。圣人于天下临而不治，故云"在天下"，歙歙是合、敛、无所执的意思，王弼释为"心无所主也"，十分正确。圣人无为，其为天下只是不为，不为则不现可欲，不会挑动百姓的欲心，故而无为可除妄去私。无妄无私，则心不有分，浑然而已，故云"浑其心"。百姓视听唯圣人是瞻，圣人无所执，则百姓之心渐复其初，复归于婴孩。故云"百姓皆属其耳目焉，圣人皆孩之"。

第五十章

【题解】

　　本章说不应该过分自重生命，这样反而导致入死地。

　　出生入死，〔1〕生之徒十有三，〔2〕死之徒十有三，而民生生焉，〔3〕动皆之死地之十有三。〔4〕夫何故？以其生生之厚。〔5〕盖闻善摄生者，〔6〕陵行不避兕虎，〔7〕入军不被兵革。〔8〕兕无所投其角，虎无所措其爪，〔9〕兵无所容其刃。夫何故？以其无死地。

【注释】

　　〔1〕《韩非子·解老篇》云："人始于生而卒于死。始之谓出，卒之谓入。"出生入死，指人之生死。

　　〔2〕徒，类，属。十有三，十分之三。

　　〔3〕而民生生焉，王本误作"人之生"，帛书甲乙本作"而民生生"，今据北大本写定。前生字为意动用法，以……为生，后生字指生命。生生，自重其生。

　　〔4〕皆，王本脱，前"之"字后王本衍"于"字，后"之"字王本误作"亦"，今据帛书甲乙本、北大本补删改。之，至。

　　〔5〕之厚，帛书甲乙本、北大本无此两字。

　　〔6〕摄生，养生。

　　〔7〕陵，王本误作"陆"，"避"字王本误作"遇"，今据帛书甲乙本、北大本改。兕，中国犀牛，曾广泛分布在中国南方各省，栖息在接近水源的林缘山地地区。

〔8〕兵革，王本误作"甲兵"，今据帛书乙本、北大本改。被，装备。兵革，防卫之器。

〔9〕措，置。

【译文】

出为生入为死，属于生之类的十分有三，属于死之类的十分有三，民众自重其生，动而置于死地的十分有三。这是什么原因呢？是因为过度的自重生命。听说善于养生的人，在山地行走不躲避犀牛、老虎，进入军队不装备防卫之器。犀牛用不上他的角，老虎用不上他的爪，兵器用不上他的锋刃。这是什么原因呢？是因为善于养生的人没有死地。

【述评】

这一章传世本有多处文字错误，需要先行校正。"而民生生焉"一句，据北大本写定，帛书甲乙本作"而民生生"，王本误作"人之生"。民、人之变盖是后世避唐太宗李世民的讳而改，影响不大。"生生"，王本脱一生字，于文义有妨。下文说"夫何故？以其生生"，正是对应"民生生"之语，凸显"生生"是本章的核心词。有学者把"生生"破读，前生字属上句，后生字属下句，今北大本后有焉字为助词，"生生"必连读，破读之说误不待言。

"陵行不避兕虎，入军不被兵革"，帛书甲乙本、北大本同。"陵"字王本误作"陆"，"避"字误作"遇"，"甲兵"误作"兵革"。兕，学名中国犀牛，曾广泛分布在中国南方各省，栖息在接近水源的林缘山地地区。虎也是山中之兽。陵行，即山中行走。山行不躲避生活在山区的犀牛、老虎，顺理成章，故知"陆"字是陵字之误。

"不避"与"不遇"含义稍有不同。《韩非子·解老》解此句云："入山不恃备以救害。"所谓"备"，是对猛兽有防备措施。《韩非子》以为有备是避，无备是不避。不避兕虎，谓善摄生者无所备而远害之意。"不遇"不能够体现"不恃备"之意。"不避兕虎"与下文"不设兵革"又与"生生"之意相对（详下），"不遇"没有这个意思，故而当从古本作"不避"。

"兵革"，《韩非子·解老》有解释："凡兵革者，所以备害也。"知韩非所见《老子》此章作"兵革"，是防卫器具之意，如盔甲之类。不设防卫之具，与上文"不避兕虎"同样是强调善摄生者无所备而远害之意。"有备"正对应上文"生生"。躲避野兽、身穿坚甲以避兵害，都是重视生命的表现，即所谓"生生"之意。"不遇"、"甲兵"都不符合"生生"之意，所以当从古本作"不避"、"兵革"。

"出生入死"指人从出生到死亡的一生。《庄子》："万物皆出于机，入于机。"又曰："其出不忻，其入不距。"皆以出指生，以入为死。《韩非子·解老》："人始于生而卒于死。始之谓出，卒之谓入，故曰：出生入死。"出生入死，犹言生死。盖《老子》此章之意，在于言明人有生有死，此不可避免，而善摄生则得享天年，不善则早夭。故下文具论致生死之道。

《韩非子·解老》云："属之谓徒也。""生之徒"之徒字是类属之意。《老子》七十六章云："故坚强者死之徒，柔弱者生之徒。""生之徒"盖指柔弱等取生之道，"死之徒"指坚强等取死之道。王注云：

> 取其生道，全生之极，十分有三耳。取死之道，全死之极，亦十分有三耳。

得其旨意。严遵云：

> 虚、无、清、静、微、寡、柔、弱、卑、损、时、和、啬，凡此十三，生之徒；实、有、浊、扰、显、众、刚、强、高、满、过、泰、费，此十三者，死之徒也。

严遵解"十有三"为十三，不如王弼解为十分之三合适，然而严遵把"生之徒"理解为柔、弱之类，把"死之徒"理解为坚、强之类，基本上是合乎《老子》文意的。

"而民生生焉，动皆之死地之十有三"，是与上文并列合计之文。"动之死地"与"生之徒"、"死之徒"是并列而言。生之类、死之类合计为十分之六，而其余则是可生可死之类，合计为十分之四。这其中又因为"动之死地"的占了十分之三，其余不至于死地则是十分之一。下文讨论"陵行不避兕虎"、"入军不被兵革"，盖即可生可死而妥善处理则可以致生者，那么，陵行之道、入军之道等盖是可生可死之类。

总结一下，人之生死总体可为三类：生之类、死之类，可生可死之类。生之类，盖指柔弱之道。死之类，盖指坚强之道。可生可死之类，盖指陵行之道、入军之道等等。可生可死之类，又分为两属，一是动置于死地之属，一是不至于死地之属。置于死地之属，盖指"生生"之道。不置于死地之属，盖指不以生为生之道。

"生生"，即有自我观念，自重生命之意。严遵云："而民皆有其生而益之不止，皆有其身而爱之不已。"益之、爱之正是自重其身之意。下文所说"陵行不避兕虎，入军不被兵革"是承"生生"之意，说不生生之道，从中可以推知其生生具体所指。传世本多有讹误，以至于不明所言，今赖古本，方知此意。不避兕虎、不披盔甲是不生生，规避兕虎、身披盔甲即是"生生"。如此正与严遵所说"益之"、"爱之"若合符节。因为有身之观念，对此身重视，所以采取卫生的措施，这是生生的表现。

"生生"是"动之死地"的原因。就陵行而言，山陵是兕虎之地，人入山则入死地。以入军为例，军乃凶杀之用，入军即入死地。以为兕虎出没有常，可以规避之，以为盔甲坚厚可卫身，恃其所备而入于死境，其结果难免危殆。

善于摄生的人没有自我观念，"天地与我并生，万物与我为一"，与世相洽，万物得其均，人只在自己的区域活动，不会入于兕虎之山，不会兴征伐之军，不入死境，是"无死地"。王弼云：

> 夫蚖蟺以渊为浅而凿穴其中，鹰鹯以山为卑而增巢其上，矰缴不能及，网罟不能到，可谓处于无死地矣。

蚖蟺（指蝾螈或蜥蜴一类的动物）在渊，鹰鹯在山，弓箭罗网都不能涉及他们，这样的就是处于"无死地"。与之类似，人有人的活动之地，在这个区域里是"无死地"，入山入军则是入死地。

五十五章与此类似："含德之厚，比于赤子。蜂虿虺蛇不螫，猛兽不据，攫鸟不搏"。婴儿送到蜂虿猛兽嘴边上，没有不被咬的。但是婴儿自己又怎么会到蜂虿猛兽嘴边上去呢？婴儿不离开自身应该活动的范围，不会到危险的区域，自然是百毒不侵，百兽不害。赤子如善摄生者一般，不入死地。

第五十一章

【题解】

　　本章说道德生养万物，而不据为己有，为万物所尊。

　　道生之，〔1〕德畜之，〔2〕物形之，〔3〕势成之，〔4〕是以万物莫不尊道而贵德。〔5〕道之尊，德之贵，夫莫之爵而常自然。〔6〕故道生之畜之，〔7〕长之育之，〔8〕亭之毒之，〔9〕养之覆之。〔10〕生而不有，为而不恃，长而不宰，是谓玄德。

【注释】

　　〔1〕"之"后帛书甲本后有"而"字。生，使之存。之，指万物。

　　〔2〕畜，畜养。

　　〔3〕"之"后帛书甲本后有"而"字。物，类。形，分化。

　　〔4〕势，帛书甲乙本作"器"。势，差别。

　　〔5〕莫不，帛书甲乙本、北大本无此两字。

　　〔6〕爵，王本误作"命"，今据帛书甲乙本、北大本改。爵，爵命，封爵。

　　〔7〕"畜"前王本衍"德"字，今据帛书甲乙本、北大本删。陆希声云："道可以兼德，德不可以兼道。"道可以包含德在内，故省略德字。

　　〔8〕长，成长。育，使生长。

　　〔9〕亭，定。毒，安。

　　〔10〕养，疗治。覆，保护，庇护。养覆，保护之避免伤害之意。

【译文】

道使万物存活，德畜养万物，物类使万物分化，差别使万物殊异，成为芸芸众物。故而万物都以道德为尊贵。道德的尊贵，不是谁封爵而给予的，而是自然而然得到的。道生畜万物，使万物成长，平定万物，保护万物。圣人效仿大道，生养万物而不据为己有，有作为却不自恃有功，为万物正长却不为之主宰，这样可以称为玄德。

【述评】

蒋锡昌云："四'之'字并为'万物'之代名词。"所言甚是，"道生之"即"道生万物"之意。"生"是使之存活之意，非如鸡生蛋之意。此于《老子》本文有证，第十章云：

> 爱民治国，能无以知乎？……生之畜之。生而不有，长而不宰，是谓玄德。

第十章的"生之畜之"与本章句式一致，主语不同。"生之畜之"者与后面的"生而不有，长而不宰，是谓玄德"所说的对象都是前面的治国者。所生所畜者指民众。治国者不能如鸡生蛋一样生出民众，可知生畜连用之"生"只是存活之意。

道生之，即万物之长久存活有赖于道之意。生存所对应的反义词是衰亡，《老子》中的生存是避免衰亡之意。万物有始、有成、有衰、有亡，这是物之大势，但如果有道则会延缓衰亡，保持长久。五十五章云："物壮则老，谓之不道，不道早已。"物之状老，是因为他们不合于道，不合道就会早早地衰亡，反言之，合道则使之存活。十六章云："道乃久，没身不殆。"有道，则可长久。下文"亭之毒之，养之覆之"，亭毒是安定之意，养覆是保护之避免伤害之意（详见下），与"生之畜之"的存活、养育之意互相呼应，亦可佐证"道生万物"是道使万物存而不亡，万物守道乃可长久。

"德畜之"与"道生之"类似，是德生养万物，万物循德乃得久。范应元云"畜，养也"，养是指使存活下去之意，如养民、养马之养。生、畜的存活之意与赋予生命、给予存在之意并不相同。物的生命或存在是气的变化，依《庄子》云："人之生，气之聚也。聚则为生，散则为死。"此以人为言，扩展到物也是合适的。生命或存灭是气变化的一种体现。物之存灭乃是气之变，不可强求。而通过抱一虚气等妥善的处理，得气之自然，可尽其天年，反之则早夭。畜养一词很好的反映了这种关系。被畜养者有其自身的生命系统，如养马，马自有其生命，非养马者给予。而养马者妥善的处理，可以使马得其生、尽其年。德畜养万物，非谓万物存灭为德赋予，万物自有其存灭，而循德而行，使万物得其自然，遂其天赋。

《老子》三十九章可视为道德生畜万物的例证：

> 昔之得一者：天得一以清，地得一以宁，神得一以灵，谷得一以盈，侯王得一以为天下贞。其致之，天毋已清将恐裂，地毋已宁将恐发，神毋已灵将恐歇，谷毋已盈将恐竭，侯王毋已贵以高将恐蹶。

天地之长久不可估算，但说裂说废（发），可知《老子》以为天地亦有尽时。如果天地脱离一，求清，求宁，会废裂早夭。所以不裂不废者，在于其不求清，不求宁，混然为一而已。混然则合道有德，从这个意义上说，是道德使天地尽其年，是道德生畜天地。

本章中"之"字是万物之意，"物形之"之"物"必定不是万物含义，否则万物形万物文意不通。物有类之意。《左传》昭公九年："事有其物，物有其容。"杜预注："物，类也。"《周礼·夏官·校人》："辨六马之属，种马一物，戎马一物，齐马一物，道马一物，田马一物，驽马一物。"宋朱申《周礼句解》云："谓以一类相从也。"王弼《老子指略》云：

> 夫物之所以生，功之所以成，必生乎无形……天生五物，无物为用；圣行五教，不言为化。……五物之母，不炎不寒，不柔不刚；五教之母，不皦不昧，不恩不伤。……天不以此，则物不生；治不以此，则功不成。

王弼所说"五物"即五类，楼宇烈指出其具体是指金、木、水、火、土五行，是也。虽然《老子》此处的"物"不一定指五行，而其为类的含义可以肯定。

"物形之"之"形"是分化之意，非指形状、形体。王弼《老子指略》：

> 若温也则不能凉矣，宫也则不能商矣。形必有所分，声必有所属……四象形而物无所主为，则大象畅矣；五音声而心无所适焉，则大音至矣。

从文中可以知道，"声必有所属"的"声"是指前面的宫、商，"形必有所分"之形是指前面所说的温、凉。后文说"五音声"与前文宫、商相应。"四象形"与温、凉对应。王弼以温凉寒热为四象,故而其所谓形就是由不炎不寒分化为温、凉、寒、热。从字义而言,形当然不限于四象之分化,而其有分化的含义是可以肯定的。"物形之",即万物分化为各类之意,五行之类盖即与此"物形之"对应。

"势成之"之"势",汉人解为寒暑。河上公曰:"一为万物作寒暑之势以成之也。"严遵曰:"势成之,寒暑相成,各得成遂也。"唐宋人扩展之为泛指多种因素。如唐玄宗注云:"势成之者,言为万物化天时地利阴阳之势。"苏辙云:"远近相取,刚柔相交,积而为势。"林希逸云:"势则有对矣,故曰势成之。阴阳之相偶。四时之相因,皆势也。"林希逸的"势则有对矣"比较具有概括性,寒暑、阴阳、远近、刚柔等都可以说是"有对"。其说不够明了的地方在于没有说明势是因有对而产生的差异。重点在于差异,而不在有对。《孙子·兵势篇》:

> 战势不过奇正……激水之疾,至于漂石者,势也。……任势者,其战人也,如转木石,木石之性,安则静,危则动,方则止,圆则行。故善战人之势,如转圆石于千仞之山者,势也。

《孙子》所说的"激水之疾",《管子·度地》有句类似的话:"夫水之性,以高走下,则疾,至于溘(漂)石。"水从高处流下,至于把石头漂起,这个叫做势。此言水本不能让石头漂,而借高下之差而有了额外的力量。"转圆石于千仞之山,势也。"木石自身转动的能量有限,如果把木石从高山上转下,会得到额外的能量。其实《孙子》所说"势"是借势,水、木、石借助高下之差而产生额外的力量。单纯讲势,就是高下带来的差别。不仅高下可以带来差别,有所因资皆会带来差别。《韩非子·功名》:

> 千钧得船则浮,锱铢失船则沉,非千钧轻锱铢重也,有势之与无势也。

《韩非子》所说得船、失船是有势、无势,此成势者非船本身,而是有无之差别构成势。皆有船或皆无船都不为势,有的有船、有的无船才构成势。成势的重点在于差别,而有对才能产生差别。故而,所谓势就是指有对所带来的差别。有对可以概括为阴阳,势是阴阳之差是合理的推论。"势成之"意盖即阴阳之差使万物殊异,成为芸芸众物。

　　首句帛书甲本作"道生之而德畜之，物形之而器成之"可以看出汉人或以为"道生之"与"德畜之"文意相近为一组，而后面的"物形之"与"势成之"为一组。这有助于我们正确理解文意。万物殊异因为物势之别，而存活则仰赖道德，道德更重要，所以下文说"尊道贵德"。而这种尊贵又不是因为谁赐予，而是自然如此。

　　"道生之畜之"至"是谓玄德"，承上尊贵而言其虽有功而不居。生畜至养覆，皆言道德之功。文中只说"道生之畜之"，略不言德，是因为道德为一，以求行文方便。

　　"长之育之，亭之毒之，养之覆之"，文意不远。长是使成长，育是培育，两意类似。亭，有定意。《仓颉篇》云："亭，定也。"毒有安意，《广雅·释诂》："毒，安也。"亭毒之意类似。养、覆，是保护之避免伤害之意。前文畜、育，皆与养育之意近，故此养必定不是前文的重复。养有疗治之意。《周礼·天官·疾医》："以五味五谷五药养其病"郑玄注："养，犹治也。""掌养万民之疾病"贾公彦疏："云养者，但是疗治。"覆有庇护之意。《战国策·燕策一》："皆自覆之术。"鲍彪注："覆，犹庇护也。"这八个"之"，总体意思即道生养万物，居功至伟之意。

　　"生而不有，为而不恃，长而不宰"承上文生养万物而来，"生"、"为"、"长"就是对上文八个"之"的概括。凡畜养都有所有之意，如养猪、养马，前提都是此牲畜为我所有，所以才言养，此是当时普遍接受的事理。今道德养万物，虽生畜长育，尽心尽力，但不为我所有，也不居功自傲，虽尊而不自以为贵。全章之意也在于此，呼吁人主体会大道，不自尊贵，守柔处下。

第五十二章

【题解】
　　本章言守母可以长久。

　　天下有始，[1] 可以为天下母。[2] 既得其母，以知其子。[3] 既知其子，复守其母，没身不殆。[4] 塞其兑，[5] 闭其门，终生不勤。[6] 开其兑，济其事，[7] 终身不救。见小曰明，[8] 守柔曰强，[9] 用其光，[10] 复归其明，无遗身殃。[11] 是谓习常。[12]

【注释】
　　[1] 始，指万物未分时的混然状态。
　　[2] 可，王本脱，今据北大本补。母，与始同义，指万物已分时的混然状态。
　　[3] 子，指万物。
　　[4] 没身，终身。殆，危险。
　　[5] 兑，孔穴，指耳目口鼻。
　　[6] 勤，劳苦。
　　[7] 济，成。
　　[8] 见，通作"现"，呈现。小，微小，此指不可见之道。明，古人常以明喻内在之德。
　　[9] 守柔，持守柔弱，此指因明而施治。
　　[10] 光，指明所发出之光亮。
　　[11] 遗，给予。殃，祸患。

〔12〕谓，王本误作"为"，今据帛书甲乙本、北大本改。习，通作"袭"，承袭。常，不变，指复性命之常。

【译文】

天下万物有其初始，这个初始也是天下万物的母。既明万物有母，就知万物仰赖母。既知道万物依赖母而才能长存，就知道应当执守万物之母不失，这样才能终身不危险。塞住耳目口鼻，闭上大门，就可以终身无事不劳苦。打开耳目口鼻，增益事端，就终身不可救药。能够见到不可见的道就可以明亮照物，持守柔弱以行事可以强。君主以去除民众的迷惑就像光明照物一样，复归于光之本源的明，以避免光失去控制，不至于由去除迷惑变成苛察。这样才不会使自身遭殃。这叫做承袭常。

【述评】

本章前段核心是始、母、子，理解这三者的含意，文义就明了了。对此诸家解释不一。一、联系第一章"无名天地之始，有名万物之母"来解释始母，如陆希声、苏辙、吕惠卿、林希逸等。二、以始母为道者：河上公、范应元以始、母为道，以子为一。李荣以始为道，母为德，子为万物。成玄英以始为道本，母为道迹，子为万物。李嘉谋、释德清以母为道，以子为物。近代学者多以始母为道，子为万物，如奚侗、张默生、卢育三、陈鼓应等。三、以始母为气者：唐玄宗以始、母为冲气，子为万物。吴澄以气为母，神为子。四、其他：严遵以始、母为无为，万物为子。王弼以母为本，以子为末也。

王弼本章注："母，本也。子，末也。"三十八章注云：

> 本在无为，母在无名，弃本舍母，而适其子，功虽大焉，必有不济。

"母在无名"正是联系无名、有名解释母。故而王弼之说表面文字虽异，究其实质，当并入第一说。

合而论之，以一、二两说为大端，究《老子》文意，当以第一说较为合理。第一章"无名天地之始，有名万物之母"，始、母同现，与本章有其内在联系。苏辙本章注云：

> 无名，天地之始；有名，万物之母。道方无名，则物之所资始
> 也，及其有名，则物之所资生也。故谓之始，又谓之母。其子则万
> 物也。

苏注本于王弼《老子》第一章注：

> 凡有皆始于无，故未形无名之时，则为万物之始。及其有形有名
> 之时，则长之、育之、亭之、毒之，为其母也。

又第一章"此两者同出而异名，同谓之玄"（此据王弼本，详见第一章），
王弼注云：

> 两者，始与母也。同出者，同出于玄也。异名，所施不可同也。
> 在首则谓之始，在终则谓之母。

综合而论，王弼、苏辙以无名、有名，是指无名之时、有名之时。始、母
同实而异名。于无名之时为始，于有名之时为母，而子则是万物。

这种说法基于对万物生成的理解。王弼所理解的万物生成是由浑然一
体的状态破裂为芸芸万物的状态，与气化论所理解的由一气生成实体之物
是不同的。有名则有物，名是物的标志。名因形而定，有形则有名，无形则
无名。所谓形，是从整一分化的意思，不是形状之意。王弼所谓"未形"，
即是说物我无异，浑然为一，无所分化之状态。因"未形"，故云"无名"。
王所谓"无名之时"即是指混然为一，无所分化的状态。

混然破裂，分化出现，物我有分，物与物异，不再混然为一，即王弼所
谓"有形"。有形则有名，"有名之时"即指这种状态。因形而有名，名定而
万物成，天地万物都是由混然分化而来。反言之，混然是天地万物的初始，
混然正是无名之时，故而说"无名，天地之始"。无名之时的原初混然是道
完全的呈现，如果现实君主体道而行，现实状态可以复归于无名。总之，道
总是与原初混然联系在一起，也就是与无名联系在一起，所以说"道常无
名"。有名之时，万物既成，有始、有成、有衰、有亡，物之长久则需保持
原初之状，以克服衰亡的倾向。万物有赖于道，似道生畜之，故而说"有
名，万物之母"。《老子》所谓始母就是原初的混然状态，从万物生发的角
度说，原初称为始；从万物既成的角度说，原初称为母，本质上没有区别。
始母是道的呈现，不可分离，《老子》中又常常互用。苏辙承王弼云"道方
无名……故谓之始，又谓之母"，是比较准确的。始母之意即明，则子者必

是指始所分化、母所生养之万物无异。

从上文可以看出，历来对始、母解释的第一说与第二说有相通之处。始母的本质确实与道密切相关，只是第二说基本都是从气化论的角度理解道，把始母理解为如母生子之最初产生者，这不符合《老子》的思想，只有联系无名、有名才能避免这种错误的理解方向。

延续上面解释的思路，可以很容易明白"天下有始，以为天下母"的意思。天下不是从来如此，其自无名初始而来，故云"天下有始"。万物赖之生畜，故言"以为天下母"。

"既得其母"以下言"知"，言"守"，言"没身"，知其主语为人，此下皆言君主复始守母之术。"既得其母，以知其子。既知其子，复守其母，没身不殆"是明确母子关系，万物长久必须要仰赖母，君主当明其所以，守母方能不殆。

成玄英云："上虽劝其母，犹未示修守之方，故此下文具显守复方术，即闭塞等是也。"守母的具体方法则是"塞其兑，闭其门"。《淮南子·道应训》"塞民于兑"，高诱注云："兑，耳目鼻口也。""塞其兑"即填塞耳目鼻口之孔窍，使人无欲，不受外物牵引。"启其兑"则反之，打开孔窍，则受外物影响。"闭其门"与"济其事"对文，闭门是不生事、无为之意。济事则反之，有事有为之意。无欲无为则终身永逸，有欲有为则不可救药。

张尔岐解此章云："小……即希夷微之意，形容道妙之辞。"张用《老子》十四章"视之不见名曰夷。听之不闻名曰希。抟之不得名曰微"来解释说明此章的"小"，是很合适的。道不可见、闻、得，故言希、夷、微，简言之，可以以小来概括其不可闻见得。"曰"是乃、则之意。"明"与下文之"光"对文，知此明不是形容视力突出之意，而是指可发光照亮其他的明亮之体。陆希声云："明者内景谓体也，光者外照谓用也。"王安石云："光者明之用，明者光之体。"李嘉谋云："明者本也，光者明之所自出也。"此为古人常论，说者尚多，不一一列举。"小"指幽微之道，见幽微之道，则生光为明，故曰"见小曰明"。

"守柔曰强"，成玄英云：

> 既能见小，即智慧增明，复能用道，谦和柔弱，故其德业日日强盛也。

见小，则已经知道母，即知道母，可谓明。得母则指柔弱近道，行事当以柔弱为用，表现出来即谦和柔弱，以此用世，则德业强盛不衰，故云"守柔曰强"。

　　"用其光"，王弼注云"显道以去民迷"，至确。此所谓"光"是上文所说的"明"发出之光，是比喻因于内在之德的外在之治。如同光照四方一样，圣人以自身所得之道德，去除民众的迷惑，化育万民。此一思路与儒家德治相同，但是其内容却不同，道家所谓显道，是无为无言，让道自显，与儒家的礼乐治理不同。

　　"复归其明"王注云："不明察也。"其注简奥。此"明"与上文"见小曰明"之"明"一致，与"既知其子，复守其母"语意相近。明生光而照物，自然而已，不是为了明察外物之状。如果明察外物就受到外物牵引而失去自我，身受祸患。故而王云"不明察"。光自明发出，愈远愈容易失去其本来目的，故而要"复归于明"，把握住光的原初，以避免光失去控制，泯灭其照物之原意。

　　"是谓习常"之"习"与"袭"古常通用，"袭"是承袭之意。古本《老子》只有十六章、五十二章、五十五章有常字，其他今本常字皆作"恒"。《韩非子·解老》云："唯夫与天地之剖判也具生，至天地之消散也不死不衰者谓常。"这个常是长存不毁的意思。物处在始母的混然状态下，是道完全的呈现，不脱离始母就可以长存。常，也就成为始母或道的代称。"袭常"是对"塞其兑"以下的总结。守母的主要意义，就在于"没身不殆"。能做到就会终生不勤、做不到就会终身不救，能守柔、复归就会无遗身殃，本章反复强调的就是守母可以长久。长久的原因在于是守母，也就是对"常"的承袭。

第五十三章

【题解】

这一章直接痛斥当时政治的腐败，指出其不合道。

使我介有知，[1] 行于大道，唯施是畏。[2] 大道甚夷，[3] 而民好径。[4] 朝甚除，[5] 田甚芜，[6] 仓甚虚；服文彩，带利剑，厌饮食，[7] 财货有余，是谓盗夸。[8] 非道也哉！

【注释】

〔1〕介，帛书甲本作"𢫦"，帛书乙本、北大本作"介"。"介"后王本有"然"字，今据帛书甲乙本、北大本删。介，微小。

〔2〕施，帛书乙本作"他"、北大本作"虵"，皆当通作"迤"，邪也。

〔3〕夷，平。

〔4〕径，帛书甲本作"解"，帛书乙本作"傒"，北大本作"街"。径，直达之路。

〔5〕朝，朝阙，代指宫室。除，整洁。

〔6〕芜，荒芜。

〔7〕饮，帛书甲乙本、北大本皆无此字。厌，饱足。

〔8〕夸，北大本作"竽"。夸，通作"竽"，竽为五声之长。盗竽，强盗头子。

【译文】

假使我稍有见识，就知道在大道上行走，最担心的是步入邪路。大道非常平坦，民众却喜欢走直达的小路。宫室非常整洁，田地却很荒芜，仓库非常空虚。穿得很华丽，佩戴锋利的宝剑，吃饱喝足，财货大大超过所需应得，这样的人是强盗头子。所作所为多么的无道啊！

【述评】

这一章直接痛斥当时政治的腐败，统治者不务政事，使国家空虚，只顾自己享乐，生活糜烂，真可称为强盗头子。本章文意不复杂，而传世本与出土文献有几个区别，需要略加辨析。

"介然有知"，帛书甲本作"摞有知"，帛书乙本、北大本作"介有知"。三本皆无"然"字，知"然"字必为衍文。今学者多据严遵《老子指归》"提聪挈明"一句，以为"摞"当通作"挈"，如高明云：

> 《说文·手部》，"挈，县持也。"引申为持握或掌握。"使我挈有知"，谓假使我掌握了知识。"挈"、"介"古同为见纽月部字，读音相同，今本"介"乃"挈"字借字。

按，释"挈有知"为掌握知识，稍迁，古有"絜知"一词。《管子·幼官》："六举而絜知事变。"尹知章注云："絜，围度也。"絜知，即测度而知。"摞"即"絜"，"絜有知"，即测度而有所知，与"絜知"同义。衡之上下文，其意颇通顺，即假使让我测度，也知道要走大道，不走邪路之意。从前后文推测《老子》文意，应当是说"走大道"是常识，而民众往往做不到之意。故而"测度而知"要比"掌握知识"的说法合于文意。

传世本作"介"亦通。成玄英疏云："介然，微小也。"介有知，即小有知识，与文意密合。且三个古本中有两本同于今本作"介"，则"介"字不可轻改。絜、介音同，絜通作"介"也有可能，姑且两存之。

"唯施是畏"之"施"，旧注多读本字，以为是施为之意，王念孙指出其错误：

> "施"读为迤，迤，邪也。言行于大道之中，唯惧其入于邪道也。下文云："大道甚夷，而民好径"，河上公注："径，邪不正也。"是其证矣。《说文解字》："迤，衺行也。"引《禹贡》云："东迤北会于汇。"《孟子·离娄篇》："施从良人之所之。"赵注曰："施者，邪施而行。"丁公著音"迤"。《淮南·齐俗篇》："去非者，非批邪施也。"

高注曰："施，微曲也。"《要略篇》："接径直施。"高注曰："施，邪
也。"是"施"与"迆"通。

今帛书甲乙本、北大本出土，分别作"他"、"虵"，皆不作"施"，可证王
念孙说至确。

"而民好径"之"径"字，帛书甲本作"解"，帛书乙本作"傒"，北大
本作"街"。径，焦竑引朱熹《论语·雍也》"行不由径"注云"路之小而捷
者，于文意颇合。"其《焦氏笔乘》云：

> 古井田之制，道路在沟洫之上，方直如棋枰，行必遵之，毋得斜
> 冒取疾。野庐氏禁野之横行径逾者，修闾氏禁径逾者，皆其证也。晚
> 周此禁虽存，人往往弃蔑不守。

乡间有大道，方直可行，又有被禁止的小径快速穿越。大道迂远，小径快
捷，故民众好不走大路，而走小路。

三个古本都不作"径"，亦可通。解、傒与"街"音近可通。"街"，指
城中大道之外的街巷小路。《墨子·号令》："城上道路、里中巷街皆无得
行。"《周礼注疏》贾公彦疏："涂巷，谓城内九经九纬及民间街巷之等。"
《说文解字》："街，四通道也。"段玉裁注云："《风俗通》曰：街，携也，离
也。四出之路，携离而别。"城中之路有《周礼》称为"九经九纬"的大路
数条，城郭内里中又有别离四出的小路名为街者。径盖以田间小路为喻，街
盖以城中小路为喻，两者皆通。

"是谓盗夸"之夸，帛书甲乙本残缺，北大本作"竽"，《韩非子·喻老》
引此亦作"盗竽"：

> 竽也者，五声之长者也，故竽先则钟瑟皆随，竽唱则诸乐皆和。
> 今大奸作则俗之民唱，俗之民唱则小盗必和，故服文采，带利剑，厌
> 饮食，而货资有余者，是之谓盗竽矣。

高亨云："据韩说，盗竽犹今言盗魁也。竽以乐喻，魁以斗喻，其例正
同。"高说甚合情理，竽为五声之长，魁是北斗七星之第一星天枢，盗竽、
盗魁都是对强盗头子的比喻说法。夸，《说文解字》云："从大，亏声。"
亏即于，竽从于得声，所以夸竽音近可通假。

第五十四章

【题解】

　　本章言有道则可使邦家久长广大。

　　善建者不拔，[1]善抱者不脱，[2]子孙以祭祀不辍。[3]修之身，[4]其德乃真；修之家，其德有余；[5]修之乡，其德乃长；[6]修之国，其德乃丰；[7]修之天下，其德乃普。[8]故以身观身，以家观家，以乡观乡，以国观国，以天下观天下。吾何以知天下然哉？以此。

【注释】

　　[1]建，树立，指建德。

　　[2]抱，持，指抱一。

　　[3]"以"后郭店本、北大本有"其"字。辍，断绝。

　　[4]"之"后王本衍"于"字，今据郭店本、帛书甲乙本、北大本删。修，治。

　　[5]有，王本误作"乃"，今据郭店本、帛书甲乙本、北大本改。余，长久。

　　[6]长，长久。

　　[7]丰，扩大。

　　[8]普，广大。

【译文】

　　有道者善于树立而不可拔除，善于抱持而不会脱落，其子孙承继此道则可对其祭祀不断。个人以道修身，其德行才真。家长以道持家，其德行才长久。乡长以道治乡，其德行才久长，诸侯以道治国，其德行才丰厚，君王以道治天下，其德行才广大。所以通过修身之道来观照身，通过修家之道来观照家，通过治乡之道来观照乡，通过治国之道来观照国，通过治天下之道来观照天下。我是怎么知道天下的情况的？是通过道。

【述评】

本章犹如只有谜面没有谜底的谜语，"以此"两字暗示上文揭示了谜底，但谜底是什么呢？还需逐句解读。首句王安石注云：

> 善建者，建德也。能建德则不拔矣。善抱者，抱一也，抱一而不离，则不脱矣。能建德、抱一则德之盛，故盛德百世祭祀。

王安石以建德解释"善建"，以抱一解释"善抱"，由词义而言，颇与时代背景以及文意相合。

周代普遍认为"德"是累世传承的关键。《尚书·召诰》云："不其延，惟不敬厥德，乃早坠厥命。"《诗经·大雅·文王》："无念尔祖，聿修厥德。永言配命，自求多福。"《诗》、《书》所言命是天命。有德则命延，即有德则天命延续，天命延续，则其位可传，其有可保。《老子》对传统的"德"观念，即有承袭，又有改变。保留了德的概念及其基本框架，而改变了德的内涵。《老子》否定了传统所说的德的内容，如仁义礼等，认为"德"本质就是"一"。传统德论的框架之一——有德则命延——则被保留了。因此，有一之德则禄位长保，是《老子》德论合理而重要的推论。

本章说"子孙以祭祀不辍"，则所建、所抱者与累世传承相关，所以善建者所建正是德，只有这样才能前后文意相通。建，自其始有而言；抱，自其继承而言。祖所建之德内涵即"一"，抱一就是承继祖之德。所建之德为凡俗之德则可拔除，不可谓善建，所建为一之德则不可拔除，方为善建。抱凡俗之德则有失，不可谓善抱，抱一则无失，方为善抱。能善则有一之德，有一之德则其位长保，祭祀不辍。前后语意一贯而下，十分通顺。下文"修之身，其德乃真"等四修，正承上文"德"之意而来，亦证所建者是"德"。

"其德乃真"四句的"之"是虚词，"修之身"即修身，"修之家"即修家。"其德……"之"其"指代修身、修家等修之者。李荣云："死生无变曰真。""其德乃真",指修身之人得真常不变之德。据王念孙《广雅疏证》，余、长，都是长久之意。"其德有余"是修家者之德长久，其意即有家可常有家。"其德乃长"指修乡者之德长，有乡可常有乡。两者皆是长传久存之意。丰、普，都是扩大之意。"其德乃丰"是修国者之德增大，"其德乃普"是修天下者德扩大。丰、普有程度大小之别，其意则都是德布一国或德布天下的意思。成玄英云："五等诸侯……九五之君，用道而治……故其德能普。"以诸侯解修国者，以君王解修天下者，再合适不过。

这几句与首三句字面上文意相近。首三句言有德可祭祀不辍，此四句言修而有德则有身乃至于有天下。就表面词句而言，其与当时的普遍认识没什么大的不同，强调有德则久长广大。细读其文，知其意在德外，另有所指。这四句的逻辑是"修之"则"德长"、"德广"。修身必有所据，修天下必有所以，而据何而修，以何而修则始终没有明言。这个"何"，换言之，就是所以有德的缘由，即"道"。善建者三句正是为了引发这个缘由出来，"修之身"承其意，以"道"修身，以"道"修之家、乡、国、天下，如此才能实现德之长久、广大。德长久广大的凭依——道，才是这七句话未明言的核心。

"以天下观天下。吾何以知天下然哉? 以此。"通过此句，可知: 观天下的目的是为了知天下。故而，所观之天下即所欲知之天下，二者一定是一致的。换言之，"观天下"与"知天下"的"天下"是同所指。"何以知天下然哉? 以此"，此句主干换一个句型就是"以此知天下"，这与"以天下观天下"句型一致。如果"观天下"、"知天下"可以呼应，那么"以此"与"以天下"也可以呼应。"以天下"又当与上文"修之天下"相关。"修之天下，其德乃普"，此"天下"是大德流行的天下，是理想的天下。"以天下观天下"即以理想的天下观当下之天下之意。"知天下"盖即如上章所言知当下的天下"非道"。"以此"，盖即指大德流行之天下所以为大德流行的缘由，简言之即以道。

河上公云："以修道之主，观不修道之主也"，"吾何知天下修道者昌，背道者亡"。李荣云："修道之于天下则周普，不修则缺少。"成玄英云："是知以修道身观不修道身，以有道天下观无道天下也，乃至家国利害，断可知矣。"诸家所谓以有道观无道之意与上所说略同，可为佐证。

明白"以天下观天下"的意思，其他的"以身观身，以家观家，以乡观乡，以国观国"，其意皆相同。而《老子》不言"何以知身然哉"者，"何以知家然哉"者，行文从简之故。

第五十五章

【题解】

　　这章主旨是用婴儿的情态形容圣人的德行，指出德厚则和，和乃长久的道理。

　　含德之厚，〔1〕比于赤子。〔2〕蜂虿虺蛇不螫，〔3〕猛兽攫鸟不搏，〔4〕骨弱筋柔而握固，〔5〕未知牝牡之合而全作，〔6〕精之至也。〔7〕终日号而不嗄，〔8〕和之至也。〔9〕和曰常，〔10〕知和曰明。〔11〕益生曰祥，〔12〕心使气曰强，〔13〕物壮则老，〔14〕谓之不道，〔15〕不道早已。〔16〕

【注释】

　　〔1〕含德，德不离。
　　〔2〕赤子，新生的婴儿。
　　〔3〕虿，蝎类毒虫。虺，毒蛇。螫，蜂蝎等叮刺。
　　〔4〕"猛兽"后王本衍"不据"二字，今据郭店本、帛书甲乙本、北大本删。攫鸟，凶猛的鸟。搏，抓取。
　　〔5〕握固，握持坚固，指小儿手握的紧的现象。
　　〔6〕全，通作"朘"，小儿生殖器挺起。
　　〔7〕精，专一。
　　〔8〕嗄，通作"噫"，气逆。号，号哭。
　　〔9〕和，冲气之和，指气虚不受心驱使的自然状态。
　　〔10〕"和"前王本衍"知"字，今据郭店本、帛书甲本、北大本删。曰，乃，下"曰"字皆同。常，长久。

〔11〕和，王本误作"常"，今据郭店本、帛书甲本、北大本改。
〔12〕祥，妖。
〔13〕心使气，气为心所驱使。强，强壮，指趋于衰亡。
〔14〕老，指衰亡。
〔15〕不道，不合于道。
〔16〕已，停止。早已，早亡之意。

【译文】

含德深厚的人，就如同赤子婴儿一般。蜂蝎毒蛇不叮咬，猛兽凶禽不抓，筋骨柔弱但拳头紧紧握住，不知道男女交合而生殖器却自然挺起。这是精一不杂之极的缘故。整天哭号而不气逆，这是气冲和达到极点的缘故。达到和乃长久，对和有认识乃明，以生为生会遭殃，气被心所驱使称为强，事物达到强的状态就会衰老，这可称之为不合于道，不合于道会很快灭亡。

【述评】

婴儿赤子是《老子》常用而典型的比喻，婴儿很神奇，"蜂虿虺蛇不螫，猛兽攫鸟不搏"。婴儿送到猛兽的嘴边有不吃的道理么？王弼这样解释：

> 赤子无求无欲，不犯众物，故毒虫之物无犯之人也。

五十章王弼注亦言及此章：

> 夫蚖蟺以渊为浅而凿穴其中，鹰鹯以山为卑而增巢其上，矰缴不能及，网罟不能到，可谓处于无死地矣。……赤子之可则而贵，信矣。

五十章以例说明，蚖蟺居于水下穴中，鹰鹯居于高山，皆不可及之地，弓箭罗网不可伤，可以称之为无死之地。王弼的意思是事物都有它自己的生存范围，不离开自己的范围，不侵犯别人的范围，自然不会受到伤害。婴儿赤子，无欲无求，不会离开自己的床榻去侵犯猛兽，不存在自己跑到猛兽嘴边的可能，所以也就不会被伤害。

"精之至也"，河上公注云：

　　　　赤子筋骨柔弱而持物坚固，以其意专而心不移也。赤子未知男女
　　　　会合而阴作怒者，由精气多之所致也。

河上公以"精气多"来解释"精之至"，后代学者颇多采信，如成玄英、
林希逸等，近现代学者多从此说。亦有学者是解释为"专一"、"精一"，
如吕惠卿、高延第等。高延第所说最明确："精之至，谓专一。"吕惠卿解
说云：

　　　　今夫赤子不知所取而握固，不知所与而朘作，则精也。使赤子也
　　　　介然有取与之知，则不一而粗矣，其能知是乎。

吕氏"不一而粗"，即对上文"精"的解释。
　　"精"在古文献中含义很多，如作精神，《庄子·刻意》"形劳而不休则
弊，精用而不已则劳。"如作精气，《管子·内业》："精也者，气之精者也。"
如作精微，《庄子·秋水》："夫精，小之微也。"其他如山川之精，男女构
精等不一而足。要之，精与粗对文，随文见义，并不是特指某种单一的
事物。
　　本章此处下文言"和"，"冲气以为和"，和与气有关系，下又言"心使
气"，所以这一章是在讨论"气"应当没有问题，"精气"之说有其道理。
然而本章所说的是使气专一，不是气之精者，高延第的解释更为精准。《淮
南子·修务训》"心意不精"高诱注："精，专也。"精有使心专一之意。专
一，谓不二。赤子无知无欲，无有二心，不离于一，所以才会有握固、朘作
这些不合弱小婴儿情理的事情。
　　从本章上下文来看，也应当是专一之意。下文"和之至"之和，"冲气
为和"，即虚气致一的意思（详下）。上文"骨弱筋柔而握固"河上公注云：
"以其意专而心不移也。"上下文皆言精一、专一之意，所以把中间的"精"
训为专一不是很合适么？上文言"含德之厚，比于赤子"，下文言赤子之状
而总结以"精之至"，当与前文"含德"呼应。德即一（详见五十一），以
"专一"为呼应，不正合文意么？
　　"终日号而不嗄"的"嗄"，郭店本作"恵"、帛书甲本作"发"，皆
"憂"之省，当读为"嗄"。北大本作"幽"，当读为"嚘"。王本作"嗄"，
夏、憂形近古常混用，"嗄"当通作"嚘"。《玉篇·口部》："嚘，气逆也。"
气逆，即气上冲而不顺。"终日号而不嗄"，言小儿整日号哭却不会出现气不
顺的情况。
　　"和之至也"之"和"指气之和。四十二章云"冲气为和"，"和"与

"气"相关。苏辙云：

> 心动则气伤，气伤则号而嗄。终日号而不嗄，是以知其心不动而气和也。

吕惠卿云：

> 无所忧愠，故虽终日号而哑不嗄，则和也。使赤子也有所忧愠，则忿戾而不和，其能若是乎？

苏、吕都指出"和"与"气"相关。吕惠卿所说的"忧愠"与苏辙所说的"心"大体相当，合而言之，气为心驾驭，气不得其自然，则出现不顺的情况，是为不和。反之，无心任气之自然，则气和。上文所说"不气逆"与此"和"之意正相应，与下文"心使气曰强"亦相应。

"和曰常"此句传世本"和"前有"知"字，今据郭店本、帛书甲本、北大本知道"知"字是衍文。"曰"，据王引之《经传释词》是乃、则之意。"和曰常"是和乃有常之意，非谓"和"可称为"常"。王弼注云"知和则得常也"，以"则得常"为训，十分准确。下文之"曰"字皆同此意。

常之义，王弼有明确的注释：

> 物以和为常……不皦不昧，不温不凉，此常也。

《老子指略》云：

> 五物之母，不炎不寒，不柔不刚；五教之母，不皦不昧，不恩不伤。虽古今不同，时移俗易，此不变也，所谓"自古及今，其名不去"者也。天不以此，则物不生；治不以此，则功不成。故古今通，终始同，执古可以御今，证今可以知古始，此所谓"常"者也。无皦昧之状，温凉之象，故"知常曰明"也。物生功成，莫不由乎此，故"以阅众甫"也。

王弼之意，常是五物之母，不炎不寒，物得此以生，不可见闻得知者。所谓"五物之母，不炎不寒"，其意是炎寒由此出，故而谓之母。同理，不温不凉是温凉所从出，不宫不商是宫商所从出。"和曰常"言致和则无明暗、温凉之别。

常又有不死不衰之意。《韩非子·解老篇》云：

> 故定理有存亡，有死生，有盛衰。夫物之一存一亡，乍死乍生，初盛而后衰者，不可谓常。唯夫与天地之剖判也具生，至天地之消散也不死不衰者谓常。

温凉所从出是常，物所从出者在《老子》中以始称。《老子指略》所说的"执古可以御今，证今可以知古始"，此所谓"常"者也。也可以说明，常乃是始之别称。称常是为了体现"虽古今不同，时移俗易，此不变也"，是从不变的角度说明始。因此，王弼所说的常与《韩非子》所说的常，看似有异，其实相同。"和乃常"又有和则长久之意。下文说"物壮则老"，"不道早已"也是讨论长久与否的问题，与此主题相应，互相照应。

"知和曰明"，今传本皆作"知常曰明"，郭店本、帛书甲本、北大本三本同作"知和"，笔误的可能性极小，传世本盖涉上文及十六章同句而误。和乃有道，所以对"和"的认识就是聪明。下文言心言气，此处作"和"远比作"常"文意顺遂。

"益生曰祥"以下，承"明"而发论，从反面说明不和的害处。生命、生活之属皆为生，生当顺任自然，而求生之厚、求生之久之类则为益生。益生的效果不佳，有求而最终会无有。究其原因在于有求则不顺自然，破坏和的状态，以心支配气以求其有成，气则日益坚强。凡强必衰，壮必老，故而求益其生，反伤其生。因此，如婴儿一样无心而气得其和，不生生而生自厚，这是合于道的方略。而益生则破坏气的和，终至于衰亡，这是不合于道的路径。

本章比较清楚地说明了心、气、道关系。气是道、心之外的事物。气柔强的变化表现为物的盛衰，盛衰是气的体现，不是道的作用。气可受到心的支配，无心则气和，有心则气强。正确的处理心气关系则靠近道，就是有道。不正确的处理心气关系就背离道。气是一个单独的体系，但可以受到心的影响，无心气和则是合于道。

第五十六章

【题解】

这一章说人君不言、无事至于玄同则为天下所贵。

知者不言，〔1〕言者不知。塞其兑，闭其门，〔2〕挫其锐，解其分，〔3〕和其光，同其尘，〔4〕是谓玄同。〔5〕故不可得而亲，亦不可得而疏；〔6〕不可得而利，亦不可得而害；不可得而贵，亦不可得而贱。故为天下贵。

【注释】

〔1〕知者，知"道"者。言，指政教法令。

〔2〕见五十二章注。

〔3〕分，郭店本、帛书甲乙本、北大本作"纷"。

〔4〕郭店本、帛书甲乙本、北大本"挫其锐，解其分"在"和其光，同其尘"前。"挫其锐"至"同其尘"见第四章注。

〔5〕玄同，即同于玄，混一无别。

〔6〕亦，王本脱，今据郭店本、帛书甲乙本、北大本补，下诸"亦"字同。

【译文】

知"道"的不说话，多话的不知"道"。君主塞住耳目口鼻，闭上大门，磨砺使无尖锐之处，消解纷扰，调和其光使不耀，混同尘俗使不异，这就叫混一同于玄。无所亲，也就不会有所疏；无所利，也就无所害；无所尊贵，也就无所贱。这样才为天下所尊贵。

【述评】

"知者不言，言者不知"或以为"知"作智慧理解，今郭店本作"智（知）之者弗言，言之者弗智（知）"，中间有"之"字，则"知"是"知晓"之意，不作"智慧"讲。言，这里作政教命令理解。蒋锡昌云：

> 二章"不言之教"，五章"多言数穷不如守中"，四十三章"不言之教，无为之益，天下希及之"是"言"乃政教号令，非言语之意也。"知者"谓知道之君，"不言"谓行不言之教，无为之政也。王注，"因自然也"，知道之君，行不言之教，无为之政是因自然也。"言者"，谓行多言有为之君；"不知"谓不知道也。王注，"造事端也"，行多言之教，有为之政，则天下自此纷乱，是造事端也。下文皆申言"不言"之旨。

蒋说甚得此章之意，其云"知者谓知道之君"，可从下文得到支持。

"塞其兑"六句皆重出于它章。"塞其兑，闭其门"又见于五十二章，"挫其锐"至"同其尘"又见于第四章。多有学者以其重出而认为是衍文者，蒋锡昌有驳正，但未有确证，今郭店本、帛书甲乙本、北大本四个古本皆有此六句，知其自古而然，必非衍文。

唯四个古本顺序皆不同于传世本，"和其光，同其尘"在"挫其锐，解其分"前，似较传世本合理一些。"塞其兑，闭其门"，即封塞耳目口鼻，关闭大门，无欲无知。马其昶注云"修身也"，文简而当。"和其光，同其尘"是不闪耀其光明，与物不异。马注云："接物也。""挫其锐，解其分"是不进取而纠纷自解。马注云："应事也。"自其内在理路而言，当先"修身"，次"接物"，再次"应事"。传世本以"应事"在"接物"前，语意不顺遂，相较而言，古本更合理一些。第四章"挫其锐，解其分，和其光，同其尘"语序与此不同，乃是文意各异，不必皆同。这六句共同的主题即无事，是"不言"的延伸。

兑是耳目口鼻之谓，必是人才有，而到底是指何人，学者理解不同。高亨以为"此论圣人临民之术，诸其字皆指民言"。张舜徽以为："六其字皆谓人君，所以明无为之治。"高以为是人君塞住民众的耳目口鼻，张则以为是人君自塞，非塞人。二说"其"字含义都不够准确，"塞其兑"之"其"尚可解释为人，"同其尘"之"其"则必不能解释为人，"其"只是协句的虚词。论其义，则张舜徽说为是，而此六句当是对人君言。上文"知者不言"正与塞耳目口鼻照应，不言之知者自非民众。下文言"为天下贵"也是对人君说话的口气。《老子》通篇都以圣人称极高境界的有道之人，境界未有高于玄同者，必圣人始可当。圣人不仅有德而且有位，不是普通民众，圣君有道而民人自化是《老子》的基本思想，亦可佐证此章所说是有位之人君。

玄同是本章的核心。玄字又见第一章："玄之又玄，众妙之门。"玄是对道的赞叹之词，玄同，即同于玄，同于玄也就是同于道。"塞其兑"等六句是至于玄同之道。这六句主题是不言、无事，由此可至于玄同。苏辙云"默然不言而与道同矣"，是很准确的解释。

"不可得而亲"等六句言至于玄同则荡然公平。李荣云：

> 夫有远近则亲疏明矣，存得失则利害生矣，定上下则贵贱成矣。今解纷挫锐，和光同尘，爱憎平等，亲疏不能入，毁誉齐一，利害不能干，荣辱同忘，贵贱无由得。

圣人不分远近，不计得失，不定上下，无欲无事，则由此而来的亲疏、利害、贵贱不能有，这些偏颇都削去，则至于大公无私。生万物而不有之，天地亦不能过，虽不欲贵，其可得乎？成玄英云："故苍生荷戴而不辞，群品乐推而不厌，是以天下人间尊之贵之也。"大公无私则苍生共戴，不欲贵自为天下至贵。有道者无我无私，贵非其所虑，《老子》中长保富贵等说法，往往都是对当时掌权者的说辞，是说服其行道的策略。

本章通篇是对人君说话，以玄同为核心，以不言为途径，荡然公平是其效果，而人君永保其贵则是附带结果。而理解之关键在于补足其主语——人君，则可见其文意前后相连，一贯而下，思想与他章密合无间。

第五十七章

【题解】

本章说无事可以取天下，有为只能乱天下。

以正治国，〔1〕以奇用兵，〔2〕以无事取天下。〔3〕吾何以知其然哉？〔4〕天多忌讳而民弥畔，〔5〕民多利器而国家滋昏，〔6〕人多智而苛物滋起，〔7〕法物滋彰而盗贼多有。〔8〕故圣人之言云：〔9〕我无事而民自富，我无为而民自化，我好静而民自正，我欲不欲而民自朴。〔10〕

【注释】

〔1〕治，郭店本、帛书甲乙本、北大本皆作"之"，"之"当通作"治"。

〔2〕奇，诡诈。

〔3〕取，治理。

〔4〕"哉"后王本衍"以此"二字，今据郭店本、帛书甲乙本、北大本删。

〔5〕"天"后王本衍"下"字，今据郭店本、北大本删。畔，王本误作"贫"，今据郭店本改。弥，更加。忌讳，禁忌某些认为不吉利的话和事。畔，违背。

〔6〕而，王本脱，今据郭店本、帛书甲本、北大本补。利器，《庄子·胠箧》"彼圣人者，天下之利器也"，此指圣人创设的圣知仁义等。

〔7〕智而，王本误作"伎巧"，帛书甲本作"知而"，今据郭店本、北大本改。苛，王本误作"奇"，郭店本作"哉"，帛书甲乙作"何"，今据北大本写定。苛，繁细。苛物，琐碎之物。

〔8〕物，王本误作"令"，今据郭店本、帛书乙本、北大本改。"而"，王本脱，今据郭店本、帛书乙本、北大本改补。法物，指琐碎的制度。

〔9〕之言，王本脱，今据郭店本、帛书乙本、北大本补。

〔10〕欲不欲，王本作"无欲"，今据郭店本、帛书乙本，北大本改。以上四句，王弼本以"无为"、"好静"、"无事"、"欲不欲"为序，帛书甲乙本同之。北大本以"无为"、"无事"、"好静"、"欲不欲"为序，今据郭店本写定。

【译文】

用正道治理国家，用诡道用兵，以无事来治理天下。我怎么知道无事可以治理天下呢？天的忌讳越多，民众违背的就越多。民众有越多的圣智仁义，国家就会越混乱。人多智慧，则琐碎的区分越来越多。以琐碎的制度治国，盗贼就会越多。所以圣人之言说：我无所作为，民众就会自然归化；我好静，民众自然就会端正。我无所干扰，民众就会丰厚。我没有欲望，民众就会质朴。

【述评】

这一章还是阐明无为的治国方略。"以正治国，以奇用兵"都不是《老子》所推重的，这些方略都太局限，不能以取天下，欲取天下，当以"无事"。王弼云：

> 以道治国，则国平。以正治国，则奇正起也。以无事，则能取天下也。……故以正治国，则不足以取天下，而以奇用兵也。

王弼之意的核心就是有正则有奇，奇正相生。立国以正道，推究其目的，是欲消除"不正"，然而正得立，则奇也就存在了，所以说"以正治国，则奇正起也"。这样的方略治一国或尚可，却不能担当取天下的大任，所以说"以正治国，则不足以取天下"。正确的治国方略是"以道治国"，不分正奇。这个道，表现出来就是"无事"。不仅王弼，历代学者基本上都是这种看法。如陆希声云：

> 夫正名则不滥，可以治国矣。奇谋则不穷，可以用兵矣。二者才足救患而已，非可久可大者也。将欲可久可大者，莫过于取天下之心。夫唯取天下之心，莫过于无事，及其有事，则不足以取天下之心矣。

王、陆之说是古之常论，说者尚多，不一一列举。要之，首三句提纲挈领，指明奇正不如无事，有为之法不如无为之道。

下两句传世本有讹误，失其文意，今赖古本复可知："天多忌讳"至"盗贼多有"是具体说明奇正有事之不可行。"人多智而苛物滋起"句较明确，先行说明之。传世本"人多智"多误作"人多伎巧"或"人多智巧"，"苛物"误作"奇物"，联系八十章"什伯之器"遂以为是奇技淫巧之类的器物。此句实际上与十九章："绝圣弃智，民利百倍"，"绝巧弃利，盗贼无有"关系紧密。

知表现出来就是巧利，具体如斗斛、权衡、符玺、钩绳、规矩等（详见十九章）。苛，传世本作"奇"，郭店本作"哦"，帛书甲乙作"何"，北大本整理者云："以上三字均应读为'苛'；《说文·艸部》：'苛，小草也'。段注：'引申为凡琐碎之称。'"苛物即是琐碎之物。"人有智而苛物滋起"之"智"通作"知"，整句意即君主有知，则斗斛、权衡、符玺、钩绳、规矩等琐碎之物滋生。以苛细之物治国则为法物，法物具体内容同指斗斛等。"法物滋彰，盗贼多有"与"绝巧弃利，盗贼无有"文反而意同，皆指以有知而制定的斗斛等制度不足以治国，只会导致盗贼盛行。

"民多利器而国家滋昏"与三十六章"国之利器不可以示人"密切相关。《庄子·胠箧》对"利器"有明确的解释："彼圣人者，天下之利器也。"具体到本章，利器可指圣人发明的圣智仁义等。民多利器，即民众秉仁持义、负圣用知，如此则国家会更加混乱。

"天多忌讳，而民弥贫"之"天"传世本皆作"天下"，唯郭店本、北大本作"天"。古惯以天与忌讳相关。《史记·伯夷列传》：

> "天道无亲，常与善人。"若伯夷、叔齐，可谓善人者非邪？积仁絜行如此而饿死！……盗跖日杀不辜……竟以寿终。……若至近世，操行不轨，专犯忌讳，而终身逸乐，富厚累世不绝。……余甚惑焉，傥所谓天道，是邪非邪？

司马迁之意，天道当赏善罚恶，而犯忌讳的竟然终身逸乐，是无天道。又，《太史公自序》云：

> 尝窃观阴阳之术，大祥而众忌讳，使人拘而多所畏。

《淮南子·要略》：

> 《天文》者，所以和阴阳之气，理日月之光，节开塞之时，列星辰之行，知逆顺之变，避忌讳之殃，顺时运之应，法五神之常，使人有以仰天承顺，而不乱其常者也。

《论衡·四讳》：

> 夫忌讳非一，必托之神怪，若设以死亡，然后世人信用畏避。

这些材料都可以说明，当时之俗皆以天与忌讳相关，故而《老子》此文必当作"天多忌讳"无疑。

"而民弥贫"之"贫"，帛书甲乙本、北大本、传世本多解为贫穷。如司马迁所说忌讳多，"使人拘而多所畏"，很难理解忌讳怎么会引发越来越严重的贫穷。郭店本"贫"作"畔"，启发了我们："贫"也许是错字，正字当作"畔"。畔有背离之意。《论语·雍也》："君子博学于文，约之以礼，亦可以弗畔矣。"何晏集解引郑玄曰："弗畔，不违道。"皇侃义疏："畔，违也，背也。"本句意为：忌讳越多，则违背得越多。如此则文从字顺，不可谓不畅达。"贫"与"畔"音近，传抄者盖见后文有"富"字，遂以此"畔"字为"贫"，而不顾其文不可通。诸汉本已经作"贫"，可见其讹传之久，亦可见郭店本之可贵。

以上这些都是有为，貌似正道，实际上越治越混乱。"我无事而民自富"等四句是总结上文，有为治天下的方法不可行，无为无事才是取天下的方略，不欲、静则可无为、无事。此四句语序各本不同（详见本章注），从《老子》行文习惯看来，盖以郭店本、北大本的顺序为优。六十三章："为无为，事无事，味无味。"无为、无事两相比偶。十七章："不欲以静，天下将自定。"不欲与静比偶。郭店本、北大本的次序正是无事、无为相邻，静、欲不欲相邻，很可能是旧貌。郭店本更早，今从郭店本顺序。

第五十八章

【题解】
本章言治国之所谓正道不可靠，只能得到狡诈的民众。

其政闷闷，[1]其民淳淳；[2]其政察察，[3]其民缺缺。[4]祸兮福之所倚，[5]福兮祸之所伏。[6]孰知其极？[7]其无正。正复为奇，善复为妖，[8]人之迷，其日固久。

【注释】
〔1〕闷闷，昏昧不明貌。
〔2〕淳淳，淳朴貌。
〔3〕察察，苛察烦细貌。
〔4〕缺，当通作"狯"，狡猾奸诈。
〔5〕倚，因仍。
〔6〕伏，藏匿。
〔7〕极，穷极。极，疑当作"恒"。
〔8〕妖，不祥。

【译文】
政治昏昧不明，民众就淳朴。政治苛察秋毫，民众就狡诈。祸中有福，福中有祸，变化不定，谁知道其穷极呢？可见没有"正"。正的会转变为不正，好事会变成不祥。人们为所谓正道迷惑已经很久了。

【述评】

张默生云:"本章的意义,乃是承上章说的。"张说甚是,本章与上章关系比较紧密,如严遵《老了指归》、魏源《老子本义》等都把两章并为一章,有一定道理。"其政闷闷"至"善复为妖"承上章"奇正"而申言奇正无定。闷闷之政,能够得到淳淳之民。察察之政,只能得到狡诈之民。所得总是有悖于所求。所求与所得的关系就如同"祸与福"的关系。祸福是相互依赖而存在的。严遵云:

> 福之与祸,同营异域,俱亡俱存,异情同服。相随出入,同来异极。

严遵之意祸福是一事之两极,如硬币之两面,总是一起出现,一起消失。两者是相对地存在的,不能抛弃一方,独得另一方。如美与丑并存,善与恶同生。如果想要得到纯粹的美或者善,只有取消丑或者恶。然而一旦取消了这些,美与善也就取消了。祸总是相对于福的,没有纯粹的福,也没有纯粹的祸。

祸福又可以相互转化。比如广为流传的塞翁失马的故事,就清楚地说明了祸福会相互转换的道理。《韩非子·解老》则以说理的方式阐释其转化关系:

> 人有祸则心畏恐,心畏恐则行端直,行端直则思虑熟,思虑熟则得事理,行端直则无祸害,无祸害则尽天年,得事理则必成功,尽天年则全而寿,必成功则富与贵,全寿富贵之谓福。而福本于有祸,故曰:"祸兮福之所倚。"以成其功也。人有福则富贵至,富贵至则衣食美,衣食美则骄心生,骄心生则行邪僻而动弃理,行邪僻则身死夭,动弃理则无成功。夫内有死夭之难,而外无成功之名者,大祸也。而祸本生于有福,故曰:"福兮祸之所伏"。

畏祸有所惧,端直以行则有福;乐福骄心生,行邪僻则有祸。祸可为福,福可为祸。

极,是穷极之意,河上公云:"祸福更相生,谁能知其穷极时。"祸福转变不定,无法确定何为祸、何为福。"孰知其极",谓无人知其极。春秋有普遍的占卜、预言习惯。占卜者,以知吉凶悔吝之机;预言者,先言祸福之来。世俗以先识先知者为圣(详十九章)。而祸福无定,言吉凶祸福者,妄言也。圣人非能知祸福者,而是知祸福无定者。"复归于无极"才是道家圣人之所求。

"其无正"，或以定解正，如范应元云："无正，犹言不定也。"按，此说非是。正，当与下文"正复为奇"相呼应，两"正"字相邻，且文意相关，变换意思的可能性很小。正，即奇正之正。上言祸福无定，推而广之，无所谓"正"，正总是要变成奇，所以所谓"正道"都是靠不住的。以正道治国，则最终难免变成诡道，以善为追求，难免变成妖祥。这与前章所说"以正治国、以奇用兵"是相关的。王弼注云"正治国，则便复以奇用兵矣，故曰正复为奇"，是很准确的。无论有为之政出发点多么善意，与无为相较，其制度终难免苛细，以察察之政，最终只会得到机诈的百姓。历来大多数人认识不到这点，困于正道，所以说"人之迷，其日固久"。

第五十九章

【题解】

本章以啬来说明守道之术，能啬则能使国长久。

方而不割，〔1〕廉而不刿，〔2〕直而不肆，〔3〕光而不耀。治人事天莫若啬。〔4〕夫唯啬，是以早服。〔5〕早服是谓重积德，〔6〕重积德则无不克，〔7〕无不克则莫知其极，〔8〕莫知其极，可以有国。〔9〕有国之母，可以长久，〔10〕是谓深根固柢，〔11〕长生久视之道。〔12〕

【注释】

〔1〕"方"前王本有"是以圣人"四字，今据北大本删。王本"方而不割"至"光而不耀"属上章，今据北大本移于此。割，割伤。

〔2〕廉，棱角。刿，割伤。

〔3〕肆，伸，放肆。

〔4〕莫如，莫过。啬，有余不尽用之意。

〔5〕以，王本误作"谓"，今据郭店本、帛书乙本、北大本改。服，事。

〔6〕是谓，王本误作"谓之"，今据郭店本、帛书乙本、北大本改。

〔7〕克，胜。

〔8〕极，极则，指方略。

〔9〕有国，常有其国。

〔10〕母，指有名之时的道。

〔11〕柢，树根。

〔12〕视，活。长生久视，长存之意。

【译文】

秉持方正而不割伤，行事有棱角而不划伤。正直而不放肆，光明却不耀眼。君主治理人、侍奉天没有比啬更好的原则。只有啬，才可以早服于道。早服于道可以称为厚积德，厚积德则没有什么不可以胜，没什么不可以胜，就不能知道其恒定，不知其恒定的君主就可以常有国家。常有国家而持守道母，就可以长久。这就是根深蒂固、长生久视的道理。

【述评】

本章"方而不割"以下四句，传世本多并入上章，唯严遵本划入本章，北大本同之。就文意而言，这种划分比较合理。苏辙云：

> 凡物方则割，廉则刿，直则肆，光则耀。唯圣人方而不割，廉而不刿，直而不肆，光而不耀，此所谓啬也。夫啬者，有而不用者也。

林希逸云：

> 啬者，有余不尽用之意。啬则能有而无，能实而虚，宜其可以治人，

啬是爱惜而不用之意。方者必割，今使方者不割，虽可方而不用，可谓啬于方矣。余廉、直、光，俱同此，皆可用而不用，啬而不费。

为什么要啬而不出呢？盖有所事则不可久，欲方而得邪，欲直而得曲。严遵云：

> 故王者兴师动利则民欲，民欲而以方，方则割，以割为方则邪者进而方者退，忠臣蒙其毒，万民受其害。贵货则民求，民求而以廉，廉则刿，以刿为廉则贪者显而廉者弊，忠臣蒙其咎，而万民受其败。开争则民曲，民曲而以直，直则肆，以肆为直则枉者翱翔，直者深伏，忠臣蒙其祸，万民受其败。上好名则民伪，民伪而以光，光则耀，以耀为光则大德隐而小惠章，忠臣蒙其死，而万民受其殃。数者以施，货流情通，所以谓方者不方，廉者不廉，直者不直，光者不光。名谬实易，正失德亡。

严遵以"廉"为清廉，有误，而其说解句意则不误。行方而邪者进，终为

不方。行直而曲者盛，终为不直。以正道行，而正道终失。这与上两章所说的奇正相生、祸福无定紧密相关。承上两章文意而直下此章，其意豁然可见。正因有所为、行正道终要变成反面的东西，所以要啬之不费。

"治人事天"的"天"有两种解释，一是以为天地之天，如河上公注云："当用天道，顺四时。"引申之可谓自然，如成玄英："天，自然也。"二是以为"天"是天赋，如《韩非子》："聪明睿智，天也。"引申之为之天赋予之性命，如释德清"天，性德也。"或引申为身体，如奚侗，"天，身也。"本章与五十七、五十八两章联系紧密，五十八章云"天多忌讳"，又云"人多智"，可见"天"是自然之天。

"是以早服"，多数传世本都误作"是谓早服"，文意难解，今三个古本皆作"是以"，知是涉下文"是谓"而误。服，是服从、服事之意。《韩非子·解老》："夫能啬也，是从于道而服于理者也。"范应元注云："服、事也。"服从，服事都要有个对象，《韩非子》以为是服从于道理。王弼则以为是"早服常也"，王弼所说的常，五十五章有明确的注："不皦不昧，不温不凉，此常也。"常无有明暗、温凉之别，混然为一。王注与上文"方而不割"等颇合，"方而不割"等是有而不用，意在和合两端，近于混一。能啬而不费，有而不用，不待祸患之起已经服事于混一之常道。

德，即得于道。服于常道，自有德。《说文解字》："重，厚。"早服则可谓厚积其德。严遵云：

> 故未动而天下应，未命而万民集，未战而素胜之，未攻而天下服。是以不勤劳而民有功，不分争而得其职，不刑戮而万民畏，不微妙而得天福，祸乱不生，群祥并集，无为而无不成，不争而无不克。

德厚而自成，不争而万民顺，天下服，故云"无不克"。

"莫知其极"是言君主行道不可测知。成玄英云："能所相应，理无不契，道德深远，莫能知其穷极也。"李荣云："四夷宾伏，国界无迹，与道玄同，有何穷极。"言君主德厚则不能测知之意。

为什么说积德就不能测知呢？这要与上章"孰知其极"联系起来考察。吕惠卿云：

> 夫有所不克，则其道有时而极也，无所不克，则孰知其极哉？

"孰知其极"是祸福无定，善复为妖，不可确知终为何物。此"莫知其极"是指君主所行得其全体，无有偏颇，无有不克。如君主行有所偏，则不能尽得于物。比如以世俗所谓正道而行，则方而割物，有所不能服，即吕惠卿所说"有所不克，其道有时而极"。君主行无所偏，方而不割，啬而不费，其所行既非正，又非邪，混一为用，不确知终为何物，即所谓"莫知其极"。

"有国"是常有其国之意。《韩非子·解老》：

> 凡有国而后亡之，有身而后殃之，不可谓能有其国、能保其身。夫能有其国、必能安其社稷，能保其身、必能终其天年，而后可谓能有其国、能保其身矣。

不亡其国，安其设计的才能算是"有国"。

"有国之母，可以长久"，这里"有"是动词，"国之母"是宾语。《韩非子》云："母者，道也。"王弼注云："国之所以安谓之母。"道使国安，有道则可以使国长久，而啬是至于道之术。《韩非子·解老》云："啬之谓术也……道也者生于所以有国之术，所以有国之术，故谓之有国之母。"有国之母是通过啬来实现的。

"是谓深根固柢，长生久视之道"，这里的道不是终极之道，作方法策略讲。有国之母才是深根固柢、长生久视的办法。本章颇多学者以为是养生之道者，如河上公云："治身者当爱惜精气，不为放逸。……人能以气为根，以精为蒂，如树根不深则拔，蒂不坚则落。"此后从之者甚众。此说实误。联系上下文，"长生久视"上承"有国之母"而言，是指国之长生，非指身之长生，明甚。此章与上两章关系紧密，其他两章无一是讲养生，何至于此章讲养生？

第六十章

【题解】

　　本章说不加扰动是治国取天下的要略，以此治天下有奇效，鬼神圣人都不伤人。

　　治大国若烹小鲜。[1]以道莅天下，[2]其鬼不神。[3]非其鬼不神，其神不伤人。非其神不伤人，圣人亦不伤人。[4]夫两不相伤，故德交归焉。[5]

【注释】

　　[1]小鲜，小鱼。
　　[2]莅，临。
　　[3]神，灵验、灵效。
　　[4]人，帛书乙本、北大本作无此字。
　　[5]交，俱。

【译文】

　　治理大的国家就如同烹制小鱼一样。以道来君临天下，鬼也不显示灵效，不是鬼没有显示灵效的能力，而是其灵效不会伤人。不唯鬼的灵效不伤人，圣人也不伤人。正是因为鬼和圣人都不伤人，所以德俱归于民。

【述评】

　　首句把治国比喻为烹制小鱼，王弼注"不扰也"，说得简洁明白，烹制小鱼经不起扰动，多扰动则糜烂，以此来比喻治理国家要清静无为。

清静无为即可有道，以道临天下，会有神妙的效果。《礼记·礼运》云："大道之行也，天下为公……人不独亲其亲，不独子其子……"这是儒家大道临天下的景象，道家的道临天下则又不限于人，鬼亦有归。在老子的时代，鬼神的存在，是人的常识。人的所有重要事件几乎都要与鬼神打交道，祭祀纷繁复杂，小至于灶，大至于天，都有神灵需要祭祀。概而言之，鬼是人死后之灵，神多指自然之灵。本章所说的鬼虽然是人鬼，泛指有灵之物，也应当包括自然之灵在内。但这里的"神"字不是指自然之灵，而是作形容词，指鬼的灵验、灵效。"其鬼不神"，即鬼不显示灵效，不起作用之意。成玄英云"神，灵验也"，是很好的解释。鬼不显示灵效，不是说鬼没有灵效，而是其灵效于人无所伤害，相当于不显示灵效。

为什么有道鬼就不显示灵验呢？鬼的灵效主要体现在可为祸福，《韩非子·解老》云："人处疾则贵医，有祸则畏鬼。"祭祀即是与鬼为谋，求福而避祸。以道临天下者，无为而治，无为则万物各得其性，随其性，任其自然，则鬼神无所害。王弼云：

> 神不害自然也。物守自然，则神无所加。神无所加，则不知神之为神也。

自然不是说没有生死，当生则生，不知其为福，当死则死，不知其为祸。无所区分，自然而已，则无所谓祸福。无所谓祸福，自与鬼神无涉。所以以道治天下，鬼与人可以两不相干，无所谓灵效。

鬼神即便有灵效也不伤人，则鬼与他物无别，不知其为鬼神。圣人也不伤人，天下忘其为圣人。王弼云：

> 道洽则神不伤人，神不伤人，则不知神之为神。道洽则圣人亦不伤人，圣人不伤人，则不知圣人之为圣也。……故曰两不相伤也，神圣合道交归之也。

圣人、鬼神皆不伤人，圣人之德与鬼神之德交会而混然为一，天下德为一，是大道之至，也可以说是"神圣合道"。而所有这一切的实现，原始要终，皆是无为的功效，亦可见国如小鱼，不可扰动，是治国取天下的要略。

在《老子》的理解中，虽然没有直接否认鬼神，但是鬼神丧失了效力，被边缘化了，道才是主要的，是理想画卷的中心，《老子》思想展现了超越时代局限的非凡的洞察力。

第六十一章

【题解】

　　本章主旨是主张大国以静为胜，不当力取。

　　大国者下流。〔1〕天下之牝，〔2〕天下之交。〔3〕牝常以静胜牡，〔4〕以其静也，故为下。〔5〕故大国以下小国，〔6〕则取小国；〔7〕小国以下大国，则取于大国。〔8〕故或下以取，或下而取。大国不过欲兼畜人，〔9〕小国不过欲入事人。夫两者各得其所欲，大者宜为下。

【注释】

　　〔1〕下流，河流的下游，此指水所流入之地，如江海为百川所流入。

　　〔2〕牝，雌性动物。

　　〔3〕天下之交，王本与"天下之牝"误倒，今据帛书甲乙本、北大本乙正。交，交汇。

　　〔4〕牡，雄性动物。

　　〔5〕"以其静也，故为下"，王本作"以静为下"，帛书甲乙本作"为其静也，故宜为下"，今据北大本改。为下，为下流。

　　〔6〕下，为之下，此之大国谦卑礼遇小国。

　　〔7〕取，通作趣，趋向。取小国，使小国来朝。

　　〔8〕于，王本脱，今据帛书甲乙本、北大本补。取于大国，朝于大国，是见容于大国，不为其所灭之意。

　　〔9〕畜，容纳。

【译文】

　　大国要如同江海容纳百川一样，为小国的下游。天下之国能秉持雌的，往往成为天下交汇下流之处。雌总是能够以静胜过雄，因为安静，所以为天下的下游。所以大国谦卑礼遇小国，则能够使小国来朝。小国柔弱处下则能够见容于大国。因此，或通过处下来使小国来朝，或通过处下而见容于大国。大国不过是想容纳更多小国，小国不过是想入事大国，两者都遂了心愿，所以大者应当谦卑处下。

【述评】

　　老子所处的时代是列国争霸的时代，大国争夺霸主地位，以奴役小国。小国奔波于诸大国之间，贡献财物，割裂土地，求得暂时安宁，而又时时恐惧为大国所灭。大国争霸，不仅使得小国饱受奴役之苦，同时也使大国疲于奔命。针对这个现实，老子提出"大国下流"的外交原则。

　　本章"天下之牝，天下之交"今传本皆误倒，"以其静也，故为下"略作"以静为下"，致使句意颇为模糊，早为学者所疑，只是未有确证。帛书甲乙本、北大本出，方知此句正确顺序。此句的具体含义，今之学者多以为是以雄雌交配为比喻。如高明以为："以雄雌交配为喻，说明牝近于道。"其他如刘殿爵、李零、刘笑敢等说皆类似。此说的关节点是把"天下之交"解释为"交媾"，但"天下之交"实为不辞，怎样的交配可以称为天下之交呢？

　　"牝常以静胜牡"，解释为交配也很勉强。《老子》三十六章"柔弱胜强"与此类似，所谓胜，不是指柔弱与刚强的直接对抗中胜出，而是指取强必然灭亡，持守柔弱可以长久。牡多雄强，坚强者死之徒；牝则安静，安静则长久，故言"牝常以静胜牡"。

　　"大国者下流。天下之牝，天下之交。牝常以静胜牡，以其静也，故为下。"可以分为三节，即"大国者下流"为一节，"天下之牝，天下之交"为一节，其余为一节。"下流"，河流的下游，此指水所流入之地，如江海为百川所流入，江海即是百川的下流。大国为下流，是说大国为小国归附，如百川归江海。"交"即如上章"交归"之"交"，是交会之意。其意承上"大国"为言，大国或为天下之雄强者，或为天下之雌柔者，为雌柔则为天下所交会。"牝常以静胜牡"，言大国雌柔胜雄强之原因在"静"。"以其静也，故为下"之"下"承首句"下流"为言，言因大国能静，为天下雌柔，故而天下皆交会之，成为小国的下流，为其所归附。次两句既是"大国下流"的解释，又是展开。

"故大国以下小国"的"下"是指谦卑处下。为小国之下，不凌驾于小国之上，其意即对小国谦卑，则众国归附。

"取小国"之"取"，当通作"趣"。朱谦之云："《释名·释言语》：'取，趣也。'《汉书·王吉传》注：'取，进趣也。'按，趣，向也。《淮南子·原道》'秉其要归之趣'，即向也。小国而下大国，则趣向于大国。"俞樾《群经平议·大戴礼记二》："取当读为趣。《释名·释言语》曰：'取，趣也。'是取与趣声近义通。取于人者，为人所趣向也，取人者，趣向人也。"趣向，今多写作"趋向"。"取小国"即使小国趋向于大国，归附之意。"取于大国"，即趋向于大国。

春秋大国的目的不过是为了领导小国，如果大国谦逊居下，小国乐意入事大国的。这样大国达到了战略目的，而且不必作战，善之善者也；小国之目的不过得到大国的保护，免于灭亡。大国为下，则小国可来。小国为下，则可得保护。两者比较而言，小国下大国容易，而大国下小国难，故而《老子》强调"大国宜为下"，大国更应当注重谦卑居下。

政治上老子主张无为，无为延伸到外交领域，就得到大国为下的原则。可是纵观历史，实现这种原则的大国基本是没有的。一旦国家强大，总是要谋求霸权。有的在争霸中强大了，有的拖垮了，却没有任何一个大国放弃争霸。从来不缺少争霸，也从来没有永存的霸权，少则十几年，多不过几百年，又有哪个大国屹立不倒呢？凡是强大的，必然要灭亡，还不如早早地谦虚处下，使自身存在得更长久。

第六十二章

【题解】
　　本章主旨是贵道，并且曲折地指责当权者的无知，批评了他们对道的漠然态度。

　　道者万物之奥，〔1〕善人之宝，〔2〕不善人之所保。〔3〕美言可以市，〔4〕尊行可以贺人。〔5〕人之不善，何弃之有？故立天子，置三公，〔6〕虽有拱璧以先驷马，〔7〕不如坐进此道。〔8〕古之所以贵此道者何？〔9〕不曰求以得，〔10〕有罪以免邪？故为天下贵。

【注释】
　　〔1〕奥，室内的西南角，尊贵者所居，引申为尊贵。
　　〔2〕宝，以之为宝，珍视之意。
　　〔3〕所保，指其所重视的可以保全。
　　〔4〕市，交易。
　　〔5〕贺，王本误作"加"，今据帛书甲乙本、北大本改。
　　〔6〕三公，古代中央三种最高官衔的合称，《汉书·百官公卿表序》以为是司徒、司马、司空，伪《古文尚书》以为是太师、太傅、太保。
　　〔7〕拱璧，大的玉璧。驷马，具有四匹马的马车。古代进献礼物，轻物在先，贵重在后。拱璧轻于驷马，所以驷马在后，拱璧在先。
　　〔8〕道，帛书甲乙本、北大本无此字。
　　〔9〕道，帛书甲乙本、北大本无此字。
　　〔10〕求以，王本误倒，今据帛书乙本、北大本乙正。不曰，岂不是。

【译文】

道是万物所尊，善人珍视它，不善人所珍视的赖它才可以保全。佳美他人的言语可以与人交易，尊贵他人的行为可以作为对人的贺礼。人中那些不善者，怎么能够抛弃道呢？因而设立天子、三公，与其先奉献拱璧，后进献驷马，不如用道作为献礼。古代所以认为道很尊贵是为什么呢？岂不是因为有了道就可以有求则得么，不是因为有罪可以豁免吗？正因为如此，道为天下所尊贵。

【述评】

本章主旨比较明确，即贵道，首句即指出道为万物所尊贵（详下），末句"古之所以贵此道者何……故为天下贵"直言道贵。章中"虽有拱璧以先驷马，不如坐进此道"，也是说"道"比拱璧四马贵重。反复申说，必是旨意所在。"古之所以贵此道者"，举古为证，可见作者是对今人说话。又云"立天子，置三公……进此道"，则可知作者的说话对象是今之当权者，故举天子、三公以比拟。明确主旨及说话对象，可以比较明确地把握住理解本章的方向。

本章首句指出道为万物所尊贵。奥，指室的西南角。吴澄云："室中之制，东南曰突，东北隅曰宦，西北隅曰屋漏。奥，尊者所居，故奥为贵。道之尊贵犹寝庙堂室之奥。"奥是尊者居坐之处，故引申为尊，又可以引申为主。帛书甲乙本"奥"作"注"，注通主。《礼记·礼运》："故人以为奥也"，郑注："奥犹主。"主、尊词异而义近，皆言道之尊贵。

"善人"、"不善人"皆就对道的态度而言，贵道则为善人，不贵道则为不善人。"善人之宝"即善人以道为宝贵，重视道之意。不善人不以道为宝，而重视其他东西，比如富贵平安之类。此类之求非道不能长有，故而说"不善人之所保"。此句以下，皆就不重视道的不善人而言说道之当贵。

"尊行可以贺人"之"贺人"，传世本作"加人"，如此则"尊行"是自尊其行而加于他人之上，旧注大多以此意为说，上下文颇难理解。今帛书甲乙本、北大本皆作"贺人"，则其意是尊他人之行而作为贺礼。尊他人之行，即使他人行为尊崇。盖世俗人皆欲其行为尊崇，今助之使尊，则为人所喜，故可为贺礼。以此类推，则美言是助人美其言。世俗人往往原意为美其言而有所交换，可以称为市。两句皆言世俗人有所欲求，并希望其求可得。

"人之不善，何弃之有"，旧注多以"不弃人"为解，此说非是。此章上下皆言道贵，如此句言"不弃人"，颇不合文意。陈鼓应云将此句翻译为

"不善的人，怎能把道舍弃呢？"其说可从，此句承上文而言，世俗人希望其欲求可以实现，而道可以帮助实现，所以即便是不善人也不当抛弃道，与"不善人之所保"正相应。

"立天子，置三公"四句王弼注云："言故立天子，置三公，尊其位，重其人，所以为道也。物无有贵于此者，故虽有拱抱宝璧，以先驷马而进之，不如坐而进此道也。"设立天子和三公是为了让天下皆治，道可以使天下皆治，至贵，与其进献拱璧驷马，不如献道。《老子》所处世代列强争霸，天子三公皆无甚影响，此以天子、三公比拟之，盖实指当时之当权者。当时之礼，以玉璧车马进献天子三公，是当权者以玉璧车马为贵，不知"道"的珍贵。《老子》盖以当权者即上文所说的的"不善人"。不善人亦不弃道，故而此说进道以献，正相呼应。

《老子》所说的"古"往往是有道之时，如"执古之道，以御今之有"，"古之善为道者"，这里说"古之"也应当是指有道之时。"不曰求以得，有罪以免邪？"则是对今之人说话，非谓有道之时有所求。《老子》所谓古有道之时，一任自然，无所谓有求。道莅天下，不割伤人，也无所谓有罪。天下混一，无所谓贵此贱彼。"求则可以得，有罪可以免"是从今日不明道的不善人的角度而假设为言的说辞。今之不善人不知"道"贵，而贵其所求，患其有罪。有道时无求，大家都很满足，自今人看来似乎是有求而得的状态。有道时无罪，大家都无刑罚之苦，自今人看来似乎是免于罪。大道之行，自今人看来似乎是贵道所致。所以"不曰求以得，有罪以免邪？故为天下贵"都是劝说之辞。不明道的不善人有所求，而这些"所求"在有道的时候都似乎满足了，他们的求某种意义上说也就实现了，故而也会乐于尊贵道，接受道。本章首尾一致，反复申说道之贵，劝人从道。

《老子》一书有两种言说方式，一是假为圣人言，直说大道之辞。一是对有欲求者说话，曲劝其从道。本章的"不善人"与它章的"有欲者"，类似。对这样的人说话，某种意义上，都可以视为权宜的说辞。对这样人说话的内容往往有似于权谋，如"将欲取之，必先予之"、"求以得，有罪以免"之类。因此我们理解《老子》必须明确其对象，不可混为一谈。

第六十三章

【题解】
　　本章主旨在于通过适当的治理来消除社会中不好的方面。

　　为无为，〔1〕事无事，〔2〕味无味，〔3〕大小多少，〔4〕报怨以德。〔5〕图难于其易，〔6〕为大于其细。〔7〕天下难作于易，〔8〕天下大作于细，〔9〕是以圣人终不为大，〔10〕故能成其大。夫轻诺必寡信，〔11〕多易必多难，〔12〕是以圣人犹难之，〔13〕故终无难矣。

【注释】
　　〔1〕为，指有所作为。为无为，把"无为"作为"为"的内容。
　　〔2〕事，指有所职事。事无事，把"无事"作为"事"的内容。
　　〔3〕味，品味，区分味道。味无味，把"无味"作为品味的内容。
　　〔4〕大小，以小为大，把"小"作为"大"的内容。多少，以少为多，把少作为多的内容。
　　〔5〕报，酬答。德，一。报怨以德，用德来对待怨。
　　〔6〕图，设法对付。难，读作灾难之难，祸患。易，难的反义，平安。
　　〔7〕大，位尊。细，位卑。
　　〔8〕"难"下王本衍"事必"二字，今据帛书甲乙本删。
　　〔9〕"大"下王本衍"事必"二字，今据帛书甲乙本删。作，兴起，产生。
　　〔10〕终，始终。不为大，不有意作大。
　　〔11〕诺，许诺。信，实践诺言。

〔12〕易，轻忽。难，祸患。

〔13〕犹，尤其。难，谨慎，不轻忽。

【译文】

以无为来作为，以无事来作事，以无味来品味，以小为大，以少为多，以一之德对待怨。对付祸患在祸患没有形成的安定的时候，成大事在大事没有形成的细小的时候。天下祸患都从安定中产生，天下的大事都从细小中产生。所以圣人不有意作大，所以能够成就大。轻易许诺必然有没实践的诺言。没发生时多轻忽，必然会有很多祸患。所以圣人在没发生的时候尤其慎重对待，就始终不会有祸患。

【述评】

本章可以分为两节。"为无为，事无事，味无味，大小多少，报怨以德"为一节。共同特点是把对立的两端放在一起。如为与无为，事与无事，味与无味，大与小，多与少，怨与德都是很明显的对立两端。"图难于其易，为大于其细"以下是一节，并以这两句为中心。"天下难事作于易，天下大事作于细"是前两句的解释。"是以圣人终不为大"至"故终无难矣"中两个"是以"和两个"故"提示我们这两句还是对"大"、"难"的申说。后一节实际上也是讨论"难与易"、"大与细"对立两端的关系，可以视作第一节的延伸。

前一节语言极度凝练，可做多方向解读，难明其主旨。从《老子》全文来看，这里对立的双方中后者比较重要，如无为、无事，都是《老子》所主张的。后文云"大"作于"细"，又云圣人不为大，亦可证后者是本章重心所在。"报怨以德"语句基本上可以显示这些句式的结构，知其语意在于以对立两端中的后者应对前者。结合后文成大、无难之语，本章主旨盖在于通过适当的治理来消除社会中不好的方面。首三句王弼注云"治之极也"，治理是本章的所讨论的对象。那么"为无为"等也要从治理的方向来理解。

"为无为、事无、味"当以王弼注为是：

以无为为居，以不言为教，以恬淡为味，治之极也。

其中"事无事"解释比较显豁，以此为例。王注解释第一个"事"字为

"教","无事"解释为"不言"。不言,是指不发布政教法令。事无事,把不言作教的内容。其意即教导民众,当以不发布政教来教导。从世俗的角度理解,不发布政教不能算是有教。那么为什么不直接说无事、不教呢?这样岂不更明确?为什么一定要在"无事"之前放上一个"事"字呢?从后文难易、大小的关系来看,这是为了强调两者之间的历时的前后关系。大由小发展而来,有事是由无事发展而来,初本无事,后而有事。而当前是已经脱离原初的已发展状态,有事、有教是当前普遍奉行的策略。当前的有事局面,直说无事则俗人不明,故无事前面加上一个事字,以为劝导之辞。

"事无事"还有一层含义。事多则烦,烦则生乱,有事只会带来更多的问题,是一种病态,需要解决。要解决当前有事的问题,必须要回归到当初无事状态才可以解决。这也是《老子》一书中反复说到的"反"、"复"之理的延伸。第一个"事"是说当前境况,"无事"则是《老子》所提出的解决方法,以无事来应对当前有事的乱局。

"报怨以德"此句只有合以上两义才能理解。怨与德是对立两端,但如果以世俗所谓的德来解释,两者不是前后生成的关系。所以这里所说的"德"与儒家之德内涵不同,是道家混一之德。刘笑敢云:

> 以德报怨的德,也就是"道生之,德畜之"的德,就是玄德,就是圣人之德,这种德视万物为一。

怨由无怨而生,一之德无所区分,自无怨可言,怨由一之德产生,正与前后文相谐。老子所处世代,列国争霸,大夫争权,互相残杀,怨是当时状况,也是当时问题。要解决当前怨的问题,必须要回归到当初一的状态才可以解决。这不仅与上文相谐,与《老子》全篇亦融融泄泄,密合无间。

其他"为无为"、"味无味"、"大小多少"与"事无事"、"抱怨以德"的理解方式相同,都是合两层含义来理解。无为时无困境,有为自无为而来,有困境,解决的方法就是要复归到无为。初时本无所谓味,有味自无味生出,则各种味道出现,知有味则求其味,最终的结果是"五味令人口爽",陷于混乱,归于无味,混乱才能解决。大由小而来,多由少而生。大不可久持,多不能长保,知其终而求大、多,当处小、少不移,则可长保。

"图难于其易"以下是上文意思的延伸,先言难易,复言大细,再言大细,终言难易,是《老子》惯用的回环行文方式。这里先说大细。"为大于其细"与"圣人终不为大,故能成其大"合看,则知"大"不是泛指大小之大,而是大人之大,盖言君主位尊且有容,与二十五章"域中有四大，而王居其一焉"相似。细则指位卑。《左传》襄公二十七年："且诸侯盟，小国固必有尸盟者，楚为晋细，不亦可乎？""楚为晋细"，指晋国主盟，楚为其下。《国语·晋语六》："夫战，刑也，刑之过也。过由大，而怨由细。"韦昭注："（过）由大臣也。怨望者由小细民。"邢杀有过错者，过错是由大臣，而心怀不满的是细民。大、细对文，细指位卑。《老子》中君主往往生化万物，位至尊。但在最初的有道时，君主化万物而民不知，亦无尊贵可言，君民同位。后初始破，君位始显，尊卑异化，细大方别。而欲君位长保，大终为大，则必返于初始，含大于细，终不为大，才能实现。

本章难与易相对，但与现代汉语中这一对反义词的含义——困难与容易——不完全一致。难，读作灾难之难，祸患之意，古今注皆如此理解。古文易是平易、简易之意，引申为平安、和悦之意。《礼记·中庸》："故君子居易以俟命。"郑玄注："易，犹平安也。"《诗经·小雅·何人斯》："尔还而入，我心易也。"毛传："易，说。"高亨注："易，和悦。"祸患与平和，正是一对反义词。

下文所谓"多易必多难"，延续这个此意，祸患没有生成的时候轻忽不慎重，祸患就产生了。这个"易"是意动用法，以之为易之意，用现代汉语说就是轻忽之意。"多"表示程度甚，"多易"用现代汉语说，即是非常轻忽。"多难"则是多祸患之意。"犹难之"的难是意动用法，以之为难之意，用现代汉语说是慎重之意。"故终无难矣"的难又是祸患之意。实际上，"多易"之"易"与"犹难之"之"难"互为反义，即轻忽与慎重。"多难"与"无难"之"难"则是同义，都是祸患之意。"慎重与轻忽"是"难与易"的引申使用，文句重心在于"祸患与平易"。上文"图难于其易"是说祸患与平易的关系，而不是"轻忽"与"慎重"的关系，不可混为一谈。《老子》为了追求语言形式的高度凝练，把复杂的意义用简单的话语表现出来，使其像诗一样精美，而代价是含义的模糊。

"图难于其易"、"天下难事作于易"都是说祸患不是从来就有的，而是从平安和乐中生出。把祸患看得轻易，就会有灾祸。轻有恶果，故不能轻。如果在开始的时候重视，就可以避免将来的恶果，等到有恶果的时候再重视，就来不及了。所以要像祸患已经发生一样重视祸患未发生的平易，就不会有难。《老子》通篇基本都是对君主说话，其意如言：君主如果继续现在的状况，则会大祸降临。而要避免大祸，就要为大于细，守柔处下，复归于初。董仲舒云："春秋之中，弑君三十六，亡国五十二，诸侯奔走，不得保其社稷者不可胜数。"祸患之巨，可见一斑。此处正是以无难为辞，劝君主行其无为之道。

第六十四章

【题解】
　　本章说在祸患没有成为祸患的时候容易治理，保持无为即可无祸患。

　　其安易持，〔1〕其未兆易谋。〔2〕其脆易泮，〔3〕其微易散。为之于未有，治之于未乱。合抱之木生于毫末，〔4〕九层之台起于累土，〔5〕百仞之高始于足下。〔6〕

　　为者败之，执者失之。是以圣人无为，故无败；无执，故无失。民之从事，常于几成而败之。〔7〕慎终如始，则无败事。是以圣人欲不欲，〔8〕不贵难得之货；学不学，〔9〕复众人之所过；〔10〕以辅万物之自然，〔11〕而不敢为。

【注释】
　　〔1〕安，安定。
　　〔2〕兆，征兆，苗头。
　　〔3〕泮，通判，分。
　　〔4〕合抱，两臂合抱，形容树木粗大。毫末，毫毛的末端，这里指树木的细微萌芽。
　　〔5〕台，高而上平的方形建筑物，供观察眺望用。累，通蔂，土笼也，盛土工具。累土，如同说一筐土。
　　〔6〕百仞之高，王本误作“千里之行”，今据郭店本、帛书甲乙本、

北大本改。仞，七尺为仞。

〔7〕几，近。

〔8〕欲不欲，以不欲为欲。

〔9〕学不学，以不学为学。

〔10〕复，返。过，超过。

〔11〕辅，助。

【译文】

安定的时候容易保持，没有分裂的苗头的时候容易谋划。脆弱的时候容易化解，微小的时候容易驱散。在没有发生的时候早作准备，在没有变乱的时候治理它。合抱粗的木头，生于细小的苗芽；制作九层的高台，从一筐土开始。攀登百仞高的高处，从脚下开始。有为总是要失败，企图把持终究要失去控制。圣人无为，所以没有失败；没有把持，所以没有失去。一般人从事于事，总是在接近成功的时候失败。在事物的结束的时候保持开始时的态度，就不会失败。圣人把无欲作为欲，不把难得的财货看得贵重。以不学作为学，就可以返回众人当止但却超过的地方。以此来辅助万物的自然本性，而不敢有所作为。

【述评】

本章以"为者败之"为界，可以分为两部分，郭店本分抄于两处，可以视为两章。北大本"为者败之"以下另为一章。从文意来看，两部分相关，特别是慎终如始需要结合上文才能准确理解，所以放到一起更容易理解，今从王本分章，合并一处说解。

"其安易持"之"安"谓无难之时，与"图难于其易"相关。彼处之"易"即是平安之意。安，即指平安无难之时。"其未兆易谋"之"兆"，是指占卜时烧灼甲骨所呈现的预示吉凶的裂纹，引申为将发生的事的征兆、苗头。未兆，指征兆尚未显现，祸患连最微小的迹象都没有的时候。这个时候做谋划最容易，王弼注云："以其安不忘危，持之不忘亡，谋之无功之势，故曰易也。"平安之时不忘危亡之难，祸患没有发生的时候早作准备，较之难作而图，容易得多。

"其脆易泮，其微易散"，此是承上祸患没有迹象而言，其已经微有迹象，只是迹象还很微小，容易消除。苏辙云：

> 方其未有，持而谋之足矣。及其将然，非浮而散之不去也，然犹愈于既成也。故为之于未有者上也，治之于未乱者次也。

前四句可以分为两个层次，前两句言没有祸患的迹象，后两句言微有迹象。"为之于未有"对应首两句，"治之于未乱"对应后两句。两者都属于比较容易处理的阶段，是治理的黄金时段。

"合抱之木，生于毫末"至"百仞之高，始于足下"，皆言小可至于大，如树木由苗芽生成合抱粗的大树，一筐土生成高台，从一步之高到百仞的高处。而其文意则是承上文言易于处理而不处理，恶果日显。李荣注云：

> 若制之以静，毫末之罪不生，止之于微，一篑之基易破，安然不动，千里之行无至，若不能为之于未有，治之于未乱，为有为而不已，必至败之。执恶行以为是，终归丧失，此谓下士暗于成事，以至败亡也。

败亡之来，正是不能"为之于未有，治之于未乱"。"为之于未有，治之于未乱"与它章的"早服"相似，是这一节的核心。这里所说的"为之"、"治之"的具体方法就是"为无为"，是以无为的方法消除之，而不是有为的方法治理。

"为者败之，执者失之。是以圣人无为，故无败；无执，故无失"苏辙注云：

> 圣人持之以无为，守之以无执，故能使根自生，使祸自亡。譬如种苗，深耕而厚耘之，及秋自穰。……世人不知物之自然，以为非为不成，非执不留，故常与祸争胜，与福争赘，是以祸至于不救，福至于不成，盖其理然也。

事之成，在于得其自然与否，得其自然，自为自成，无待人谋。人谋之执之，则不得自然，不自然则终不成。自然无为是成事的核心。

"慎终如始"古今注多以为是像开始的时候一样慎重。此说难通，上下文皆在于强调自然无为，"慎终"难与上下文相属。"慎终如始"之"始"当指上文所说为未有、未乱。王弼云：

> 此四者（指其安易持，其未兆易谋。其脆易泮，其微易散）皆说慎终也。不可以无之故而不持，不可以微之故而弗散也。无而弗持则

生有焉，微而不散则生大焉。故虑终之患如始之祸，则无败事。

王所谓"虑终之患如始之祸"，盖言祸事虽初始于微小，在开始的时候要考虑终为祸患。所以王弼实际上是训"慎"为"恐惧"，"慎终如始"，恐惧其终，而保持在初始。慎有恐惧之意。如《晏子春秋·杂上二六》："（泯子午）睹晏子，恐慎而不能言。"慎即恐惧之意。王弼以恐惧解慎，有其道理。"民之从事，常于几成而败之"，民众与此相反，不知重始，则终不能有成。初始之时，只要无为而处，祸患就不会生成。王弼的解释，较为合于上下文意。

"欲不欲，不贵难得之货"以不欲为欲，不贵重珍异之货。"学不学，复众人之所过"，河上公注云："过本为末，过实为华。复之者，使反本也。""复"是返回之意，"过"是过犹不及之过，指当止而未止，越过当止之处。复所过，就是返回到当止之处。人当止于朴，学则为雕琢，是毁朴，非守朴，故当绝弃之。圣人不欲不学，则物得其自然，自然则自成，何须有为？

"千里之行，始于足下"，"慎终如始"等广为人知的名言都出于此章，但与我们一般的理解有所不同，克服思考定式，抛开成见的阅读是很重要的，如此方能读懂《老子》。

第六十五章

【题解】

本章说治国不当以智。

古之善为道者，非以明民，[1]将以愚之。[2]民之难治，以其智多。故以智治国，国之贼；[3]不以智治国，国之福。知此两者，亦稽式。[4]常知稽式，是谓玄德。玄德深矣，远矣，与物反矣，[5]然后乃至大顺。[6]

【注释】

〔1〕明，多巧诈也。

〔2〕愚，无知守真。

〔3〕贼，祸害。

〔4〕稽式，法则。

〔5〕反，通作"返"，返回本真。

〔6〕大顺，万物皆顺而不逆，各得其自然的状况。

【译文】

古代善于行道的人，不是使民众多巧诈，而是使民众质朴无知守其本真。民众所以难治的原因在于他们巧诈很多。所以用智巧来治国，是国家的祸害。不以智巧来治理国家的人，是国家的幸福。知道这两种不同所带来的后果，就知道了治理国家的法则。常守这个法则，就可以称为玄德。玄德深远啊，同事物一起返回到本原，达到万物皆顺而不逆，各得其自然的境界。

【述评】

这一章说明治民以愚，不以智。愚、智之意，不同一般所理解。王注："明谓多见巧诈，蔽其朴也。""愚谓无知守真，顺自然也。"河上公云："不以道教民明智巧诈也，将以道德教民，使质朴不诈伪。"明，是巧诈之意。愚是质朴无知之意。古人以为，君主与民众之间有上行下效的关系，上以明治国，则多巧诈之民；上以愚治国，则多淳朴之民。五十八章"其政闷闷、其民淳淳，其政察察，其民缺缺。"所说道理相同。王弼解释其中缘由：

> 以智术动民，邪心既动，复以巧术防民之伪。民知其术，随防而避之，思惟密巧，奸伪益滋。故曰：以智治国，国之贼也。

上以巧术防止民众奸诈作伪欺上，则民知其巧术，而随其所防范规避之，其思更加绵密巧妙，则奸伪更甚。以此来治国，只是残害国家。如果不以巧术治国，为闷闷之政，上之邪心不动，下亦不知避，则民众淳淳，国家得福。

"稽式"，北大本作"楷式"。朱谦之云：

> "稽式"即"楷式"，但"楷"为本字。稽……在此皆无义。《玉篇》："楷，式也。"《礼记》曰："今世之行，后世以为楷。"《广雅·释诂》："楷，法也。"是"稽式"即"法式"，义长。

蒋锡昌云：

> "稽式"即"法式"，三十八章王注所谓"模则"也。"知此两者亦稽式也"言人主知贼与福两者之利害，而定取舍乎其间，亦可谓知治国之模则也。"知此稽式，是谓玄德"，言人主能知此治国之模则者，是谓合乎无名之道。

此处稽式通作"楷式"，模则、法则之意。君主知道以智治国为害于国，不智治国有福于国，则知何为治国之法则。玄德为合乎道之德，知此法则而行之，就是具有玄德。

"与物反矣，然后乃至大顺"，王弼注云："反其真也。"林希逸注云："反者，复也。与万物皆反复而求其初，则皆归于大顺之中矣。大顺，即自然也。"反，当通作"返"，返回之意。持此法则以治国，则物皆返其本真质朴之初。此时物皆得其自然，浑然为一，一自无逆，故言大顺。

第六十六章

【题解】

本章说君主为下则得上，不争而莫能争。

江海所以能为百谷王者，[1]以其善下之，故能为百谷王。是以欲上民，必以言下之；欲先民，必以身后之。是以圣人处上而民不重，[2]处前而民不害。是以天下乐推而不厌。[3]以其不争，故天下莫能与之争。

【注释】

[1]谷，川流。王，天下所归往，这里指小水归往大水，有似于尊之为王。

[2]重，累。

[3]厌，厌弃。

【译文】

江海之所以为川流归往，是因为江海善于居于川流之下，所以能够成为百谷的王。所以想要居于民之上，必然要在言辞上对他们表示谦下。想要处在民众的前面，必须把自身放在民众的后面。所以圣人在民众之上，而民众不感到负累。处在民众的前面，而民众不以为害己。所以天下乐于拥戴他而不厌弃他。正是因为圣人不争，所以天下没有人可以与他争。

【述评】

《说文解字》云："王，天下所归往也。"谷，帛书甲乙本、北大本都从水旁写作"浴"，是川流之意。"江海所以能为百谷王者"，这里指川流等小水归往江海大水，有似于尊江海为王。水性自高流下，水流汇聚的地方，必然是最低下之处。以此为喻，阐明处下可为众人所归往。以言下之，如四十二章所说的"孤、寡、不谷，而王公以为称"，尊者以恶称为自称。以身后之，如《左传》文公十三年所说"天生民而树之君，以利之也"，先民而后君。这样的君主处民之上，而民众不以为负累。处民之前，民众不以为有害于己。十七章云"太上，下知有之"，不害民，感觉不到负累的君主，民众只知道有君而已，不知其有妨碍，民众都喜欢这样的君主，乐于拥戴。处下则不争，不争而天下归往，推之如王，居于至尊之位，无人可比。这一切都不需刻意争取即可实现，正如川流归入江海，都是顺其自高流下之性而为，自然而然，无须有为。

第六十七章

【题解】
　　本章言圣人似无可用，慈、俭、不敢为天下先是圣人之用，且有奇效。

　　天下皆谓我大以不肖。[1]夫唯大，故不肖。[2]若肖，久矣其细也夫。我恒有三宝，[3]持而保之。一曰慈，二曰俭，三曰不敢为天下先。慈，故能勇；俭，故能广；不敢为天下先，故能为成器长。[4]今舍慈且勇，[5]舍俭且广，舍后且先，死矣。夫慈，以战则胜，以守则固。天将救之，以慈卫之。[6]

【注释】
　　[1]"我"后王本衍"道"字，"以"字王本误作"似"，今据帛书甲乙本、北大本删改。以，连词，而。肖，相似。不肖，指不成材，无所用。
　　[2]"故"后王本衍"以"字，今据帛书甲乙本、北大本删。
　　[3]恒，王本脱，今据帛书甲乙本、北大本补。
　　[4]为，王本脱，今据帛书甲乙本、北大本补。成器，指万物。
　　[5]且，通作"抯"，取，拿。
　　[6]卫，保护。

【译文】
　　天下人都说我虽大但无所用。正是因为大，所以无所用。如果可用，时间久了，就会变成微细之人。我有三件宝贝，持守不失。

一是慈，二是俭，三是不敢居于天下人的前面。因为仁慈所以才能勇敢，因为俭约所以能够广远，因为不敢为天下先，所以能够成为万物的首长。现在舍弃仁慈而追求勇敢，舍弃俭约而追求宽广，舍弃处在后面而居先，是走向死亡。保守仁慈，战则胜，守则固。天如果救助某人，就会赐给他仁慈来保护它。

【述评】

"我大"王本及多数传世本作"我道大"，帛书甲乙本、北大本无"道"字，傅奕本、范应元本也没有，"道"字当无。"我"字蒋锡昌解释为圣人，云：

> "我"指圣人而言。二十五章"故道大，天大，地大，王亦大。"此文"我大"即该章所谓"王亦大"也。

蒋说有理，可从《老子》正文中得到证明：

> 四十九章："圣人无常心，以百姓心为心。善者吾善之。"
> 五十七章："故圣人之言云：我无事而民自富，我无为而民自化，我好静而民自正，我欲不欲而民自朴。"

四十九章先言"圣人无常心"，后言"善者吾善之"，"吾"即指"圣人"而言。五十七章先言"圣人之言"，后云"我无事"等等，则《老子》文中"我"是假圣人为言。七十四章："若使民常畏死，而为奇者，吾得执而杀之"，此所谓"吾得执而杀之"也是模拟当权者口吻，非老子自称。可见，老子我、吾所指随文而异，并非单纯的第一人称。此以大为言，当如蒋锡昌所说指"圣人"。

"大以不肖"之"以"王本作"似"，北大本作"以"，帛书作"大而不肖"，"以"、"而"义近，"似"当是与"以"音形相近而误。此句古今注解多承误本"我道"而释，以为是道大而不似于一物，今知此言人，非言道，其说不可取。"大"与后文之"细"对文，与六十三章"为大于其细"之大细对文相似。彼所谓大细言尊卑之异，此"大"盖言尊而高明，"细"言卑而不高明。河上公云："其细也夫，言辩慧者唯如小人也，非长者。"林希逸云："若自以为有所肖象，则为细人矣。"释德清云："谓我若是与世人一样，则成细人久矣。"三家皆以细指卑者、劣者，可为细之含义佐证。

"不肖"，盖言不成材，无所用之意。《韩非子·功名》："尧为匹夫，不能正三家，非不肖也，位卑也。"《汉书·武帝纪》"所任不肖"颜师古注："肖，似也。不肖者，言无所象类，谓不材之人也。""大而不肖"，是高明而无所用之意，正适合形容世俗眼中的圣人。与下文文意也和谐，尊而高明当无具体用处，有具体用处，久之则卑而不高明，不能为万物长。

上言圣人无可用，下文三宝慈、俭、不敢为天下先是承上文而言圣人之用。苏辙云：

> 今夫世俗贵勇敢，尚广大，夸进锐，而吾之所宝，则慈忍、俭约、廉退。此三者，皆世之所谓不肖者也。

世俗之重视勇、广、先，而以慈、俭、不敢为天下先为不济事。不知此前三者，都从后三者来。卢育三云：

> 老子认为，慈勇、俭广、后先是对立统一，但在用来解释人事时，往往不是把对立双方的依存看作是相互的，而只是一方依存于另一方，慈才能勇，俭才能广，后才能先。如果离开了慈、俭、后，而仅取勇、广、先，那么，勇、广、先也不可能存在，即所谓"死矣"。这是把慈勇、俭广、后先的关系看做是母子关系。……《老子》书中谈到对立两方面关系的地方很多，但最后都是把它当作母子关系来处理。

卢氏总结的"母子关系"之说十分精当，正切合《老子》之意。慈是勇之本，由慈而来之勇，如子女卫护母亲，其勇不可当，且历久不衰，用之不竭。脱离慈而求勇，勇在一时，久则衰亡，故言"死矣"。俭广、后先同理。子当守母，失其母，则子终亡。世俗之用可竭尽，圣人之用不可尽，圣人可常大不细。

本章结尾复言慈，盖东周诸国君主勇于用民，不恤不慈，民不堪命，是当时主要的问题。故《老子》重点提出慈而始能战，有慈天将助之，以劝君主慈民恤众。

第六十八章

【题解】
    本章所说围绕两个核心，即胜敌与用人，二者又可总结为使人服。胜敌在不争，用人在为之下。服人不以势力，是最高境界。

    善为士者不武，[1]善战者不怒，善胜敌者不与，[2]善用人者为之下。是谓不争之德，是谓用人，[3]是谓配天，[4]古之极。[5]

【注释】
    [1]士，卒之帅。
    [2]与，当。不与，不正面敌对，不与之争之意。
    [3]"人"后王本衍"之力"两字，今据帛书甲乙本、北大本删。
    [4]配天，与天相比并，此指不争之德合于天道。
    [5]极，准则。

【译文】
    高明的统帅不使用武力，善于战斗的人不愤怒，善于战胜敌人的人不与敌人正面争斗，善于用人的在人之下。这叫作不争的德行，叫作用人，叫做合于天道，是自古以来的准则。

【述评】
    "善为士者"，河上公云"谓得道之君也"。王弼注云："士，卒之帅也。"蒋锡昌以为王注非是，士当指君。先秦"士"所指颇泛，下至持干戈以卫社稷之普通国人，上至国君、卿大夫皆可称士。一般而言，国君、卿大夫都可为统帅，结合下文"配天古之极"之说，盖泛指明于道且有位者，河上公以为是国君，不无道理，王说为卒帅亦不误，两说并不矛盾。

"不武"，言不耀武，不以武力服人。不怒，严遵云："动静应天，不以愠起怒。"王弼注云："后而不先，应而不唱，故不在怒。"两者皆以"不怒"为"应"，有所因应，不先挑起战斗。"不与"之与，朱谦之云："古谓对敌为'与'。"《左传》襄公二十五年："一与一，谁能惧我。'与'即'争'也。"不与，不直面而争。古之野战，皆以开阔之处为战场，两军列阵以对，互相攻杀。不直面而能胜，盖言胜在战场之外。

"善于用人的出于人之下"与六十六章"圣人欲上民，必以言下之。欲先民，必以身后之"略同。居人之下则人乐推不厌，则亦乐为其所用。

"是谓不争之德，是谓用人"是对上文的总结。"不争"对应"不武"、"不怒"、"不与"，"用人"对应"善用人者为之下"。两者互相补充，不争而敌服，为人下可为人所拥戴，众人皆已服矣。不争不战则有众，岂不是古之圣王的境界？后文言"配天"、言"古之极"都是用周代流行的观念形容有道之君的极高境界。

本章颇能体现老子思想对于西周主流"以德配天"思想的继承。《诗·时迈》云："载戢干戈，载櫜弓矢，我求懿德。"《国语·周语上》云："先王耀德不观兵。"重德不重武是西周既有的观念，其理论说解是"以德配天"，天命随德而流转，不在武力。《老子》亦强调不争为德，德高可配天。保留了天德关系的框架，而赋予其全新的内涵，抛弃了人格化的天，以道作为其核心内容，德至而道随。冯友兰的形容这种新旧结合的现象为"周虽旧邦，其命维新"，新旧融为一体，这也是中国思想的一个重要特色。

第六十九章

【题解】

　　本章以用兵之道言哀慈为胜利之本。

　　用兵有言：吾不敢为主而为客，[1]不敢进寸而退尺。是谓行无行，[2]攘无臂，[3]执无兵，乃无敌。[4]祸莫大于无敌，[5]无敌几丧吾宝。[6]故抗兵相若，[7]哀者胜矣。[8]

【注释】

　　[1]主，指发动战争一方。客，指应战一方。

　　[2]行，行阵，指军阵。"行无行"至"执无兵"是指应战方不争。

　　[3]攘，举起。

　　[4]乃，王本误作"仍"，且"仍无敌"在"执无兵"前，今据帛书甲乙本、北大本改正。无敌，指发动战争一方无敌。

　　[5]无，王本误作"轻"，今据帛书甲乙本、北大本改。

　　[6]无，王本误作"轻"，今据帛书甲乙本、北大本改。几，近。宝，指慈。

　　[7]若，王本误作"加"，今据帛书甲乙本、北大本改。抗兵，举兵。若，相当。

　　[8]哀，闵，慈。

【译文】

　　用兵者这么说：我不敢进犯，而愿防守，不敢前进一寸，而宁可退后一尺。这就是说：虽然有阵势，却像没有阵势；虽然要奋臂，却像没有臂膀可以举起；虽然有兵器，却像没有兵器可持。这样敌人就自以为无敌。祸患没有比无敌更大的了，无敌差不多丧失了我所说最宝贵的东西。所以两军对垒，哀慈的一方获胜。

【述评】

"吾不敢为主而为客"，古兵家"主客"随地而变，李零云："我入敌国，则敌为主，我为客；敌入我国，则我为主，敌为客。"但本章的主客不辨我国、敌国，泛论双方，当如苏辙所云："主，造事者也。客，应敌者也。"主指发动战争一方，客指应战一方。下句"进寸"就是指发动战争方，"退尺"就是应战一方。两句以为不发动战争，不得已而战，要退却骄敌，待其满盈。

"行无行，攘无臂，执无兵，乃无敌"，传世本顺序多误，"乃无敌"误在"执无兵"前，且"乃"误作"扔"。楼宇烈云：

> "扔"字疑当作"乃"，长沙马王堆三号汉墓出土帛书《老子》甲、乙本经文均作"乃"。观王弼注文说"言无有与之抗也"之意，正释经文"乃无敌"之义。似作"乃无敌"于义为长。作"扔"者，因经文"执无兵"三字误在下（当在"攘无臂"下，"乃无敌"上——楼氏自注），又因三十八章"则攘臂而扔之"句，不明其义者妄改也。

楼说甚是。后出之北大本顺序、文字全同帛书，当作"乃无敌"无疑。

此句旧说皆承误本为释，把"行无行、攘无臂，执无兵"解释为我方之事，此说非是。下文说"祸莫大于无敌"，"乃无敌"是祸事。老子一贯以进取为祸，谦退为福。如此，则祸事当属造事者，不属应事者。故而这段文意当如楼宇烈所说：

> "行无行"意为欲行阵相对而无阵可行，"攘无臂"意为欲援臂相斗而无臂可援，"执无兵"意为欲执兵相战而无兵可执……此均为说明，由于"谦退"、"不敢为物先"，因而使得他人欲战、欲斗、欲用兵、欲为敌而都找不到对立的一方。

因我方谦退，敌方不待战而进，遂自以为强大无敌。林希逸云："以不行为行，以不攘为攘，以无事而为执，此皆示怯示弱，以误敌之计。"所说甚是。

"祸莫大于无敌，无敌几丧吾宝"，两"无敌"传世本多做"轻敌"，帛书甲乙本、北大本皆承前"乃无敌"作"无敌"。王弼本正文虽作"轻敌"，但注文不同正文："非欲以取强无敌于天下也，不得已而卒至于无敌。"高明云："可见王本亦作'无敌'，今作'轻敌'，乃后人所改。"高说甚是，当作"无敌"无疑。

此两句诸家多就"轻敌"为释，误不待言，即便王弼注以"无敌"为释，其说亦可商。王注云：

> 言吾哀慈谦退，非欲以取强无敌于天下也，不得已而卒至于无敌，斯乃吾之所以为大祸也。

王之意是谦退方无敌，无敌为祸，其说实莫名其妙。《老子》主谦退，而此言谦退有祸，与文意有悖。且如此解释，与后文"哀者胜"也难协调，以王之解释，哀者必然是无敌有祸一方，而终言胜，则又非祸。故而王说难从。此"无敌"承上文"乃无敌"而言，是指造事者无敌，无敌则骄而益勇。上章云"舍慈且勇……死矣"，又云"我有三宝：一曰慈"，则造事者已经丧失了老子所说的慈之宝，故而两军对垒，应战方可胜。如此解释，文意一气而下，顺畅通达，更为妥帖。

"哀者胜矣"之"哀"非哀伤之意，诸家多有解说，以蒋锡昌说最有说服力，蒋云：

> 《说文解字》："哀，闵也。"，闵者，即六十七章所谓"慈"也。此言两方举兵相当，其结果必慈者胜，六十七章所谓"慈，以战则胜"也。

上引王弼注云"哀慈谦退"，亦以哀慈义近。哀者胜与"慈，以战则胜"同意。两军对垒，造事者无敌而骄，应战者慈爱士卒，士卒如子护母，勇毅绝伦且不衰，战而能胜是意料中事。

第七十章

【题解】

本章是老子的《离骚》，是老子怀才不遇，曲高和寡的抑郁心境的体现，也是老子对自己的思想自信的体现。

吾言甚易知，甚易行，天下莫能知，莫能行。言有宗，[1]事有君。[2]夫唯无知，是以不我知。[3]知我者希，则我贵矣，[4]是以圣人被褐怀玉。[5]

【注释】

[1]宗，宗主，指道。言有宗，道为我之所言之主，与下文"事有君"皆言我言行以道为依据。

[2]君，君主，亦指道。事有君，道为我所行事之主。

[3]不我知，不知我。

[4]贵矣，王本误作"者贵"，今据帛书甲乙本、北大本改。则，虚词，那么。

[5]褐，粗布衣，古时贫贱者所服。

【译文】

我所说得非常容易明白，非常容易实行，而天下却没有人能够明白，没有人能够实行。我言论行事有所依据。正是因为他们的无知，所以不了解我。明白我的人少，那么我就尊贵了。所以圣人往往是穿着粗衣，怀里却揣着美玉。

【述评】

老子的哲理虽然玄妙，但是其核心不过道德二事，极简易。所行事主于一，只是损之又损，无为而已，十分易行。从这个意义上讲"甚易知，甚易行"。但是正如王注所说："惑于躁欲，故曰莫之能知也。明于荣利，故曰莫之能行也。"天下人为外物所惑，不肯返璞归真，故莫能知、莫能行。

"言有宗，事有君"之言、事即上文所说之言、行。宗，族之主。君，土之主。王弼云："宗，万物之宗也。君，万物之主也。"王注是引申而言之，万物之宗主是道，指我言行以道为背后主宰。此句之意在于说明我言行不被知道的原因，吕惠卿云："以言有宗，事有君，而天下不知其宗与君，是以不吾知也。"世人闻见我之言行而笑之，以其不知我言行以道为宗君。下文"夫唯无知"正是指对宗君之无知。不知宗君，自然不知道我。

"则我贵矣"，今传王本作"则我者贵"，注家把"则"解释为"效仿"。蒋锡昌云：

> 《道德真经集注》引王弼注，"故曰，知我者希，则我贵也"，是王本作"则我贵矣"……《蜀志·秦宓传》与《汉书·扬雄传》颜注均作"知我者希，则我贵矣。"

今帛书甲乙本、北大本皆作"则我贵矣"，知蒋说甚确。如此，"则"字只是连接虚词，不作效仿讲，"此言普通人莫知圣人，此圣人所以贵也。"（蒋锡昌语）下文云"被褐怀玉"，被褐，正言其不为人知，与俗不异。怀玉，正言其贵，上下文协调一致，语意顺畅。

虽然老子没有得到当时统治者的理解与欣赏，但是却并不缺乏知之者，两千年来对老子敬仰崇拜者代有其人，解老的著作源源不断，历代史书皆有著录，有关老子的注说，就有千余种之多。这是一个庞大的系统。老子的深刻思想不仅影响了中国人，随着全球化潮流的兴起，越来越多的海外人士对老子发生兴趣。如果知道这些，老子泉下有知，也许可以稍慰了吧。

第七十一章

【题解】

本章说对真知的认识。

知不知，[1] 上。不知知，[2] 病。[3] 夫唯病病，[4] 是以不病。[5] 圣人不病，以其病病，是以不病。

【注释】

〔1〕知，动词，明白，知晓。"不知"，名词，原指对事物没有知识，此指无所分别，浑然为一。

〔2〕不知，动词，不明白、不知晓。知，名词，圣知之知，原指对事物的知识，此指真知，对知的真正把握。

〔3〕病，艰难困苦。

〔4〕前"病"字，动词，以……为困苦。后"病"字，艰难困苦。

〔5〕不病，没有艰难困苦。

【译文】

知晓事物无所分别，浑然为一，最高明；不知晓何为真知，就会有艰难困苦。以困苦为困苦，（就会在困苦没有成为困苦的时候消除），是以没有困苦。圣人没有艰难困苦，以困苦为困苦，是以没有困苦。

【述评】

"知不知、不知知"表达凝练，宛如诗歌，但也带来了语意的模糊，关键在于如何理解"知"字含义。《老子》去除不知、无知等连用，知字单用，凡有两义，一是知晓之义，绝大部分知都是这个意思。一是指知晓的内容（知识）或拥有知识，不计本章，凡四章：四十七章"其知弥少。是以圣人不行而知"，五十三章"使我介然有知"，五十六章"知者不言"，八十一章"知者不博"。"不知"凡有两义，一是不知晓，大部分都是此意。一是没有知识，凡两章：如五十六章"言者不知"，八十一章"博者不知"。

"知不知"，前一"知"字必定是动词，知晓之义。后"不知"则必定不是动词，当是"没有知识"之意。其意是知晓没有知识。此句还有他说，如河上公以为是"知道言不知"，"言不知"用法不见于《老子》它章，不合文例，可以排除。

"不知知"，有两种断句方式，一是前"知"字为动词，"不"字是修饰知的副词，后"知"字必当是名词。其意是不知晓知识。一是以"不知"为一句，如此必不能作动词用，后"知"必当作动词，否则不成文。其意是没有知识而知晓，或没有知识而自以为有知识。下文云"病"，"没有知识而知晓"不能算是病，也可以排除。则只有没有知识而自以为有知识这一种解释可能。

笔者认为"不知知"句以"不知"断句不合文意。这要借助理解"病"字含义。病字含义颇多，除却疾病之意，《汉语大词典》罗列有疲惫、艰难困苦、弊、祸害、耻辱、怨恨等。要之，病是不好之意，艰难困苦比较有概括性，今取此意。"病病"之前"病"字必定是动词，历来注家基本没有异辞。"病病"就是以病为病，把病作为病之意。"圣人不病，以其病病，是以不病"，圣人没有艰难困苦，是因为圣人把艰难困苦作为艰难困苦，所以没有艰难困苦。此意又见于六十三章"多易必多难，是以圣人犹难之，故终无难矣"。多轻忽必然多祸患，圣人尤其谨慎的对待灾祸，所以不会有灾祸。六十三章消除灾祸的方式是"图难于其易，为大于其细"，在祸患没有萌生的时候消除祸患。此章圣人之法不当异于彼章圣人之法。如果把"不知知，病"解释为没有知识而自以为有知识，这是一种困苦，那么又怎么消除这种困苦呢？圣人莫非有它法？结合六十三章，我们可以肯定地说"不知知"句以"不知"断句是不合适的。

此章王弼注云："不知知之不足任，则病也。"不知就是不知晓，为动词。这样"知不知，不知知"上下两句是同样的动词＋宾词的结构，两个宾词"不知"和"知"都是概念化的名词。知，即圣知之知，一般指对事物的知识，释德清云：

　　世人之知，乃敌物分别之知，圣人之知，乃离物绝待，照体独立之知，无所知也。

凡俗以分别为知,《老子》以为事物本身是无所分别，浑然为一，对于整一之体的把握，就是知，这才是真知。"知不知，上"指知晓事物无所区分，浑然为一，就高明。"不知知，病"指不知晓真知，不知浑然之一，就会有艰难困苦。明白凡俗分别之知是会带来困苦，而欲消除这种困苦只有在困苦还没有发生的时候消除它，去除凡俗分别之知，复返于一，则困苦可除。这也就是六十三章所说的圣人不病不难之法。《老子》全书只此一法，别无他法，章章皆可印证。

第七十二章

【题解】

　　本章之意是劝君主惧天之威，为天下以公，不自私，不自贵。

　　民不畏威，[1]则大威至。[2]无狎其所居，[3]无厌其所生。[4]夫唯不厌，[5]是以不厌。[6]是以圣人自知不自见，[7]自爱不自贵。故去彼取此。

【注释】

　　[1]威，使人畏惧慑服的力量。

　　[2]大威，指天威。大威至，指天将动威惩罚君主，祸患将至之意。

　　[3]狎，通作"狭"，窄小。

　　[4]厌，厌足，满足。

　　[5]厌，厌足，满足。

　　[6]厌，厌弃。

　　[7]见，通作"现"，显露，出现。

【译文】

　　民众不畏惧君主之威，那时候天将动威惩罚君主。不要使君主的居止狭窄，不要使君主自身的生活厌足。君主不厌足自己，就不会被厌弃。所以圣人自知而不自我显现，自爱而不自以为尊贵。所以君主要舍弃狎居、厌生而选择不自现、不自爱。

【述评】

　　本章之意是劝君主不自贵。相对于那些玄奥的章节而言，要简单得多。

几乎是直接告诉统治者要如何，不要如何。一片良苦用心，两千年之下，仍然可以真切地感受到。

首句"民不畏威，则大威至"，历代诸家基本都以为此是对君主说话，言民众不畏惧君主之威，则大祸降至。如王弼注云："威不能复制民，民不能堪其威，则上下大溃矣，天诛将至。"东周时代，贵族与民众矛盾重重，在《老子》一书中即有很多体现，如"民之饥以其上食税之多"，"民之轻死，以其求生之厚"（七十五章），"民不畏死何以死惧之"（七十四章）。贵族威信日渐为民众蔑视，《左传》襄公十年："筚门闺窦之人而皆陵其上，其难为上矣。"在这种情况下，《老子》对君主提出警示，言"大威至"。大威至，如今言将受到惩罚。王弼以"天诛"解释"大威"颇为合适，盖能动威惩罚君主的只有天了。劈头以为警示，在于引入如何避免祸患的下文。

"无狎其所居，无厌其所生"，历代注家颇多歧异，主要区别在于此句"其"字何指。主要有两个方向，一是以"其"指君主，如王弼、河上公、严遵等古代注家多从这个方向解释。一是以"其"指民众，宋人王雱首倡此意，近代诸家多从此说。

"无狎其所居"之"狎"字古今版本多异，帛书甲本作"闸"，乙本作"伊"、北大本作"柙"，河上公本作"狭"。诸字音近皆可通。朱谦之、高明皆从奚侗说读作"狭"，隘之意。北大本整理者以为当读作"柙"。《说文解字》"柙，槛也。""槛，栊也"。栊指圈养禽兽的笼槛。两说意思有差异，亦有相近之处，大体此字是"限制"之意，读作"狭"比较易懂。"无狎其所居"即不要限制"其"居处或居止之意。

"无厌其所生"之"厌"，有两说，一，解释"其"为君主的读作"厌足"之"厌"，厌其生，即满足君主欲望之意。二，解释"其"为民众者读作"压"，压榨之意，厌其生，即压榨民众的生存之意。何者为是，颇费思量。

揣摩文意，"其"当指君主，"厌"当读作"厌足"之"厌"。解决这个疑难的关键在于对"居"的理解。如果以"其"指民众，"无狎其所居"即不"蹙其居之广"（王雱）或"不要逼迫人民的居处"（陈鼓应）之意。正面说，即民众当有广居，或者民众当自由居处之意。此与《老子》全书之意不合，八十章说："甘其食，美其服，安其居，乐其俗。邻国相望，鸡犬之声相闻。民至老死，不相往来。"《老子》言民众之居，欲其安而已，不言欲其广。希望民众不相往来，非自由居处。故而把"其"字解释成民众是有困难的。王雱之说古少人从，而近代学者皆从此说，盖与近代阶级压迫之说流行有关。

"不狎其所居"，肯定的表达即是"广其居"。《孟子·滕文公下》："居天下之广居，立天下之正位，行天下之大道。"赵岐注云："广居，谓天下也。"孙奭疏云："孟子言能居仁道以为天下广大之。"此是儒家学说，但广居一词是不在一处，胸怀天下之意无疑。下文云"不自见"、"不自贵"，正是无己之意。无己正与胸怀天下之意照应，益证"不狎其所居"正是广居之意。

"其"不解释为"民众"，则"厌"也不能解释为压榨，当解释为"厌足"。"厌其所生"，即满足生活之欲求。五十三章"厌饮食"正是其中一例，而这里所说的生又不止于饮食。"不厌足其生"也是不要注重自身之意，与"广居"之胸怀天下，"不自见"、"不自贵"之无己，非常协调。不厌足自己，则民众就会拥戴他，不会厌弃他。六十六章所谓"天下乐推而不厌"，正与此章后一"不厌"同义。

圣人如同水利万物一样利民众，从不把功绩看作是自己的功劳。明白这个道理就是"自知"。自知就不会把自己放到人民的上面，民众只是知道有之而已，却感觉不到实际存在。故云"不自见"。圣人欲上民，必以言下之，不认为自己地位显贵，而凌驾于他人之上，故云"不自贵"。这样可以不招致怨恨，这是对自己的珍爱，故云"自爱"。君主欲使其位永保而天不怒，舍此无良法。此为"所取"，"所去"者就是上文所说的"狎其所居"、"厌其所生"。

第七十三章

【题解】

本章言柔弱不敢合于天道。

勇于敢则杀，[1] 勇于不敢则活。[2] 此两者或利或害，[3] 天之所恶，[4] 孰知其故？[5] 天之道，[6] 不争而善胜，不言而善应，[7] 不召而自来，繟然而善谋。[8] 天网恢恢，[9] 疏而不失。

【注释】

〔1〕敢，指坚强有为。杀，死。
〔2〕不敢，指柔弱。
〔3〕两者，指勇于敢和勇于不敢。利，指活。害，指死。
〔4〕恶，厌恶。
〔5〕"故"下王本衍"是以圣人犹难之"七字，今据帛书甲乙本、北大本删。
〔6〕道，此指原则、方略。
〔7〕应，应对，指万物无所不应。
〔8〕繟，宽缓。谋，谋划。
〔9〕网，罗网。恢恢，广大。此句喻天为广大之网。

【译文】

勇于坚强就会死，勇于柔弱就能活。这两种选择或者有利，或者有害，天所厌恶则有害，谁知道其中的原因呢？天的原则方略是不争却能够得胜，不言而善于应对，不召万物而万物皆来，宽缓而善于谋划。天对所厌恶的事物的网罗查处广大无边，虽然稀疏而不会有遗漏。

【述评】

首句"勇于敢则杀，勇于不敢则活"，蒋锡昌有个很好的解释：

> 七十六章云："坚强者死之徒，柔弱者生之徒。""敢"即"坚强"，"不敢"即"柔弱"。"勇于于敢则杀，勇于不敢则活"言勇于坚强则死，勇于柔弱则生也。

用坚强、柔弱解释敢与不敢，以老解老，十分恰切。二者同勇，而结果不同是为什么呢？下文指出其原因。

"此两者或利或害，天之所恶，孰知其故？"理解这句的关键在于"两者"、"利害"与天的关系是怎样的。此句中"恶"是厌恶之意，"天之所恶"是说天有所厌恶，利害显然与天有关系，揣其意，当是天所恶则有害，反之则有利。进而可知"勇于敢"为天所恶。三者间关系已经在此句中说明，"孰知其故"自然不是问谁导致利害，而是问：为什么勇于敢为天所恶？

"天之道"至"疏而不失"正是回答上面提出的问题。此句中的"道"不是作为本根的终极之道，而是原则、方略之意，如"文武之道"之"道"字。下文"不争"、"不言"、"不召"、"繟然"即天之道的具体表现，善胜，善应、善谋则是天道施行的结果。

不争，指天无所争，而无物可敌。不言，依《老子》一书之常例，是不发号施令之意。"不言而善应"，严遵云："不言而无所不应。"河上公云："天不言，万物自动以应时。"天不发号施令，而物皆应天。"不召自来"，严遵云："不召而无所不来。"河上公注云："天不呼召，万物皆负阴而向阳。"王弼注云："处下则物自归。"汉魏旧注一致以为所谓不召是指天不召万物，而万物自来。盖言天不求而得尊，非谓人不召而天之赏罚自来，后来注家以此为释者皆误。繟然，严遵本作"坦然"。河上公云："繟，宽也。"焦竑云："舒缓也。"繟然，盖言天平易宽缓。苏辙云："繟然舒缓，若无所营，而其谋度非人所及也。"天平易宽缓，无所经营，而万物皆成，谋而后成者不能比拟。

天行事不争、不言、不召、繟然，"勇于不敢"正合天之道，故其可活。勇于敢则不合天道，故其为天所杀。杀与活只是与天道相合与否，这也就回答了上面"孰知其故"的问题，有识之士当秉持柔弱不敢，以合天道。

末句"天网恢恢，疏而不失"，注家颇以为是天为赏罚，人无所逃之意。《老子》以为"天道无亲"，何来赏罚？上文意言天道不争繟然，不得忽言天之赏罚，与文意背离。此处当从严遵注：

> 惚恍之罗设，而无状之网施，泛淫潢漠，辽远留迟，密察无间，与物推移。故在前而不可远，在后而不可先，静作而不可闻，进退而不可见，终始祸福，吉凶自反，非出天外，莫之能遁也。

言天似无所不在之网罗，万物皆在其中，不能脱离之。合天道则活，不合天道则为天所杀。不合天道者，虽得暂存，终必灭亡，不能脱于天道之外。

第七十四章

【题解】
　　本章批评统治者滥用严刑峻法杀戮百姓。

　　民不畏死，奈何以死惧之？若使民常畏死，而为奇者吾得而杀之，[1]孰敢？常有司杀者，[2]夫代司杀者杀，是谓代大匠斲。[3]夫代大匠斲者，希有不伤其手矣。

【注释】
　　[1]"得"下王本衍"执"字，今据帛书甲乙本、北大本删。奇，不正，指诡奇扰乱民众的行为。
　　[2]"者"后王本衍"杀"字，今据帛书甲乙本、北大本删。司杀者，掌握刑杀者，此指天道。
　　[3]大匠，高明的木匠。斲，砍削。

【译文】
　　民众不畏惧死亡，为什么要用死亡来威胁他们呢？如果民众总是畏惧死亡，那么把诡奇扰乱民众的人杀掉，还有谁敢继续作？杀人应当是由主管杀的上天来处理，如果代替司杀者杀人，就如同代替木匠砍木头，很少有不伤手的。

【述评】
　　本章批评统治者滥用严刑峻法杀戮百姓，刑罚从根本上讲是起不到作用的，这可以从两方面来看。民众只有怕死与不怕死两种可能。假如不怕死，那么用死亡来威胁他，是完全起不到作用的。假如怕死，把为非作歹的人杀掉，还有谁敢胡来？当时的统治者正是采用第二种方法，然而却不见效。可见民众是不怕死的。所以严刑峻法根本上是无用的。

这里的司杀者，直译是掌管生杀者，这里指天道。河上公注："司杀者谓天，居高临下，司察人过。天网恢恢，疏而不失。"天道不能直接杀人，是通过人事来体现的。王弼注云："为逆，顺者之所恶忿也。不仁者，人之所疾也。故曰常有司杀也。"不仁或为逆者，是被反对他们行为的人所杀死的，这种对奇行的杀伐正是替天行道。

正是因为有最高的司杀者——天道的存在，统治者滥用刑罚就是越俎代庖，代司杀者杀，这种行为不会有好的后果。

此章可与上下章合看。上章云"勇于敢则杀，勇于不敢则活。此两者或利或害，天之所恶"，正是天司杀之意。下章云："民之轻死"，正是民不畏死之意。三章各有主题，其规劝君主毋妄为而欲其合于道则是一致的。

治理天下只要自然无为就可以天下太平，而当时的统治者却要任凭一己之意，鲁莽行事。不是维持自己的奢侈生活，满足过渡的欲望，就是兴建功业，动武兴兵。民众稍有异动，统治者就挥舞屠刀，肆意杀戮。社会的混乱首先是统治者的混乱，只有统治者纠正了自身的弊病，才可以谈天下的大治。这是老子时代的政治问题，难道不是一个永恒的政治问题么？

第七十五章

【题解】

　　本章指出国家不治是由于统治者的自私妄为造成的。

　　人之饥，[1]以其取食税之多，[2]是以饥。百姓之不治，[3]以上之有以为，[4]是以不治。[5]民之轻死，[6]以其求生之厚，[7]是以轻死。夫唯无以生为者，是贤贵生。[8]

【注释】

　　[1]人，王本误作"民"，今据帛书甲乙本、北大本改。

　　[2]取，王本误作"上"，今据帛书甲乙本、北大本改。其，指君主。

　　[3]百姓，王本误作"民"；不，王本误作"难"。今据帛书甲乙本、北大本改。

　　[4]前"以"字后王本衍"其"字，后"以"字王本脱，今据帛书甲乙本、北大本删补。

　　[5]不，王本误作"难"，今据帛书甲乙本、北大本改。

　　[6]轻死，以死亡为轻，对死亡不看重，不畏惧死亡之意。

　　[7]其，指统治者。生，生活。厚，丰厚。生之厚，指超过所需的奢侈生活。

　　[8]"贤"后王本衍"于"字，今据帛书甲乙本、北大本删。贤，优。贵生，以自身之生为贵。

【译文】

　　民众之所以饥馑，是因为统治者税收太重，因此陷于饥馑。民众难于治理是因为统治者的有为，所以才难治。民众不看重死亡，是因为统治者追求奢侈的生活，所以不看重死亡。不在生活上有过分的追求，要胜过奢侈的生活。

【述评】

以帛书甲乙本、北大本对校，知本章今本颇多讹误，尽管如此，意思并无太大的偏差。"人之饥"之人，"百姓之不治"之"百姓"，王本皆作"民"，人、百姓、民，语意稍有差别，人多用泛称，百姓、民多对君而言，此三者兼用，盖变文避免重复，亦显示受君主影响的范围广泛，文义区别不大。

"以其取食税之多"之"其"字当指君主，下言"取食税"即是明证。以此例下文，则"以其求生之厚"之"其"也当是指君主。以君主税多役重，故民不堪命而轻死，税役皆为君主自厚其生。如七十二章"民不畏威，则大威至。无狎其所居，无厌其所生"之"其"皆指君主，与此同例，可为佐证（详见七十二章）。

"百姓之不治，以上之有以为"之"上"，帛书甲乙本作"其上"，如果这样，此"其"字必指"百姓"，与上下文不协。北大本无"其"字，是此句之真容，颇为可贵。"有以为"今本无"以"字，郑良树云："以居上者杀人成威，赋下以自奉，自私为己故也。今本皆夺'以'字，文义不完整。"

"百姓之不治"之"不治"，盖言政令不行，民不听命。《管子·国蓄》："法令之不行，万民之不治，贫富之不齐也。""轻死"盖言悍不畏死，至于叛逆。"人之饥"、"百姓之不治"、"民之轻死"，言祸乱一层重于一层，由饥至于不服从政令，再至于叛逆。"不治"今本皆误作"难治"，"难治"是难于治理，政令不行之意不明显，与层层递进的关系不够紧密。

人之饥"、"百姓之不治"、"民之轻死"究其原因是君主妄为所导致的。王弼注云：

> 言民之所以僻，治之所以乱，皆由上不由其下也，民从上也。

治乱皆与统治者的行为有关，君主是治乱的关键。君主之乱国在于"取食税之多"、"有以为"、"求生之厚"此三者皆为自身之生，概言之即所谓"贵生"，以自身之生为贵，有己无人，祸国乱民。想要除去祸乱，必须君主去除对自身之生的过分重视，即所谓"无以生为"，不以自身之生而有所为，"既以为人，己愈有，既以与人，己愈多"，天下为公，则国可定。

今本此章文字与古本有较大区别，今本文字如下：

　　民之饥以其上食税之多，是以饥。民之难治以其上之有为，是以
难治。民之轻死以其求生之厚，是以轻死。夫唯无以生为者，是贤于
贵生。

古本《老子》之意颇不显豁，今本首句增一"上"字，变"人"、"百姓"
为"民"字，则上与民之对立易明，末句贤贵之间增一"于"字，比较之
意更加明显，虽有讹误，但其对文意的理解是正确的。

第七十六章

【题解】

　　这一章说柔弱为生之道，强大者当守柔以避免死亡。

　　人之生也柔弱，[1] 其死也坚强。[2] 万物草木之生也柔脆，[3] 其死也枯槁。[4] 故坚强者死之徒，[5] 柔弱者生之徒。是以兵强则不胜，[6] 木强则兵。[7] 强大处下，柔弱处上。

【注释】

　　[1] 柔弱，指人活着的时候身体柔软。
　　[2] 坚强，指人死的时候身体僵硬。
　　[3] 物，品类。万物，此指草木品类之繁。
　　[4] 枯槁，干枯。
　　[5] 徒，类。
　　[6] 不胜，不自矜伐其胜。
　　[7] 兵，帛书甲本作"恒"，乙本作"竞"，北大本作"核"。疑作"核"为是。核，通作"荄"，草根。

【译文】

　　人活着的时候身体柔软，死的时候就会僵硬。万物草木存活的时候柔脆，死的时候则干枯。所以坚强属于死一类，柔弱属于生一类。所以兵强需要不自矜伐其胜，木坚强需要根深。强大处在下面，柔弱处在上面。

【述评】

"人之生也柔弱，其死也坚强"，言人活着的时候身体柔软，死的时候就会僵硬。"万物草木之生也柔脆，其死也枯槁"，进而言不仅人如此，万物草木皆如此。此"万物"之"物"是品类之意，万物盖指草木品类之繁，不指万有之众物。《易纬通卦验》卷下："灾则泽涸，物枯槁不生。"指泽中凡草木之物类皆不生长。这两句都是为了引出本章的中心句"坚强者死之徒，柔弱者生之徒"。坚强总是与死亡并存，柔弱与生机共生。这三句中有似于比兴，首两句以具体现象起兴，后一句由此及彼，由具体事例而得出其事理。下一句则是依此事理以行事。

"兵强则不胜，木强则兵"一句有异文而多异说，此句与下句"强大处下，柔弱处上"语意连绵，需要一起解释，此先确定后者之意。此处历代注家有基本一致处。严遵云：

> 小不载大，轻不载重。故强人不得为王，强木不得处上。……强木处上，则根本枯槁。众人为大故居下，圣人为小故居上。强大居下，小弱居上者，物自然也。

河上公云：

> 兴物造功，大木处下，小物处上。

王弼注"强大处下"为"木之本也"，"柔弱处上"为"枝条是也"。王以木为譬喻，强大处下的是根，柔弱在上的是枝条。其余解释尚多，大体略同，不一一列举。诸家皆以"强下弱上"为强弱搭配为一体之意。树木的比喻最为恰当，根为强，枝条为弱，枝条有赖于根。《老子》他章之语"重为轻根"与此最为接近。以重制轻，方可持久。只有枝条没有根本是轻失其重，必不得活。

以"以重制轻"之意解读上句"兵强则不胜"，兵为轻，则必有重者制之，不胜即是重。三十章云：

> 不以兵强于天下……善者果而已，不敢以取强。果而勿矜，果而勿伐，果而勿骄，果而不得已，是谓果而勿强。

三十章谓兴兵取胜，兴兵者不敢取强，只是取胜而已，不矜伐其兵强。与此章对读，"果而勿矜，果而勿伐，果而勿骄，果而不得已，是谓果而勿强"即本章所谓"不胜",不以胜利为胜利,不因胜利而矜伐。以"不胜"为重,制"兵强"之轻。如此上下文之间,本章与三十章之间,语意贯通而协调。注家多以为"不胜"是耀武逞强的结果,与上下不协,皆误。

"木强则兵"之"兵"字,众本歧异,帛书甲本作"恒",乙本作"竞",北大本作"核",传世本多从严遵本作"共"。以上下文来说,疑作"核"为是。"核",通作"荄",草根之意。《汉书·礼乐志》:"青阳开动,根荄以遂。"颜师古注:"草根曰荄。"此处"核"从木,盖言是木之根,故不从艸。"木强则荄"即木为轻,根为重,以根之重制木之轻,与上文文例正同。严遵作"共",其释义云:

> 夫巨木,高百寻,大连抱,头剖中门,尾判中户,不蒙华实,常在于下,千枝万木,舒条布叶,青青葱葱,共生其上者,以其形大而势强也。

言枝条共生大木之上,其意正是大木为重,以制枝条之轻,与此"木强则荄"之意颇为接近,盖得此章之意。

帛书"恒"当读作见母蒸部的梗,也指草木的茎或根,"荄"为见母之部字,两者音义皆近,可互通。帛书乙本"竞"是群母阳部字,与梗、荄声音相近,亦可通假。严本共字,古来注家皆以为通作"拱",是见母东部字,有树木粗壮之意,盖与"梗"音义相近。(上举严说以"共生"为释,不如以拱为释更好,但严遵以大木与枝条为比喻则是正确的。)王本作"兵",或为"共"之讹字。

第七十七章

【题解】

本章劝说有国者要体天之道，无私不显。

天之道，其犹张弓与！高者抑之，下者举之，有余者损之，不足者补之。天之道，损有余而补不足；[1] 人之道则不然，损不足以奉有余。[2] 孰能有余而有取奉于天者，[3] 唯有道者。是以圣人为而不恃，功成而不处。其不欲见贤。[4]

【注释】

〔1〕补，帛书乙本作"益"，北大本作"奉"，北大本或是。

〔2〕奉，给予。

〔3〕而有取奉于天者乎，王本误作"以奉天下"，帛书甲本"有"后有"以"字，"者"后有"乎"字。乙本"而"后"奉"前缺两字或三字，其余同甲本。今据北大本写定。

〔4〕见，通作"现"。

【译文】

天行事的规律，不正像张弓么？高的压下去，低的抬起来，有余的减损它，不足的补益它。天行事的规律，减损有余而补益不足；而人行事的规律却减损不足而给予有余。有余者谁能取其所余给予天？只有有道的人。是以圣人有作为而不自恃，功业成就而不自居，他不想显露自己的贤能。

【述评】

首句以张弓来比喻"天之道"，张弓的解释颇多，大体两个方向，一是解释为弓上弦、调弦或调弓。如严遵、河上公、高亨等。一是以为是拉弓。如林希逸、范应元、任继愈等。《周礼·弓人》通篇皆言弓体制作，只一处提及弦，即"春被弦"，是弓制作的最后一道工序。弓上弦之前其性能属性基本已经确定，调整困难。于弓而言，上弦似乎基本无甚影响。古人所谓调弓，一是制作过程中使材料配合合理，一是按人的力量、性格以及需要的不同配以不同性能属性的弓。所以很难用"高下"来形容调弓。因此解释成拉弓似乎更可能。刘笑敢云："古人弓箭术语，后人难以理解，但无碍理解本章大意。"刘说甚是，张弓一词难解，但基本不妨碍理解文义。

此"天之道"、"人之道"，不是指终极之道，而是行事规律的之意。此所谓"规律"也不是物理定律里面的规律或事物的内在必然联系，而是如"作息很有规律"之"规律"，依据事物活动中反复出现的现象，拟定为一种可以用于预知该事物将来活动的行事大势。《诗经·小雅·十月之交》云"高岸为谷，深谷为陵"，最能体现天抑高举下，损有余而补不足之宏伟场面。原本为高山，不知何时，变为低谷；原为深谷，不知何时，变为高山。究其所为，非人力所及，天道为之。

人反天之道，劫贫济富，富者益富，贫者日贫。沈一贯有词语痛切的描述：

> 人之道则不然，哀聚贫贱之财以媚尊贵之心。下则箠楚流血，取之尽锱铢；上则多藏而不尽用，或用之如泥沙。

统治者取不足以自余，而天损有余者，虽此时爵高位尊，不可一世，不知何时，天道将抑之使亡。

"孰能有余而有取奉于天者"，各本有异，帛书甲乙本、北大本略同此，传世本多做"孰能有余以奉天下"。两本文字有异，文意相差不大。"有余而有取"为一读，"奉于天者"为一读。"有余而有取"是言有余者自取其余。奉，赠予、给予之意。《左传》僖公三十三年："天奉我也。奉不可失，敌不可纵。"杜预注："奉，与也。"有余者自取其余赠予天，供天以补不足。传世本无取字，语意稍模糊，尚不至于误会。"奉天下"与"奉天"对象不同，然而奉于天，天也不是自己享用，而是以补天下不足者，传世本是直接说出最终的受益者。总体上，古本用词更精准，更能体现君主顺天之意，优于今本。高明以为"取奉于天"为一词组，"奉"通作"法"，"取奉于天"是取法于天之意。其说颇迂远，今不取。

"为而不恃，功成而不处，不欲见贤"，虽然做了很多，但都不自居功劳，这对应前面自取奉天。苏辙云："为而恃，成而处，则贤见于世。贤见于世，则是以有余自奉也。"自居功劳而显示自己则是自积，必将至于有余，待其有余则为天损，故不居则不损。八十一章"圣人不积。既以为人己愈有。既以与人己愈多。"明智的君主就是天下为公，不自积累，给予众人，如此才能其位长存。

第七十八章

【题解】

　　本章说如水柔弱不为耻辱，君主当秉持之。

　　天下莫柔弱于水，而攻坚强者莫之能胜，以其无以易之。[1]水之胜刚，[2]弱之胜强，[3]天下莫不知，莫能行。是以圣人云：受国之垢，[4]是谓社稷主；[5]受国不祥，[6]是为天下王。正言若反。

【注释】

　　[1]以，王本脱，今据帛书甲乙本、北大本补。以，用。其，指柔弱。易，慢易，轻视。

　　[2]水，王本误作"弱"，"刚"字王本误作"强"，今据帛书乙本、北大本改。

　　[3]弱，王本误作"柔"，"强"字王本误作"刚"，今据帛书乙本、北大本改。

　　[4]垢，耻辱。

　　[5]社稷，古代帝王所祭祀的土神和谷神，引申指国家。

　　[6]不祥，不善。

【译文】

　　天下没有比水更柔弱的，然而攻击坚强的东西却没有什么能胜过它，以水为用者没有谁可以轻视他。柔弱可以胜过刚强，天下人没有不知道的，却没有人能够实践它。是以圣人说，承受国家的耻辱，可以称之为国家的君主，承受国家的不善，可以作为天下的君王。

【述评】

"天下莫柔弱于水，而攻坚强者莫之能胜"，首句言水外表虽弱，但实际刚强。河上公云：

> 圆中则圆，方中则方，壅之则止，决之则行。水能怀山襄陵，磨铁消铜，莫能胜水而成功也。

水在圆形的器皿中即为圆，在方形的器皿就是方，可谓十分柔顺，任人驱驰。而水又可以淹没山陵，即使消磨铜铁也离不开水，可见其坚强无比。

"以其无以易之"，今传王本无"以"字，帛书甲乙本、北大本有。王弼注云"以，用也。其，谓水也。"明确的注出"以"字，则王本本有，今传王本为后人所改，今改回。此"以"字十分重要，没有会影响文义。王注明云"以"为用，"其"指水。用水，即以水为用，效法水之柔弱，效法需要主体来效法，这个主体就是君主，这样与下文"社稷主"、"天下王"正相呼应。无"以"字，则必不能解为君主效法水，与下文割绝矣。

"易"字说解颇多，有慢易、容易、变易等等，劳健云：

> 诸本互异，"易"之解亦各自为义。王弼注："无物可以易之。"谓更易也。玄宗注："万变而常一。"谓变易也。河上注："攻坚强者无以易水。"谓容易也。六朝本作"言水柔弱，而攻坚强者莫之能胜，无易之"三句，则为毋轻视其柔弱之意，谓慢易也。景福作"以其无能易之"，亦可解为因其无能而人轻视之。明李宏甫云："其无以轻易柔弱为也。"正解如六朝本，暗合于古矣。今取诸本互勘，解如慢易，与上文相贯，义长。

劳健以为"慢易"义长，甚是。唯劳健以为王本作"更易"却不一定，王本亦可作"慢易"。王注云："言用水之柔弱，无物可以易之也。"其上"以"、"其"二注已经把文意理解为君主以水为用，"易之"的"之"字当指君主，"易"可以解释为更易，也可以解释为慢易。更易或变易，即不能变更君主。慢易，不能轻视君主。慢易亦可通，如此，王弼之意与劳健所说六朝本的理解是一致的。

"水之胜刚，弱之胜强"，王弼本误作"弱之胜强，柔之胜刚"。本章上文言水之弱而强，下文言"受国之垢"，言"受过不祥"正是以水为比喻，如果此处作柔弱刚强，则后文之比喻无来处。故而本章不是强调柔弱，而是聚焦于水，故而此处当作"水之胜刚"。后人以为对仗不工，遂以意改之，致使传世本失去焦点。

水外表柔弱而其实坚强，君主以此为用，没有人可以轻视他。为什么要特意提出"水"会被人轻视呢？释德清云："世人皆以柔弱为不足取，率轻易之，故天下皆知之而莫能行，以柔弱为垢辱不美之称故也。"其解说甚好，可以沟通上下文。盖世俗唯恐自己不有坚强之名，不愿承担柔弱之称。君主常有此恐惧，老子即提出古圣人的话来劝说君主"受国之垢，是谓社稷主；受国不祥，是为天下王"，只有承受国家的耻辱与不祥，才能成为社稷主、天下王。君主实不必忧虑，可以效法水而行。

本章"以其无以易之"一句十分关键，如果无"以"字，则不能引出"君主"。如果把"易"字解释为容易、变易等，则不能引发垢辱不祥之文，致使上下隔绝。传世本正是因为此句脱文而理解歧异，今赖古本出土，可排除异说，定于一义。

末句"正言若反"，是说合于正道之言，世俗人听起来皆如无稽之言，盖指上文"柔弱坚强"之意，然而此句作为《老子》全篇行文特点的概括也十分合适。高延第云：

> 此语并发明上下篇玄言之旨。凡篇中所谓"曲则全，枉则直，洼则盈，敝则新"，柔弱胜强坚，不益生则久生，无为则有为，不争莫与争，知不言，言不知，损而益，益而损，言相反而理相成，皆正言若反。

第七十九章

【题解】

　　本章说君主当施与而不索取，如此则天将助之，民怨可根除。

　　和大怨，必有余怨，安可以为善？〔1〕是以圣人执左契，〔2〕而不责于人。〔3〕有德司契，〔4〕无德司彻。〔5〕天道无亲，常与善人。〔6〕

【注释】

　　〔1〕安，怎么。
　　〔2〕契，要约，如今之合同。古者借贷要约刻木为券，中分之，右者为债权人所有，左为债务人所有。
　　〔3〕责，求，索取。
　　〔4〕司，主。
　　〔5〕彻，周代税收的名称。
　　〔6〕与，助。

【译文】

　　调和深重的怨恨即便成功，必然还有余留的怨恨，这样怎么可以称为善呢？所以圣人仅是握着契券的左半，只给予他人，而不向求人索取。有德的人只主管左契而不索取，无德的人却主管收税。天道无所亲，总是协助善人。

【述评】

北大本、严遵本本章与上章合为一章，盖古来颇有以为此两章主旨相近者。魏源云："承上章受垢受不祥，而申言无我不争之难也。"有一定道理，上章主要要君主似水而不争，本章是以契券为喻，说明君主当不有。二者虽相近，但譬喻不同，各有所重，分开更合适一点。

"和大怨，必有余怨"，此所谓怨是指对君主的怨。范应元云：

> 为政以德，则民自无怨。苟不以德，而刚强多欲，取之不以度，使之不以时，则民怨。及其有祸乱大作，方且抚绥而和释之，则亦必有余怨矣。

林希逸云：

> 人有大怨于我，而必欲与之和，虽无执怨之心，犹知怨之为怨，则此心亦未化矣。

范、林皆以怨为对我（君主）的怨。是也。下文以契券为喻，谓"不责于人"，盖人有怨我，我报怨以德，和之而至于无怨方为至善。人之怨我，亦有其因，七十五章云"人之饥，以其取食税之多"，"民之轻死，以其求生之厚"。君主暴取于人，而至于人之饥寒轻死，是主要原因。即便施小恩惠暂时平息了怨恨，不改变君主的行为方式，人之怨心难平，终将为怨。如此反复，终将君位不保，不是长存久视之道，不能算是善。必至于消除怨心，方是至善之法。

"执左契，而不责于人"就是去除怨心的办法。所谓契，如今之合同。古者借贷要约刻木为券，中分之，合约双方各执一半。古盖以尊者执右。高亨云：

> 古者契券以右为尊。《礼记·曲礼》："献粟者执右契。"郑注："契，券要也，右为尊。"《商子·定分》篇："以左券予吏之问法令者。主法令之吏，谨臧其右券木柙。以室臧之。"《战国策·韩策》"操右契而为公责德于秦魏之王。"并其证也。

尊者执右契，学者无异词。而圣人是否当如尊者执右契，或圣人不自尊而执左契，有不同的理解。"左"字帛书甲本作"右"，帛书乙本、北大本作"左"，异文更加剧了这种分歧。从前者如高亨、高明、郑良树等，从后者，如吕惠卿、吴澄、楼宇烈等。此外还有交换左右契之说，如蒋锡昌、张松如。

以全文文意而论，当以后者为是，是圣人不自尊而执左券。吕惠卿云：

> 盖古之献车马，执右契，右契所以取，左契所以与，则左契者，常以与人而不为物主者也。圣人为而不恃，功成不居，每以有余奉天下……则是执左契以与人，而不为物主，此其所以无怨而不责于人之道也。

吕惠卿指出"右契所以取，左契所以与"十分正确。右券是债权人所有，左券是债务人所有，债权人向债务人索取，故而是执左券者给予执右券者。《老子》正文云圣人执左契，正是圣人给予。与七十七章"以有余奉天"，八十一章"既以为人，己愈有，既以与人，己愈多"，圣人作为给予一方完全相合。圣人执左契正如吕惠卿所言，是"成功而弗居"的另一种说法，尊而不自以为尊。

古之君主有取于民，常以借为辞。《孟子·滕文公上》："助者，籍也。"赵岐注："籍者，借也，犹人相借力助之也。"《诗经·周颂·载芟》序郑玄笺："籍田……籍之言借也，借民力治之，故谓之籍田。"《风俗通义·先农》："古者，使民如借，故曰藉。"《汉书·贾山传》："周盖千八百国……什一而籍，"颜师古注："籍，借也，谓借人力也。"籍即借之意，《孟子》所言"助者，籍也"，《汉书》所言"什一而籍"，是言古之税收之法，收税以借为辞。籍田是用民力以耕君主之田，也以借为辞。君主为借入方，是债务人；民众为借出方，是债权人。如此则君主正当持左契，益证《老子》此处当是圣人不自尊而执左契。

"不责于人"，则是说圣人只是给予，不向民众索取。"有德司契，无德司彻"，正对应"执左契，而不责于人"。彻，是周代税收制度，税收正是向民众索取。"有德司契"是说有德的君主给予他人，"无德司彻"是说无德的君主向他人索取。给予与索取的区别也决定了是否使人怨恨。

"天道无亲，常与善人"之"善人"对应上文"安可以为善"，圣人只是给予则民众无怨，至于至善的境地，如此则天道助之。《老子》之前的天已经多少脱离了人格神的性质，惟德是辅。《老子》之天继承了这种思想，无所亲爱，不因祭祀之丰盛与否而应其求，只要是善人就会协助。《老子》所谓的"善人"与世俗所谓善人不同，能行《老子》所说的道德则为善人，而道德的内容与世俗所谓道德不同，因此与西周所谓"以德配天"又有所区别。

本章全文以君主有怨为始，继而说除怨之法——施与而不索取，如此则天将助之，文脉清晰。

第八十章

【题解】

　　本章说道家的道在天下实现后状况，是《老子》对其理想社会蓝图的描绘。

　　小国寡民，使有什伯人之器而不用，[1]使民重死而远徙。[2]虽有舟舆，[3]无所乘之；虽有甲兵，无所陈之；[4]使人复结绳而用之。甘其食，[5]美其服，乐其俗，[6]安其居。邻国相望，[7]鸡犬之声相闻，民至老死不相往来。

【注释】

　　[1]人，王本脱，今据帛书甲乙本、北大本补。伯，通作"佰"。什伯人之器，具有十倍百倍人工的器物。

　　[2]"而"后王本有"不"字，今据帛书甲乙本、北大本删。远，离。

　　[3]舆，车。

　　[4]陈，陈列。

　　[5]甘，意动用法，以……为甘。下同。

　　[6]乐其俗，王本与"安其居"误倒，今据帛书甲乙本、北大本乙正。

　　[7]望，远视可见。

【译文】

　　理想的社会应当是很小的国家，很少的民众，即使有十百倍便利的器具也不使用。使民众看重死亡，不迁徙。虽然有舟车，却不乘坐它们。虽然有盔甲兵器，却没有机会陈列它们。使民众回到结绳记事的状态。他们对自己的食物、衣服、风俗、居住状况感到满足。邻国相互可以望见，鸡犬的叫声可以相互听见，而民众却到老死也不相互往来。

【述评】

儒家经典《礼记·礼运》云"大道之行也，天下为公"一段描写的儒家的道实现后的社会状况。而这一章说道家的道在天下实现后状况，是《老子》对其理想社会蓝图的描绘。

"小国寡民"，姚鼐云："上古建国多而小。后世建国少而大。国大人众。虽欲返上古之治而不可得也。故老子欲小其国而寡其民。"姚鼐说是。上古万国，是当时普遍认识。《尚书·尧典》"协和万邦"，《左传》哀公七年"禹合诸侯于涂山，执玉帛者万国"，《战国策·齐策四》"大禹之时，诸侯万国"，《荀子·富国》"古有万国，今有十数焉"。国众则小，小国寡民，是老子复返于初始，重回上古思想的体现。

"什伯人之器"，今传诸本皆作"什伯之器"，脱一"人"字，由此衍生出各种不同解释，如以什伯之器为兵器或以什伍共用之器等。今帛书甲乙本、北大本，伯皆作"佰"，知伯是佰的通假字，什佰必是十倍百倍之意。什佰人之器，当如高明所云是"十倍百倍人工之器"。《庄子·天地》有一则寓言：

> 子贡……见一丈人方将为圃畦，凿隧而入井，抱瓮而出灌，搰搰然用力甚多而见功寡。子贡曰："有械于此，一日浸百畦，用力甚寡而见功多，夫子不欲乎？……其名为槔。"为圃者忿然作色而笑曰："吾闻之吾师，有机械者必有机事，有机事者必有机心。……吾非不知，羞而不为也。"子贡瞒然惭，俯而不对。

槔是一种灌溉机械，其功效百倍于抱瓮灌溉，正是此章所说之什佰人之器。有机械则有机心，故而道家不主张使用，而主张返璞归真使用原始的方式。

"使民重死而远徙"之"重死"与七十五章"民之轻死"反义，奚侗云："适其生则'重死'。"甚是，民众生活适意故重死，受尽压迫才会轻死。"远徙"传世本"而"下皆衍"不"字，文义稍有异。高明云："远，在此皆训'离'。"远徙是远离迁徙，不迁徙之意，不仅不主张远距离迁徙，近距离迁徙也不提倡，故而下文云：邻国相望而不相往来。奚侗云："宁其居则不远徙。"生活安定，没有迁徙之需求。

"虽有舟舆，无所乘之；虽有甲兵，无所陈之"，徐大椿云："无行旅之役，无争斗之事。"理想社会不仅不迁徙，亦无行旅，则舟车无所用。争斗更加没有，此等利人之器物皆无用处。

"使人复结绳而用之"，《周易·系辞下》："上古结绳而治，后世圣人易之以书契。"郑玄注云："事大，大结其绳；事小，小结其绳。"盖理想社会国小人少又不交往，则近于无事，以绳之大小即足应付，无须文字契要。

"甘其食，美其服，乐其俗，安其居"，高延第云："太古之食衣居俗，苟且简略，非真能甘美安乐也。惟人人循分知足，无假外求，故自以为甘美安乐耳。""知足"是其甘美安乐之原因，理想社会，不知不求脍精食美，衣服华丽等，以当下之生活为足，故安乐。

"邻国相望，鸡犬之声相闻，民至老死不相往来"，极言其社会之无欲自足，邻国在望，而没有前去的想法，以其自足无所欲，故至生之年皆不往来。

学者多以为本章是返古之意。如王弼注云："国既小，民又寡，尚可使反古。"吕惠卿云："三代以来至于周衰……老子之言救之质，以反太古之治。"释德清云："此结通篇无为之益，……可复太古之化也。"诸家所说有理。老子本章所说，不全是想象，而有其来处，是上古之传说的在老子时代的体现。《庄子·胠箧》云：

> 昔者容成氏、大庭氏、伯皇氏、中央氏、栗陆氏、骊畜氏、轩辕氏、赫胥氏、尊卢氏、祝融氏、伏羲氏、神农氏，当是时也，民结绳而用之。甘其食，美其服，乐其俗，安其居，邻国相望，鸡狗之音相闻，民至老死而不相往来。

容成氏等都是传说中上古有天下的圣贤，本章所说的结绳为用等情况，或者都在那个时候出现过。现代考古学的发展，也证明确实有个小共同体普遍存在的新石器时代。老庄所说非无稽之谈，正是先秦人对曾经存在过一个不发达而淳朴的时代的集体记忆的体现。当然老子思想绝不是上古思想的重复，是在上古传说的启发下形成的具有时代性的新思想。

第八十一章

【题解】

　　本章提出对理想君主的最重要的要求与期望：帮助他人而不是伤害他人。

　　信言不美，^{〔1〕}美言不信；知者不博，^{〔2〕}博者不知；^{〔3〕}善者不辩，^{〔4〕}辩者不善。圣人不积，^{〔5〕}既以为人己愈有，既以与人己愈多。天之道，利而不害；人之道，^{〔6〕}为而不争。^{〔7〕}

【注释】

　　〔1〕信，实。

　　〔2〕知，指对道的知。

　　〔3〕"知者不博，博者不知"，王本与"善者不辩，辩者不善"误倒，今据帛书甲乙本、北大本乙正。

　　〔4〕辩，争辩。

　　〔5〕积，藏。

　　〔6〕"人"之前王本衍"圣"字，今据帛书甲乙本、北大本改。人之道，此指人应当的做法。

　　〔7〕为，指上文之为人。

【译文】

　　真实的言辞不华丽，华丽的言词不真实。有知的人不广博，广博的人无所知。至善的人不加争辩，争辩就不是至善。圣人不积藏，帮助他人越多，越能得到他人的支持。给予别人越多，就会有更多的人归附。天之道，就是使万物获利，而不损害他们。人之道，帮助他人而不与之争夺。

【述评】

王弼注"信言不美"云"实在质也"，注"美言不信"云"本在朴也。"其说简奥，说者往往不加措意。这两注中"本在朴也"意思相对明显，是以树木本末为喻，"美言"为末，其所出者为本。"美言"从"朴"生出。二十二章"少则得，多则惑"王弼注云："自然之道，亦犹树也。转多转远其根，转少转得其本。"可证明王弼"本"之意。朴者，指道未散、万物未成的无名之时。《老子》二十八章、三十二章、三十六章皆可证朴之意。及朴散而万物形成，则美言生。"美言"指对万物已生的状态的描述，非指华丽的言辞。"实在质也"，王弼以"实"解"信"，"美言不信"美言为末，不得其本，故而不信实。"信言"与"美言"相反，指得其本者。此言之信实以其得质朴之本，故云"实在质也"。王注下称为朴，上则称为质，变文避免重复而已，其所指皆是"本"。末为"美言"，本为"信言"，信言自然不美。王弼多用本末概念解释，今人隔阂，简言之，信言是对有道时的描述、美言是对道散时的描述。

"知者不博"，这里的知者就是知"道"者。知"道"需要日损所知，所谓"为学日益。为道日损"，河上公云："知者，谓知道之士。不博者，守一元也。"王弼注云："极在一也。"苏辙云："有一以贯之，则无所用博。"三家皆以"一"来解释"不博"，十分正确。道一而已，就必然不广博。反之，广博者每日增益知识，则远离其本，不知"道"矣。

"善者不辩"之善者，河上公注云："善者，以道修身也。"指有道者，是也。河上公又注云："辩者，谓巧言也。"善者为信言，得其实而已，无所巧言。

传世本"知者不博，博者不知；善者不辩，辩者不善"误倒作"善者不辩，辩者不善；知者不博，博者不知"。传世本文脉有误，盖"信言"者为我对道之言，知者谓知我言者，善者谓行我之言。下文云"圣人"如何，正是承"善者"为言（详见下），如此则文脉清晰。传世本盖以"不辩"与"言"相关，故而颠倒文字以相就，不顾文脉之不顺。传世本误改之处，颇多类此，只欲文辞之顺遂，不顾语意文脉之不可通。

"圣人不积，既以为人己愈有，既以与人己愈多"，圣人不积藏，谓不为自己积藏，只是给予别人。王弼注"圣人不积"云："无私而有，唯善是与。"十分精当。圣人之所以能不积藏，乃是因为圣人无己无私。"唯善是与"谓跟"善"在一起。善，即上文"善者"之善，圣人就是上文所说的善者，两者正相承接。（可见王弼本原来也是以"圣人不积"之上句为"善者不辩。"）《庄子·天道》有类似的一段：

> 天道运而无所积，故万物成；帝道运而无所积，故天下归；圣道运而无所积，故海内服。

天无所积藏，只是运转不息，圣人体会天道也不自积，其结果则天下海内归附，下文正言此。

"既以为人己愈有"王弼注云："物所尊也。"甚是。"为人"是"为而不恃"之"为"，指帮助他人，"有"指有众。帮助别人，不会被众人看低，而会得到众人的拥戴，为众所尊。"既以与人己愈多"王弼注云"物所归也。"无私而施与他人，则为众人所归附。圣人为天下人所尊、所归，非有求而致，是因为圣人无私不积。

"天之道，利而不害"，王弼注云："动常生成之也。"天之行只是使万物生成而不害物。物有生灭，天亦杀物，然而当生则使之生，不妨碍其生，是为不害。

"人之道，为而不争"之"人之道"与七十七章之"人之道"不同。彼章"人之道"是贬义，此章"人之道"是褒义，指人当行之道。传世本多做"圣人之道"，大概为了与七十七章相区别，故而加"圣"字，意思基本没变。"人"指当权者。"为"指上文"既以为人己愈有"之为，指帮助他人。不争，即第八章"水善利万物而不争"，不与之争夺，亦为不害之意。人要像天利万物一样利百姓，帮助其生，而不是与之为敌，妨碍他们。王弼此句注云："顺天之利，不相伤也。"以"不相伤"解"不争"，十分精确。

苏辙总结此章云："势可以利人，则可以害人矣。力足以为之，则足以争之矣。能利能害而未尝害，能为能争而未尝争，此天与圣人所以大过人，而为万物宗者也。凡此皆老子之所以为书，与其所以为道之大略也。"传世本此章为《老子》一书之终，故注家以为此章有总结全篇之意，今知古本"德经"在前，"道经"在后，不是"道德经"，而是"德道经"，此篇也不是全书之终，故而内容也未必是总结之意。但此章对老子治道的概括的意思还是很明显的，简言之，即统治者不能仗势欺人，应帮助他人而不是危害他人。

《老子》一书谈天说地，言道论德，可谓玄远；而其言说的目的却是为解决其时代所面临的问题，又可谓切近时事。有效的规范统治者是先秦的问题，未尝不是当代、未来的问题，因此《老子》的学说也具有不朽的价值。

引用书目

一、《老子》相关

1. 荆门市博物馆:《郭店楚墓竹简》,北京:文物出版社,1998年。

2. 刘钊:《郭店楚简校释》,福州:福建人民出版社,2005年。

3. 陈伟:《楚地出土战国简册[十四种]》,北京:经济科学出版社,2009年。

4. 彭裕商、吴毅强:《郭店楚简老子集释》,成都:巴蜀书社,2011年。

5. 国家文物局古文献研究室:《马王堆墓帛书[壹]》,北京:文物出版社,1980年。

6. 高明:《帛书老子校注》,北京:中华书局,1996年。

7. 北京大学出土文献研究所:《北京大学藏西汉竹书[贰]》,上海:上海古籍出版社,2012年。

8. 梁启雄:《韩子浅解》,北京:中华书局,1960年。

9. 陈奇猷:《韩非子校注》,上海:上海古籍出版社,2000年。

10. 严遵著,王德有点校:《老子指归》,北京:中华书局,1994年。

11. 严遵撰,樊波成校笺:《老子指归校笺》,上海:上海古籍出版社,2013年。

12. 王卡点校:《老子道德经河上公章句》,北京:中华书局,1993年。

13. 王弼:《老子道德经王弼注》,《四部备要》,北京:中华书局。

14. 王弼:《老子道德经注》,楼宇烈:《王弼集校释》上,北京：中华书局，1980年。

15. 王弼：《老子指略》，楼宇烈：《王弼集校释》上，北京：中华书局，1980年。

16. 傅奕：《道德经古本篇》，《道藏》第11册，文物出版社、上海书店、天津古籍出版社，1988年。

17. 成玄英：《道德经义疏》，蒙文通：《道书辑校十种》，成都，巴蜀书社，2001年。

18. 李荣：《道德经注》，蒙文通：《道书辑校十种》，成都，巴蜀书社，2001年。

19. 唐玄宗：《御注道德真经》，《道藏》第11册，文物出版社、上海书店、天津古籍出版社，1988年。

20. 王真：《道德真经论兵要义述》，《道藏》第13册，文物出版社、上海书店、天津古籍出版社，1988年。

21. 陆希声：《道德真经传》，《道藏》，第12册，文物出版社、上海书店、天津古籍出版社，1988年。

22. 王安石：《王安石老子注辑佚会钞》，上海：华东师范大学出版社，2013年。

23. 王雱：《老子注》，尹志华：《北宋〈老子〉注研究·附录》，巴蜀书社，2004年。

24. 吕惠卿：《道德真经传》，《道藏》第12册，文物出版社、上海书店、天津古籍出版社，1988年。

25. 苏辙：《道德真经注》，上海：华东师范大学出版社，2010年。

26. 李嘉谋：《道德真经义解》，《道藏》第14册，文物出版社、上海书店、天津古籍出版社，1988年。

27. 林希逸：《老子鬳斋口义》，上海：华东师范大学出版社，2010年。

28. 范应元：《老子道德经古本集注》，上海：华东师范大学出版社，2010年。

29. 吴澄：《道德真经吴澄注》，上海：华东师范大学出版社，2010年。

30. 释德清：《道德经解》，上海：华东师范大学出版社，2009年。

31. 焦竑：《老子翼》，上海：华东师范大学出版社，2011年。

32. 张尔岐：《老子说略》，《景印文渊阁四库全书》，台北：商务印书馆，子部，第1055册。

33. 徐大椿：《道德经注》，《景印文渊阁四库全书》，台北：商务印书馆，子部，第1055册。

34. 姚鼐：《老子章义》，同治庚午冬桐城吴氏重刊本。

35. 王念孙：《读书杂志》，上海古籍出版社，2014年。

36. 魏源：《老子本义》，上海：华东师范大学出版社，2010年。

37. 俞樾：《诸子平议》，上海：上海书店出版社，1988年。

38. 高延第：《老子正义》，光绪丙戌涌翠山房本。

39. 严复：《老子道德经评点》，成都书局壬午校刊本。

40. 刘师培：《老子斠补》，宁武南氏校印本。

41. 马其昶：《老子故》，秋浦周氏刊行本。

42. 马叙伦：《老子校诂》，北京：古籍出版社，1957年。

43. 奚侗：《老子集解》，上海：上海古籍出版社，2007年。

44. 罗运贤：《老子余义》，成都石印本，1928年。

45. 高亨：《老子正诂》，北京：清华大学出版社，2011年。

46. 蒋锡昌：《老子校诂》，成都：成都古籍书店，1988年。

47. 劳健：《老子古本考》，《无求备斋老子集成续编》，台北：艺文印书馆，1970年。

48. 张默生：《老子章句新释》，成都：成都古籍书店，1990年。

49. 朱谦之：《老子校释》，北京：中华书局，1984年。

50. 郑良树：《老子新论》，上海：上海古籍出版社，2011年。

51. 陈鼓应：《老子今注今译（参照简帛本最新修订版）》，北京：商务印书馆，2003年。

52. 高亨著，华钟彦校：《老子注译》，郑州：河南人民出版社，1980年。

53. 张舜徽：《老子疏证》，《周秦道论发微》，北京：中华书局，1982年。

54. 刘殿爵：《马王堆帛书〈老子〉初探》上下，《明报月刊》1982年8月号、9月号。

55. 卢育三：《老子释义》，天津：天津古籍出版社，1987年。

56. 许抗生：《帛书老子注译与研究》，杭州：浙江人民出版社，1985年。

57. 张松如：《老子说解》，济南：齐鲁书社，1998年。

58. 廖名春：《郭店楚简老子校释》，北京：清华大学出版社，2002年。

59. 裘锡圭：《关于〈老子〉的"绝仁弃义"和"绝圣"》，《裘锡圭学术文集》2，上海，复旦大学出版社，2012年。

60. 李学勤：《从郭店简〈语丛四〉看〈庄子·胠箧〉》，《文物中的古文明》，北京：商务印书馆，2008年。

61. 刘笑敢：《老子古今》，北京：中国社会科学出版社，2006年。

62. 李零：《人往低处走——老子天下第一》，北京：三联书店，2008年。

二、其　他

63.《周易正义》，《十三经注疏附校勘记》，北京：中华书局，1980年。

64.《尚书正义》，《十三经注疏附校勘记》，北京：中华书局，1980年。

65.《毛诗正义》，《十三经注疏附校勘记》，北京：中华书局，1980年。

66. 朱熹：《诗集传》，北京：中华书局，2011年。

67.《礼记正义》，《十三经注疏附校勘记》，北京：中华书局，1980年。

68. 孙诒让：《周礼正义》，北京：中华书局，1987年。

69. 杨伯峻：《春秋左传注》，北京：中华书局，1990年。

70. 苏舆：《春秋繁露义证》，北京：中华书局，1992年。

71. 刘宝楠：《论语正义》，北京：中华书局，1990年。

72. 焦循：《孟子正义》，北京：中华书局，1997年。

73. 朱熹：《四书章句集注》，北京：中华书局，1983年。

74. 周祖谟：《尔雅校笺》，北京：云南人民出版社，2004年。

75. 许慎：《说文解字》，北京：中华书局，1963年。

76. 任继昉：《释名汇校》，济南：齐鲁书社，2006年。

77. 顾野王：《玉篇》，《小学名著六种》，北京：中华书局，1998年。

78. 陈彭年等重修：《广韵》，《小学名著六种》，北京：中华书局，1998年。

79. 胡承珙：《小尔雅义证》，《小学名著六种》，北京：中华书局，1998年。

80. 王念孙：《广雅疏证》，《小学名著六种》，北京：中华书局，1998年。

81. 段玉裁：《说文解字注》，杭州：浙江古籍出版社，2006年。

82. 王引之：《经传释词》，上海，上海古籍出版社，2014年。

83. 陆德明：《经典释文》，上海：上海古籍出版社，1985年。

84. 赵在翰：《七纬（附论语谶）》，北京：中华书局，2012年。

85.《国语》，上海：上海古籍出版社，1998年。

86. 黄怀信：《逸周书汇校集注》，上海：上海古籍出版社，2007年。

87. 黄怀信：《逸周书校补注译》，西安：三秦出版社，2006年。

88. 刘向集录：《战国策》，上海：上海古籍出版社，1998年。

89. 司马迁：《史记》，北京：中华书局，1982年。

90. 班固：《汉书》，北京：中华书局，1962年。

91. 皇甫谧：《帝王世纪》，沈阳：辽宁教育出版社，1997年。

92. 杨丙安：《十一家注孙子校理》，北京：中华书局，1999年。

93. 孙诒让：《墨子间诂》，北京：中华书局，2001年。

94. 郭庆藩：《庄子集释》，北京：中华书局，2004年第二版。

95. 王先谦：《荀子集解》，北京：中华书局，1988年。

96. 陈其猷:《吕氏春秋新校释》,上海:上海古籍出版社,2002年。

97. 黎翔凤:《管子校注》,北京:中华书局,2004年。

98. 张纯一:《晏子春秋校注》,北京:中华书局,2014年。

99. 王利器:《文子疏义》,北京:中华书局,2000年。

100. 杨伯峻:《列子集释》,北京:中华书局,1997年。

101. 方向东:《大戴礼记汇校集解》,北京:中华书局,2008年。

102. 何宁:《淮南子集释》,北京:中华书局,1998年。

103. 向宗鲁:《说苑校正》,北京:中华书局,1987年。

104. 黄晖:《论衡校释(附刘盼遂集解)》,北京:中华书局,1990年。

105. 王利器:《风俗通义校注》,北京:中华书局,1981年。

106. 洪兴祖:《楚辞补注》,北京:中华书局,1983年。

107. 焦竑:《焦氏笔乘》,上海:上海古籍出版社,1986年。

108. 马承源主编:《上海博物馆藏战国竹书[一]》,上海:上海古籍出版社,2001年。

109. 李学勤主编:《清华大学藏战国竹简[伍]》,上海:中西书局,2015年。

110. 银雀山汉墓竹简整理小组:《银雀山汉墓竹简[壹]》,文物出版社,1985年。

111. 冯友兰:《中国哲学史》,重庆:重庆人民出版社,2009年。

112. 冯友兰:《中国哲学史新编》,北京:人民出版社,1999年。

113. 张岱年:《中国哲学大纲》,《张岱年全集》第2册,石家庄:河北人民出版社,1996年。

114. 顾颉刚编著:《古史辨[四]》,上海:上海古籍出版社,1982年。

115. 顾颉刚编著:《古史辨[六]》,上海:上海古籍出版社,1982年。

116. 葛兆光:《中国思想史》第一卷,上海:复旦大学出版社,1998年。

附　录

略论《老子》的思想

陈　剑

　　《老子》在中国思想史上有着重要地位，尽管对《老子》的思想内容存在多种看法，但对《老子》思想的总体框架的理解基本上类似，都认为《老子》的思想是由一个玄理延伸到其他领域。陈鼓应指出："老子的整个哲学系统的发展，可以说是由宇宙论伸展到人生论，再由人生论伸展到政治论。"基于这种认识，把《老子》的思想分为宇宙论、人生论、政治论三部分是比较通行的作法。一般所说的《老子》的宇宙论指涉内容基本就是道论，宇宙论往往与世界如何产生相关，《老子》所说的道与此有相当区别，不适宜以宇宙论称之，而称为道论比较直接。一般所说的《老子》中的人生论所指涉的部分，都与政治思想紧密相关，不是一般意义上的人生论，故而可以把人生论指涉内容并入政治思想中。因此，《老子》的思想基本上可以分成两大部分，即道论和政治论，《老子》思想的总体框架是由道论延伸到政治领域。

道　论

　　道论是《老子》思想的基石，也是《老子》思想中最闪光、最重要的部分。道的内涵首先要从梳理"道"字含义入手。

一、道的含义

　　欲明《老子》所说"道"的含义，需要先明白《老子》之前或同时道的含义。大体而言，西周春秋时期，道是指与某一目标相关的行事原则的总和。道所指向的目标有好的目标，也有不好的目标。前者如：

> 《尚书·洪范》：无有作好，遵王之道；无有作恶，遵王之路。无偏无党，王道荡荡；无党无偏，王道平平；无反无侧，王道正直。
>
> 《左传》桓公六年：所谓道，忠于民而信于神也。
>
> 《左传》僖公十四年："救灾恤邻，道也。"

《尚书》所说的"作好不作恶"，《左传》所说的"忠于民信于神"，"救灾恤邻"都是的都是行事原则，而其指向是一个好的目标。

不好的目标如：

> 《左传》宣公十五年：夫恃才与众，亡之道也。
>
> 《左传》成公十四年：今夫子傲，取祸之道也。
>
> 《左传》襄公十年：众怒难犯，专欲难成，合二难以安国，危之道也。

恃才与众、傲、犯众怒、专欲的行事原则导致祸患。文献中前者是大量的，后者是少数。我们可以说，那些具有好的目标的行事原则的总和，是道的主流形态。

一般而言，好的目标都是天下大治。但对于什么是天下大治，以及具体实现大治的行事原则存在分歧，这样就存在很多不同的目标及与实现其目标的行事原则的总和，简单说，存在多种道。在西周春秋时期，已经存在一个普遍接受的道，即周人官方的意识形态，后人称之为文武之道。周人设定的天下大治的目标，用孔子的话描述就是"郁郁乎文哉"，用《周易》的话形容就是"天下文明"，世界呈现一种文质彬彬，秩序井然的状态。仁义礼乐政刑是实现其目标的几个大的方略原则，其他细小的原则多不可数。这些原则的总和及下属的原则都可以称为道。如上引"所谓道，忠于民而信于神也"，"救灾恤邻，道也"，又如《左传》襄公三十一年："太子死，有母弟则立之，无则立长。年钧择贤，义钧则卜，古之道也。"这些都是称原则为道。《国语·楚语上》："武丁之神明也……三年默以思道。"则是称原则的总和为道。这些原则得到切实履行而目标得到实现也以称为有道。《左传》成公十二年："天下有道，则公侯能为民干城，而制其腹心。"《论语·卫灵公》："邦有道，则仕；邦无道，则可卷而怀之。"有时也单称为道。《论语·里仁》："朝闻道，夕死可矣"。孔子不是不知晓目标或原则，只是没有看到这些目标或原则具体实现，所谓"闻道"，是指知晓他主张的道在天下实现。相应的，不按这些原则行事称为不道、无道。

> 《左传》文公十三年：仲为不道，杀嫡立庶。
> 《左传》宣公十一年：夏征舒为不道，弑其君。
> 《左传》襄公十九年：庆氏无道，求专陈国，暴蔑其君，而去其亲。

杀嫡立庶，弑君、专国、弃亲等都不合道，故言不道、无道。

西周春秋所说的道一词应当是由道路的含义引申而来。道路皆有目的地，凡是达于某个目标的行事原则有似于有目的地的道路，故可以称这些原则为道。目的地没有好坏，所以道也可以无好坏。道有两个重点，一是目标，一是实现目标的原则。两者缺一不可，无目标或无实现目标的原则都不能称为道。周人的文武之道，在当时比较流行，是《老子》思想主要的参照系。《老子》的思想正是在这个背景下展开的。

《老子》一书中的道与以上所说紧密相关又有区别，《老子》中的道也是指与某一目标相关的行事原则的总和，在概念的框架上，与西周春秋保持一致。但在具体的目标与实现目标的原则的内容上，与传统迥然不同。《老子》的天下大治是指天下混然为一，无所分析，与周人文武之道所设定的"天下文明"的目标正相反。实现天下混然的行事原则的总和就是道。此外，道还具有终极性质的本根的意味。这个含义在《老子》之前没有，是《老子》独创的。《老子》的道表现在具体用词上，目标、原则、本根三方面都可以用道称。如"大道废"，"道之在天下"，"道殷无名"等都是称目标或目标实现为道。如"明道若昧"，"保此道者不欲盈"，"反者道之动"，以昧、不盈、反为合于道的行为原则。如"道生之"，"大道泛兮"，"吾不知其名字之曰道"等都是有本根意味。合而泛言之者也以道称，如"上士闻道"，"坐进此道"，"道之出口"等。道又有与其他词结合起来使用的情况。道的实现与否可以称为有道或无道，如"天下有道却走马以粪，天下无道戎马生于郊。"行事违背原则称为"不道"或"非道"，如"不道早已"，"是谓盗竽，非道也哉"。对道的践行称为"为道"，如"为学日益，为道日损"。明于道的称为有道者，如"有道者不处"。除了以上这些，《老子》还有一些普通含义的道字，如作言说讲的"道可道"，作方法讲的"长生久视之道"，作规律将的"人之道"。这些与《老子》的思想关系不紧密，不在讨论范围。《老子》的道一词非常宽泛，基本上可以涵盖《老子》的全部思想。这里我们讨论的"道论"主要是指统摄政治论的近于玄理的部分，主要是"万物生成论"和"合道的行事原则"两部分，兼论及"德的含义和内涵"。

二、道与万物生成

《老子》的终极性思考与他理解的万物生成紧密相关。《老子》以为万物不是从来就如此，曾经有个万物未形、混然为整一之时。万物生成是混然的整一分裂的结果。《老子》所说的生万物不是指创生实体之物，而是指混一的形分。整一有所分即有所形，名随形而生，无名指未形无分，有名是指已形有分。有形分即是有物，形分至于众多不可数，则为万物。万物的混然可称为始，万物由始而出，似其所生，可称为子，始既有子，可称为母。始母异名同谓，只是角度不同而已。始虽破裂而未消失，深藏不可见而为母，这样的始母成为具有抽象意味的道，道始母可以互用。万物有始、有成、有衰、有亡，物之长久则需使深藏的道始母显现，以克服衰亡的倾向。

《老子》万物生成论有这样几个关键问题：1. 实体之物与混然为一，2. 形分与名，3. 始母的关系，4. 本根，5. 道的呈现，6. 道生养万物。下面分别讨论。

1. 实体之物与混然为一。《老子》所说的生万物不是指创生实体之物，而是指混一的破裂。生万物的含义集中体现在四十二章。四十二章云：

> 道生一，一生二，二生三，三生万物。

对此大致有两个解释方向：一是以气化论方式的解释。陈鼓应概括说："以元气解释一，以天地或阴阳解释二，以及用和气来解释三。"以严遵注，河上公注等为代表。二是从物我为一的角度解释，以庄子、王弼等为代表。后说据《老子》时代较近，合于《老子》全书思路。《庄子·齐物论》：

> 天地与我并生，而万物与我为一。既已为一矣，且得有言乎？既已谓之一矣，且得无言乎？一与言为二，二与一为三。自此以往，巧历不能得，而况其凡乎！故自无适有以至于三，而况自有适有乎！无适焉，因是已！

《庄子》以为真正的一，是"万物与我为一"，此时物我两忘，浑然一体，不知有一。所以《庄子》说"既已为一矣，且得有言乎？既已谓之一矣，且得无言乎？"既然已经混然为一，就不能言说有一，如果说了一就有所分，不是混然为一了。已经说出一，则已经有说者，说者则不再与一一体，说者与说者所说之一，已经是两个，故云"一与言为二"。混然之一，我们可以称之为整一。说者所说之一，我们可以称之为言一。言一、说者、整一，加起来就是三。说者本质上即是我，我从一中分出，则有物我之分，继而物物又有分，至于万物不可计数。王弼说略同《庄子》（详见四十二章），不赘述。

这样解释的关键点在于混然为一是一种状态，不是原初物质，万物作为实体，已然存在。老庄所说的生万物成不是实体之物的产生，而是指万物脱离混然的状态，从混一中分出。实体之物的产生不是老庄的关注点，混一才是焦点。把万物生成理解为由原初物质生成实体之物，先秦不是没有，但不是老庄一系的观点。汉代道家以气解释一，是受到其他思想的影响而形成的。

2. 有形则有分，名随形生。王弼对此有比较明确具体的说明。《老子》四十一章王弼注云：

> 有形则有分，有分者，不温则炎，不炎则寒。

《老子指略》又云：

> 若温也则不能凉矣，宫也则不能商矣。形必有所分，声必有所属。故象而形者，非大象也；音而声者，非大音也。然则四象不形，则大象无以畅；五音不声，则大音无以至。四象形而物无所主为，则大象畅矣；五音声而心无所适焉，则大音至矣。

结合两处，王弼所谓"四象不形"之"四象"指温、凉、寒、炎。温、凉、寒、炎的区别即是有所分，这种区分即是形。形不同于今天所说的具体形状，而是指有分。《老子指略》云：

> 物之所以生，功之所以成，必生乎无形，由乎无名。无形无名者，万物之宗也。不温不凉，不宫不商。
> 五物之母，不炎不寒，不柔不刚。五教之母，不皦不昧，不恩不伤。

温凉寒炎有所出，是由不温不凉分化而来，温凉没有具体形体，但有所分，故而称为形。推而广之，凡有所区分，皆可谓之有形。

名因形而成。二十五章王弼注云："夫名以定形。"《老子指略》云："名号生乎形状。"又云："故有此名必有此形，有此形必有其分。"《老子指略》所谓"形状"，不是具有一定形体之意，而是指分化之状。合三处可知，王弼认为名与形有着密切关系，名是对有形事物的指称，因其形而有名，反之，有名则必有形。举例而言，有温凉之分别，温不能为凉，故有温凉之名。既有此名，则必有温凉之别。

《老子》中无名、有名是对混一无分和万物形成两个阶段的描述。第一章"无名，万物之始；有名，万物之母。"王弼注云："未形无名之时，则为万物之始。及其有形有名之时，则长之、育之、亭之、毒之，为其母也。"其言"无名之时"、"有名之时"十分准确，无名、有名是两个阶段的名称。"未形"即初始之混一尚未分化，形尚未有，附形而来的名自然也没有，故言"无名"。及混一破，形有所分，万物以成，因形而有名，故言"有名"。

3. 始与母的关系。始，是指原初的混然状态。第一章云"无名，万物之始"。名因形定，今名为万物，因万物有万形之故。但万物不是从来如此，而是由一个万物未形，混然为一的状态发展而来。混然则无形，无形故无名。无名之时，是万物所从始。始，就是指万物未形的混然状态。

三十二章："道常无名……始制有名。"制，裁制之意。《周易·系辞上》："制而用之谓之法。"孔颖达疏："言圣人裁制其物而施用之。"《韩非子·难二》："管仲善制割，宾胥无善削缝。"《淮南子·主术训》："贤主之用人也，犹巧工之制木也。"高诱注："制，裁也。"始制，即始被割裂之意。原初混然被割裂则有形分，因有形分而有名，与"无名，万物之始"可以呼应，可证始是原初的混然。

母与始本质相同，也是混然的状态。万物形成，脱离原初状态之后，复归于混然，这个混然状态称为母。万物由始而出，似其所生，可称为子，始既有子，可称为母。子复归混然，似不离其母，可称为复守其母。五十二章：

> 天下有始，可以为天下母。既得其母，以知其子。既知其
> 子，复守其母，没身不殆。塞其兑，闭其门，终生不勤。开其
> 兑，济其事，终身不救。见小曰明，守柔曰强，用其光，复归
> 其明，无遗身殃。是谓习（袭）常。

前面说"复守其母"，接着说"塞其兑，闭其门"等，这些都是
"复守其母"的具体措施。这些措施的目的是去除知欲，去知欲则
无分辨，可以复至于混然。因此"复守其母"也就是复至于混然的
状态。

五十九章与二十八章合读，也可以知道母的意思。

> 五十九章云：治人事天莫若啬。夫唯啬，是以早服。早
> 服是谓重积德，重积德则无不克，无不克则莫知其极，莫知其
> 极，可以有国。有国之母，可以长久，是谓深根固柢，长生久
> 视之道。
>
> 二十八章云：常德不离，复归于婴儿。……常德不忒，复
> 归于无极。

二十八章的"无极"即是此五十九章所说"莫知其极"，二十八章
的"常德不忒"就是五十九章的"重积德"。积德则如婴儿，婴儿
无知无欲，无所分辨，正是混然之状。五十九章所说的"守母"，
就是守持这种混然状态不脱离。"母"也就是"混然"。

又，五十九章所说的"啬"与五十二章所说的"塞其兑，闭其
门"具体含义类似，皆去除知欲之谓。去除知欲则有国之母，也可
以佐证"母"是混然。

始母与道可以互用。从《老子》本文也可以看出。

> 有状混成，先天地生，寂兮寥兮，独立不改，可以为天下

> 母。吾不知其名，强字之曰道……（二十五章）
> 天下有始，可以为天下母。（五十二章）

两处一谓道可以为天下母，一谓始可以为天下母，可见道始母可以
互用。从历代注中也可以看出。第一章王弼注云：

> 故未形无名之时，则为万物之始。及其有形有名之时，则
> 长之育之，亭之毒之，为其母也。

王弼所说"则为万物之始"省略了主语，后文云"长之育之，亭之
毒之"，是引五十一章之语，原文为"道生之畜之，长之育之，亭
之毒之"，其主语是"道"，则上所省略之主语也是"道"。是王弼
以为"道"为万物之始。苏辙五十二章注说的更加明确：

> 道方无名，则物之所资始也，及其有名，则物之所资生
> 也。故谓之始，又谓之母。

道可以称为始，也可以称为母。

始是万物未形时的混然之状，母是万物形成后的混然，《老子》
以为始、母两者本质相同，名称有异。就《老子》本文而言，第一
章"无名，万物之始；有名，万物之母"与第五十二章"天下有
始，可以为天下母"比较清楚地说明了始母关系。就注而言，王
弼、苏辙两家注比较明确的说明两者之异同。王弼《老子》第一章
注云：

> 异名，所施不可同也。在首则谓之始，在终则谓之母。

苏辙五十二章注云：

> 故谓之始，又谓之母。

苏辙说"故谓之始,又谓之母。"明确说明了始、母本质相同。王弼说"在首则谓之始,在终则谓之母",则说明了两者因角度不同而异名。

始母是怎么统一起来的呢?在《老子》看来,万物的混然虽然破裂了,但"始"并没有消失,而是深藏不可见。虽不可见,却可以被感知,有时称为古始,有时称为道,有时称为母。十四章云:

> 视之不见名曰夷,听之不闻名曰希,搏之不得名曰微。此三者不可致诘,故混而为一。一者,其上不皦,其下不昧,绳绳不可名,复归于无物。是谓无状之状,无物之象。是谓恍惚。迎之不见其首,随之不见其后。执古之道,以御今之有,能知古始,是谓道纪。

从这一章的结尾处的"执古之道","能知古始"的说法可以知道,这一章开头所说的视、听、搏不可以知的对象,就是"道"或"始"。

二十一章与十四章有对应关系,二十一章云:

> 道之物,惟恍惟惚。惚兮恍兮,其中有象。恍兮惚兮,其中有物。窈兮冥兮,其中有精(情)。其精(情)甚真,其中有信。自今及古,其名不去,以阅众甫。吾何以知众甫之状哉?以此。

"惟恍惟惚"对应十四章的"恍惚","窈兮冥兮"对应"迎之不见其首,随之不见其后","自今及古,其名不去"对应"执古之道,以御今之有"。二十一章开头说"道之物",其主题是对道的描述,虽然没有说始,但与十四章如此相似,其主题也不应相远,都应当是对道始的描述。五十二章云"天下有始,以为天下母",这个深藏的始也就是母。

根据以上的描述,这个深藏的"始"有几个特点:

（一）不可闻见而可知。十四章的"视之不见名曰夷，听之不闻名曰希，搏之不得名曰微"比较清楚的说明其不可闻见。而"混而为一"谓不通过感官可以对这个道始母有认识。这在五十二章也可以得到证明："天下有始，可以为天下母。既得其母，以知其子。既知其子，复守其母，没身不殆。塞其兑，闭其门，终生不勤。""塞其兑，闭其门"即是摒弃感官，由此可守母得始，这与十四章所说类似。

（二）恍惚。十四章云："绳绳不可名，复归于无物。是谓无状之状，无物之象。是谓恍惚。"二十一章云："惚兮恍兮，其中有象。恍兮惚兮，其中有物。"《老子》描述的道始既无物无状，又有物有象，这虽然看似矛盾，但"复归于无物"一句可以解释，所谓有物是指有形分，有形分则有物有名，无形分则无名，形分可以复合在一起，故可言不可名、无物。总体而言，无物、不可名是主要的，所说有物只是说其可分合。

（三）无形有信。二十一章："窈兮冥兮，其中有精（情）。其精（情）甚真，其中有信。"谓其虽然窈冥不可见，但有情有信，确实存在。"迎之不见其首，随之不见其后"，也是这个意思，谓我在其前后，而不可见其形状，但又可知道其在我左右。

（四）长存不毁。"自今及古，其名不去"，言其长存。"执古之道，以御今之有"也说明其从古至今存在。五十二章："复守其母……是谓习常。"这里袭常承守母而来，《韩非子·解老》对"常"有明确的解释："唯夫与天地之剖判也具生，至天地之消散也不死不衰者谓常。"常就是长存不毁。

始既然已经逝去而深藏，又是怎么知道的呢？十四章《老子》说混然为一，然后就描述道始的样貌，混一显然是知晓道始的途径，这里的"混而为一"是动词，谓视、听、搏皆是一端，不能知道始之全体，故而要去其诸端，混而为一来"认知"这个全体。"一者"以下是"混而为一"后所体验到的情状，这种体验是一种类似冥想的体验（详见十四章），《老子》认为体验到的情状就是深藏的始母。

　　上面所说的四个特点，只有与冥想式体验结合才能理解。在《老子》看来始已消失，故而说不可闻见，母深藏不显，只能通过去除感官经验，才能知道。恍惚是基于《老子》对原初混然情况的理解，结合其冥想体验，所以才会描述成无物不可名的混然一片的样貌。始母深藏故而可谓无形，又可以由冥想见到，所以说有情有信，确实存在。由万物未形的始到万物已形的母，只是深藏并未消失，似永存，故而可以说长存不毁。

　　这种冥想式体验，同时是建立在对始母的理性认识基础之上的，实际上起到了抽象的作用，我们可以认为这里的始母是一种抽象出来的混然。这样，原初的"始"破裂后深藏成为"母"才能被理解，两者间的转换实际上是抽象物隐去。

　　《老子》所说的始，有时又似乎有历史实存的性质。三十二章云：

> 　　道常无名，朴，虽小，天下莫能臣也。侯王若能守之，万物将自宾。天地相合以降甘露，民莫之令而自均。始制有名。名亦既有，夫亦将知止。知止可以不殆。

"始制有名"是说始破裂而进入有名阶段，"始"就是指上文所说"道常无名，朴……万物将自宾。天地相合以降甘露，民莫之令而自均"的时代。万物自宾，风调雨顺，甘露降下，民众没有命令而自然调匀，这样的话很显然是形容实存的世界，不是抽象世界。

　　"始"又与古连用，十四章："执古之道，以御今之有，能知古始，是谓道纪。"所谓"古始"对应上文所说的古之道，所以后文说"知古始，是谓道纪"。三十二章所说的始指"道常无名"时，相对始破裂的有名之时可谓"古"，古始之说，也是实指时代。《老子》中多次提到两个时代的转换，认为上古存在一个黄金时代，今不如古，愈晚愈差（详见下文"政治论"）。所谓"古始"就是指这个时代。古人普遍认为这个时代是实际存在的，所以《老子》的古始也就具有历史实存的意味。

怎么理解《老子》所说的抽象的始与具有历史实存意味的始呢？始与母同性质，可以从母与实存世界的关系，来推论始与实存世界的关系。《老子》的母是深藏的，只要去除知欲就可以呈现出来。依《老子》的理解，在上古之世是黄金时代，无知欲，所以始不会深藏，而是直接呈现出来，直到"欲作"的时候才隐去。具有历史实存意味的始实际上是抽象的始呈现的样貌。

始母一词多指，归根到底，《老子》中的始母是一个抽象物，这个抽象物呈现出来就是混然的样子，所以始母又具有混然的意思，《老子》以为上古无知欲故而这个抽象的始母应当呈现出来，所以又称上古之世为始。

4. 本根。上文说道始母互用，正是基于始母的抽象含义，道也就有了抽象本根意味。张岱年《中国哲学大纲》指出：宇宙之最究竟者，古代哲学中谓之为本根，本根有三项意谓。第一，始义。一切物当有所从出，万物之所从出，即是宇宙之所始，乃是本根。第二，究竟所待义。万物各有所待，万物之全当有总所待。第三，统摄义。万有虽然极其繁赜，但有一统一之者。此统属一切而无所赅者就是本根。此三项意谓虽各不同，其实只是一，统摄万有者，必即是万物究竟之所待，而亦必即世界之最原始者。

张氏的本根论有很强的宇宙论倾向，认为古代哲学中与本根相关的论述是讨论世界本源，就中国哲学全体而言，具有很强的概括性，但是就《老子》一书而言，有的合适，有的不合适。例如，《老子》所说的万物生成，不是实体之物的形成，也就不是探讨客观世界的创生。但《老子》也强调万物有所出、有所宗，有独立无所待者，用本根来形容也是可以的。

（一）始义。《老子》所说的万物所从出的"始"是一种混然状态，与后世讨论的创生万物有区别，但其强调万物有所出，相对比较接近本根论的始义，可以视为本根论"始义"的早期形态。具体见上文，不复赘述。

（二）张岱年所说的"究竟所待"，在《老子》中不明晰，但《老子》有独立无待者。二十五章云："有状混成，先天地生，悦穆，独立不改，可以为天下母。吾不知其名，字之曰道，强为之名曰大。"（此据校改本，详见二十五章）。"独立不改"之"改"，郭店本作"亥"，帛书乙本作"玹"，北大本作"㧉"，三字皆从"亥"声。廖名春认为"亥"为本字，"不亥"与"独立"相关，甚是。《说文》："亥，荄也。十月微阳起接盛阴。"段玉裁："许云'荄也'者：荄，根也。阳气根于下也。"亥即荄，根之意。"不亥"，即无根之意。此段与《庄子·大宗师》有对应关系。《大宗师》云：

夫道……自本自根，未有天地，自古以固存。

本章与《大宗师》都是说"道"，主题相同。"自本自根，未有天地，自古以固存"与本章"先天地生，独立不亥"语义非常接近。"未有天地，自古以固存"对应"先天地生"，"自本自根"对应"独立不亥（荄）"。老庄以为万物皆有所从出，皆有其本其根，唯出万物者无所从出，也就是无本无根，换言之即是"自本自根"。万物皆有所出，唯出万物者无所出，无所待故而说独立，无所出故而说无根，"独立不亥"即是无所待无所出之意。独立无待与究竟所待是一义的两面，万物有待于究竟之所待，则究竟之所待必然无所待，若有所待，是不为究竟也。故而究竟之所待必然独立无待，《老子》中独立无待者即是强为名的道或大。

（三）统摄义。第四章云："道冲而用之有不盈，渊兮似万物之宗。……不知谁之子，象帝之先。"王弼注云："万物舍此而求主，主其安在乎？不亦渊兮似万物之宗乎？"道为万物宗主，统摄万物。二十五章"吾不知其名，字之曰道，强为之名曰大"，王弼《老子指略》云"'大'也者，取乎弥纶而不可极也。"弥纶是统摄之意，统摄不可极，即无所不统。这个意思也可以称为万物归，三十四章"万物归焉而不为主，可名于大"，"归"是万流归宗之归，归附以之为宗主之意。万物皆归，为万物之宗主，故可名为"大"。为万物之宗主，统摄万物，两者其实是一事之两面。统摄万物，为万物宗主的即是道或大。

西周春秋时期的道字具有目标的含义，目标是指一种社会的理想状态，但没有终极本根的意味，《老子》"道"承袭这个含义，也是指向理想目标。在《老子》的理解中，万物混然的状态就是理想状态，无论是原初的还是复归的，没有本质区别。这种混然状态《老子》一般称为始母，作为理想的目标称为道也是合适的。所以三者互用很容易理解。而始母又有抽象物的含义，这个抽象物的呈现就是混然状态。换言之，这个抽象物呈现就是理想目标的实现，这个意思也可以用"道"或"有道"来表达，《老子》中有很多这样的例子，如"大道废"，"道常无名"，"天下有道"等。抽象物的呈现与抽象物本身，在古代汉语中都用一个词，所以"道"也就有了本根的意味。这个含义是如此的重要，以至于后来削弱了这个词的其他含义，本根义逐渐成为道的主要含义。但不可否认的是，道一词多义，以此来称呼本根，往往容易与其他含义混淆。如《论语·里仁》所说的"朝闻道"便没有本根意思，但往往会让人误会有本根的意思。以"道"作为本根不够纯粹明晰，是比较早期的形态，后世渐渐以其他词来代替，合乎说理日渐深入，需要更明晰的表达的情况。

5. 道的呈现。道不可见，深藏不显，但并非不可呈现。三十四章云："道泛兮，其可左右。"王弼云："言道泛滥，无所不适，可左右上下周旋而用，则无所不至也。"左右代指其在任何地方，左右上下四周，没有地方不可以到。二十五章"大曰逝，逝曰远"句与此意思近似。"曰"是连词，"乃"或"而"之意。王弼注云：

> 逝，行也。不守一大体而已，周行无所不至，故曰逝也。周无所不穷极，不偏于一逝，故曰远也。

这里所说的"大"是勉强对道的名，"大曰逝"句，王之意谓"大"并非守一体不动，而是无所不至。"逝曰远"句，王以为是行不在一处，周遍无所不穷极。王弼所谓不守一体，即如水不守其所而流动，与"道泛兮"的意思相同。周遍无不至，无不极，即"其在左右"之意。后人往往把"道泛兮"理解为道体广大，无所不包，如李嘉谋就解释此句谓"充满八极"，这是受到气论的影响而导致的模糊的理解，与《老子》意不同。道泛是指像水一样"无所不适"，可以适天，可以适地，可以适人，而不是充满域中把万物包裹其间。这个意思与道深藏是相联系的，谓物有所守，则深藏的道可以呈现，如同处下而水可流至一样。

6. 道生养万物。《老子》以为道长存不毁。如十四章云"道之物……自今及古，其名不去"。道本身可以长存，道之所在能长久，是十分合理的理解。如果有道可以长久，另一个角度就是道生养万物。《老子》提到万物恃道而生。三十一章云

> 大道泛兮，其可左右。万物恃之而生而不辞，功成不名有，衣养万物而不为主。

五十一章又云：

> 道生之，德畜之……故道生之畜之，长之育之，亭之毒之，养之覆之。生而不有，为而不恃，长而不宰，是谓玄德。

理解这两章的关键是对"生"一词的理解。生有两义，一是产生、生出之生，一是存、活之意。如四十章"有生于无"是产生之意，第二章"有无相生"之生是存之意。"道生万物"是道使万物存之意。第十章可为确证：

> 爱民治国，能无以知乎？……生之畜之，生而不有，长而不宰，是谓玄德。

爱国治民者必是君主，后文云"生之畜之"，是君主生畜万民，君主不可能产生万民，因此"生之畜之"之"生"必是使……存之意。

　　生存所对应的反义词是衰亡,《老子》中的生存是避免衰亡之意。万物有始、有成、有衰、有亡,这是物之大势,但如果有道则会延缓衰亡,保持长久。五十五章云:"物壮则老,谓之不道,不道早已。"物之状老,是因为他们不合于道,不合道就会早早地衰亡,反言之,合道则使之存活。十六章云:"道乃久,没身不殆。"有道,则可长久。五十一章"亭之毒之,养之覆之",亭毒是安定之意,养覆是保护之避免伤害之意,与"生之蓄之"的存活、养育之意互相呼应,亦可佐证"道生万物"是道使万物存而不亡,万物守道乃可长久之意。

　　"道生养万物"又可以表达为守母不殆、有母长久。五十二章云:"复守其母,没身不殆。"五十九章云:"有国之母,可以长久,是谓深根固柢,长生久视之道。"这里所说的守母、有母与有道的效果相同,万物之生所恃之道,即不殆所守之母。

　　"道生养万物"之"养",如养马之养,马自有其生命,非养马者给予。而养马者妥善的处理,可以使马得其生、尽其年。物的生命或存在是气的变化,依《庄子》云:"人之生,气之聚也。聚则为生,散则为死。"此以人为言,扩展到物也是合适的。生命或存灭是气变化的一种体现。物之存灭乃是气之变,不可强求。而通过抱一守母等妥善的处理,得气之自然,可尽其天年,反之则早夭。《老子》所说的道是阴阳之外而影响气的因素,不是阴阳之气变化本身,这与《周易·系辞》所说的"一阴一阳之谓道"有着本质的区别,也是理解道生养万物的关键。

　　《老子》对于本根之道的理解是独创的,但也不应当是无源之水,其具体来源不可考,但通过一些具有共性的现象,可以对道的思想来源略加推测。《老子》中获得道的方式就好像是打扫房间迎接客人,这在抱一之意中体现比较明显。第十章"载营魄抱一,能无离乎?"王弼注云:

　　　　营魄,人之常居处也。一,人之真也。言人能处常居之宅,抱一清神,能常无离乎?

营魄是居所，一是人之真。抱一无离就是让人之真不离开人的居所。又如《老子》三十九章："天得一以清、地得一以宁……天毋已清将恐裂，地毋已宁将恐发。"《老子》中物我不甚区分，不仅人可以得一，天地也可以得一。得一失一，正有似于客人来了或客人走了。

这种关系在先秦道家中常见。《庄子·人间世》：

> 气也者，虚而待物者也。唯道集虚。虚者，心斋也。

"唯道集虚"之"集"是停留栖止之意，其意谓道是在虚的地方停留。整节的意思如郭象所说："虚其心则至道集于怀也。"虚气心，则道就会在此停留下来。《管子·内业》：

> 凡道无所，善心安处，心静气理，道乃可止。

"止"于"集"义近，都是停留栖止之意。《内业》谓道没有一定的居所，得到妥善处置的心就是其安居处，心静下来，气则虚，道就在这里停留。

《老子》、《庄子》、《管子》所说内容不尽相同，或论得一，或论道气，或论道心，但这些论述中都体现了类似于打扫房间迎接客人到来的情况。上文所说的上古之世"始"的呈现，本质上也与此类似。这种情况颇似于巫之迎神。巫精诚洁净，则有神来降；巫不精诚，则神不来居。《老子》的时代巫风尚盛，神的观点也颇流行，道始母作为神的观念的理性化，在思想理路上前后可以相承，其思想受到巫与神关系的启发亦未必不可能。

三、合道的行事原则

道本来的含义就是与某一目标相关的行事原则的总和，行事原则是《老子》道论的一个重要方面。行事原则是深藏之道的体现，行事原则与道保持一致就是合道。《老子》四十章"反者道之动，弱者道之用”是对合道的行事原则的很好的概括。

反即返，复归之意，意指复返于本。“道之动”，或以为是道本身的动，道本身不论哪个含义，都很难用动来形容，这里道之动，是合乎道的动。此是汉魏共识，如严遵《老子指归》本章云：

> 审于反复，归于玄默，明于有无，反于太初。无以身为，故神明不释；无以天下为，故天下与之俱。夫何故哉？因道而动，循一而行。

河上公注云：

> 反者，反本也（据敦煌本 s3926）。本者道之所以动，动生万物，背之则亡也。

王弼注云：

> 高以下为基，贵以贱为本，有以无为用，此其反也。动皆知其所无，则物通矣。故曰：反者道之动也。

严遵释“反”为“反复”、“反于太初”，河上公释“反”为“反本”所说比较明确，反即是返回、复返之意。严遵所说“因道而动”，河上公所谓“背之则亡”，都很明显是把道之动解释成合乎道的动，绝不是道本身的动。王弼释“反”，是引三十九章文：“必贵以贱为本，必高以下为基。是以侯王自谓孤、寡、不谷，此其贱之本邪？”“贵以贱为本”的具体例子就是侯王以“孤、寡、不谷”这类下贱的称谓来称呼自己，其意即贵者当在行为中体现贱，以此作为根本，也是反于根本的意思。王弼这里所说的“有”就是指高贵，无就是指下贱，“动皆知其所无”，即有所动则当知动之所本的无，高贵者有所动当知下贱为其本，亦即不离根本而动之意。王弼绝不是在解释“道本身的动”，而是在说明怎么动才是合于道的。

《说文》"用，可施行也"，"弱者道之用"句例仿上句"反者道之动"，反是合乎道的行动方式，弱才是合乎道的施行方式。简明地说：弱是有所施行的行动原则。弱往往与柔连用，合称柔弱。古人常以"用弱而强"或"以柔弱为用"来表达。如河上公："柔弱者，道之所常用，故能常久。"如王安石："弱非所以为强，然有所谓强者，盖弱则能强也。"林希逸："强以弱为用。"高延第："刚则折，弱则挫，故以柔弱为用。"《庄子·天下》概括老聃之学是"以濡弱谦下为表"，正是用弱之别样表达。

反、弱的原理在于万物由道生，反、弱是求道的方式。二十二章王弼注：

> 自然之道，亦犹树也。转多转远其根，转少转德（得）其本。多则远其真，故曰惑也。少则得其本，故曰得也。

王弼用树的本末形象地说明了道。道渊深不可见闻，而为天地万物之所始，发而成万物。道似树之本根，不可见，而树由之生。及树成长，发为干枝，则距离本根越来越远，以此喻万物生发而离道日远。道是根本，求道必接近根本方能得。万物已成之时，欲求道必反而方可得。六十四章云："合抱之木生于毫末，九层之台起于累土，百仞之高始于足下。"六十三章云："天下难作于易，天下大作于细。"事物出生皆小弱，但这种小弱是生机的体现，而坚强则是死亡的体现。七十六章云："人之生也柔弱，其死也坚强。万物草木之生也柔脆，其死也枯槁。故坚强者死之徒，柔弱者生之徒。"故而从小弱之道则可生。

《老子》中反、弱有多种表现形式如：在上处下、知雄守雌、有功不居、以重制轻等等。身居上位而保持谦下是一种反、弱的体现。如第三章"是以圣人后其身而身先，外其身而身存"，六十六章"是以欲上民，必以言下之；欲先民，必以身后之。"七十八章"受国之垢，是谓社稷主；受国不祥，是为天下王"，这些都是对在上者而言，在上者不能自以为上，而要通过行为言语表现出在下之状，如此才能为王为主。

知雄守雌之类，也是反、弱的体现。二十八章云："知其雄，守其雌，为天下溪。""知其白，守其辱，为天下谷。"辱，通作"䌷"，黑垢之意，与白为反义词。雄喻刚强，雌喻柔弱，白喻自洁，䌷喻与众不异。溪、谷同意，都是山间的川流，众水所注入，以喻居下而天下归附。溪谷的比喻与前面所说的在上处下含义相似。"知雄守雌"、"知白守辱"与此意思相近，虽为雄强高洁，而守柔弱、不自显则天下归往。

不自矜伐也是一种反、弱的表现。二十四章"自见者不明，自是者不彰，自伐者无功，自矜者不长。其在道也，曰余食赘行。物或恶之，故有欲者不处。""是以圣人自知不自见，自爱不自贵。"二十二章："不自见，故明；不自是，故彰；不自伐，故有功；不自矜，故长。夫唯不争，故天下莫能与之争。"三十章："善者果而已，不敢以取强。果而勿矜，果而勿伐，果而勿骄，果而不得已，是谓果而勿强。"自见、自彰、自矜、自伐等展现自己的行为，是取强的表现，相反，不自矜伐则是守柔用弱的表现。除了以上所举例子，后其身，不敢为天下先、不为主等都可以看做是守柔用弱策略在不同场合的变化。

《老子》中守柔用弱有一个比较特殊的表达——以重制轻，往往被忽视，需要特别的说明。如二十六章"重为轻根，静为躁君。"《韩非子·喻老》，"重则能使轻，静则能使躁。"重是轻的根基，轻需要重来稳定。又如七十六章"强大处下，柔弱处上"。严遵云："小不载大，轻不载重。……强木处上，则根本枯槁。"王弼注"强大处下"为"木之本也"，"柔弱处上"为"枝条是也"。两家皆以为此是以木为譬喻，强大处下的是根，柔弱在上的是枝条。枝条有赖于根，以重制轻，方可持久，只有枝条没有根本是轻失其重，必不得活。七十六章所说的强谓根，根是有道的比喻，与取强、刚强之强不同，不能混为一谈。所说柔弱为枝条，比喻其位高易折，与守柔用弱不同。与此类似，重为轻根的重与根接近，轻与枝条相近，可以类比。其意盖以为轻则上扬，以比喻脱离安定，有趋于灭亡之势。重则下沉，可以抑制轻的脱离，制衡灭亡趋势。轻相当于取强，重相当于守柔，与《老子》其他章的表达正好相反。以重制轻意谓：位高则轻，守道则重，以重制约轻，则轻不至于脱离，陷入死地。与在上而处下，功成不居意思相近。

四、德的含义及其内涵

《老子》论道，也论德，两者相关，这里附带论之。一般而言，今天德是指人以善为目标的行为规范的总和，先秦德不限于人，且及于物；不限于善，不善也称为德。今以《老子》之前或同时的德的含义为例说明之。指人的善的行为原则如：

> 《尚书·皋陶谟》：九德……宽而栗，柔而立，愿而恭，乱而敬，扰而毅，直而温，简而廉，刚而塞，强而义。
> 《左传》僖公二十四年：庸勋、亲亲、暱近、尊贤，德之大者也。
> 《论语·颜渊》：主忠信，徙义，崇德也。

指不善的行为原则的：

> 《书·无逸》：酗于酒德哉！
> 《尚书·立政》：乃惟庶习逸德之人，同于厥政。
> 《左传》文公十八年：毁则为贼，掩贼为藏。窃贿为盗，盗器为奸。主藏之名，赖奸之用，为大凶德……盗贼、藏奸为凶德。

物亦有德：

> 《左传》襄公四年：民有寝、庙，兽有茂草；各有攸处，德用不扰。
> 《国语·周语下》：上非天刑，下非地德。

《论语·宪问》子曰：骥不称其力，称其德也。

德适用范围人物不分，可以合称为物。德是规制物的行为的原则的总和。这个概念可以从三方面理解，一、物有所则。二、有所统属。三、无善无恶。

1. 物有所则。凡有行为者皆非混乱无序，即非无序，则必有所则。人有则容易理解，人之外的物的行为也不是混乱不能理解，当也有所则。《左传》说"兽有茂草，德用不扰"是说理想情况下，兽不会出现在茂草之外，人兽不相干扰。从这句可以知道，所谓的兽德是指兽不是无序的活动，有所遵循。即有遵循，也可以理解为有则。天地等物有变化运行，也可以理解为行为，天地的行为不是无序混乱的，也有其则。以今天的思维习惯，"则"可以有表现为两方面特点，自内而言之，行为受到规制；自外而言之，有规律可循。人之则是自内而言，人外之物的则是自外而言。古人思维习惯物我不异，主客不对立，故而用一个概念概括，虽未必比今人思路高明，但这是理解古人思想的前提。

2. 有所统属。德涵盖众多的原则，总和及其下面的条目皆可称为德。如《皋陶谟》的德涵盖九条原则，《左传》则涵盖庸勋等四条，《论语》涵盖两条。总和可以称为德，亲亲、忠信等也可以称为德。最明确如《周礼》云："六德：'知、仁、圣、义、忠、和。'"仁义等细目皆可称德。

3. 无善无恶。德之一词可以涵盖不善之德，如酒德、逸德、凶德等。德这个概念的重点在于"则"，凡有序而非无序之行，皆称为德。酒德、逸德等所指的行为，都稳定的表现出有序性，即便不是善行也用德来称呼。就德一词原意而言，应当是无善恶倾向的中性词。

德在实际的运用中，以善为指向的人之德占据了绝大部分，把德专指以善为目标的行为规范的总和的倾向在当时已经比较明显了。这种倾向是德这个概念的自然演进结果。德以则为中心，人之则是什么，包含哪些，这是很自然的问题。以善为人之则的趋向，也是很自然的回答。具体所包含各有不同，如皋陶是从宽柔恭敬等行为的特点的角度去说明人之则，以《周礼》为代表的六德则是从行为内涵说明。虽各有不同，但德日趋专指人之善则，是不争的事实。

西周时认为政权与德相关，有德则有天下，引申之，称政权为周德、夏德，称政权的兴盛衰败为德盛、德衰。此外德又有恩惠之意，这些都是从上面所说的意思引申而来，与《老子》学说不直接相关，不具论。《老子》关于的德的思想就是在上述前提下展开的。

《老子》的德也是指规制物的行为的原则的总和，只是在具体内容上完全不同于传统，绝弃所有传统上的德目，如仁义礼等，而包含如不盈、不争等新的内容。《老子》关于德的思想集中体现在三十八章：

> 上德不德，是以有德。下德不失德，是以无德。上德无为而无以为，下德为之而无以为。上仁为之而无以为，上义为之而有以为。上礼为之而莫之应，则攘臂而扔之。故失道而后德，失德而后仁，失仁而后义，失义而后礼。

《老子》理想之德称为上德，仁义礼是上德失去之后的产生的下德。下德是老子批评的对象，上德则是《老子》主张的，上德也可以称为《老子》的德。上德即是发出仁义礼者，套用王弼惯用语来形容就是"仁义礼之母"。发出仁义礼者，就是无仁无义无礼者。《老子》的德要去除仁义礼等具体规范。

二十八章说"常德乃足，复归于朴"，"常德不忒，复归于无极。"朴指未雕琢的原木，与见素抱朴之朴一致，指没有纹饰。无极指无极则，极即《尚书·洪范》所说的皇极之极，准则之意。当时所说的极，如仁义礼等皆是，以这些极则规制人的行为就是纹饰，无纹饰就是朴。"复归"者，去除这些极则、纹饰之意，这都与上面所说去除仁义礼是一致。二十八章云："常德不离，复归于婴儿。"五十五章："含德之厚比于赤子。"《老子》以婴儿赤子比喻有德之貌，正是为了说明有德之人行无所主的混然的状态。理想的行为规范，以的原初混然状态为内容。

以混然为内容的德，有其具体原则，比较明确提到的有这样几个：

1. 不盈。四十一章云"上德若谷"，谷是山涧水流，在《老子》中基本上是不盈满的意思。不盈可以被视为德的一方面。

2. 不争。六十八章云："善为士者不武，善战者不怒，善胜敌者不与，善用人者为之下。是谓不争之德。"不争也是德的一方面。

3. 给予而不索取。七十九章："是以圣人执左契，而不责于人。有德司契，无德司彻。"契，古代的要约，如今之合同。借贷要约刻木为券，中分之，右者为债权人所有，左为债务人所有。司左契谓给予。彻是周代税收的名称，司彻谓索取。《老子》主张给予而不索取。

4. 有功不居。第十章"爱民治国……生之畜之，生而不有，长而不宰，是谓玄德。"虽生畜之，但不占为己有，也是德的重要方面。

《老子》的德与道紧密联系。张岱年云：

> 德是一物所得于道者。德是分，道是全。一物所得于道以成其体者为德。

正如刘笑敢所说："这不是张先生个人的看法，而是古已有之的普遍看法。"《老子》德是一物得于道者。有道之时，万物混然为一，物我不分。万物混然，一物当然也是混然于其中，混然是一物与万物共有的本质特点。其实就是道德所指向的两种原则具有同一性，互相协调。两种原则虽然同一无间，而有物之实体在，不能实际的融为一体，故而说德即是一物得于道者。

《老子》承袭了早期德的概念的框架，摒弃了仁义礼等内容，确立新的内容。与当时以德专指人方向相反，《老子》的物我不分的趋向比较明显。因不专指人，《老子》德的善恶趋向也就淡化了。

这些都是对传统意义上德的含义的借鉴。《老子》的德虽无善恶，但并不是简单的包括恶，而是善恶为一，某种程度上是消除了恶。把德从属于道，强调两个原则的统一性。这都是传统内容所没有的。总之，《老子》的德是当时流行的德的观念的反动，更多借鉴了传统德的含义，并在此基础上形成独特的新的内涵。

政 治 论

《老子》创立道论是为了更有力的阐释其政治观点，改变当时混乱的政治状况是《老子》的最终目的。《老子》政治论以古典知识为背景，以道论为基础，构建一个理想化的治理模式，进而以理想模式为目标，把现实政治转变到理想状态。

这里所说理想与现实是自今人而言，在《老子》所处时代的知识背景下，著作者认为两者间的关系是时代下降所造成的转变，现实政治状况不是从来如此，而是由一个原初有道的状态转变为当时的状况。《老子》的这种理解基于先秦普遍存在的时代渐次下降的观念。《老子》三十八章所说比较明确：

失道而后德，失德而后仁，失仁而后义，失义而后礼。

曾经有个不失道的时代存在，仁义礼都是后起，从有道中脱离而来。三十二章云："道常无名"，下又云"始制有名"，"始"是原初有道之时，"制"是割裂之意，初始有道之时无名，至"始"为割裂则有名现，也说明存在有道与失道两个时代。《老子》存在两种侯王，一种是有道的侯王，一种是可以有道的侯王。三十九章"昔之得一者：天得一以清，地得一以宁，神得一以灵，谷得一以盈，侯王得一以为天下贞"之"侯王"是前者，三十二章"侯王若能守之，万物将自宾"，三十七章"侯王若能守之，万物将自化"，两处侯王皆言"若"，可以而未能之辞，属于后者。前者是《老子》明言的"昔之得一者"，是往昔之侯王，与天地神谷并列，必是指古之先圣王。《庄子·胠箧》云：

> 昔者容成氏、大庭氏、伯皇氏、中央氏、栗陆氏、骊畜氏、轩辕氏、赫胥氏、尊卢氏、祝融氏、伏羲氏、神农氏，当是时也，民结绳而用之。甘其食，美其服，乐其俗，安其居，邻国相望，鸡狗之音相闻，民至老死而不相往来。

《庄子》所说的容成氏、大庭氏等就是往昔有道且有天下之先圣王的例子。不仅道家，先秦时代各家基本都有个上古黄金时代的预设，《礼记·礼运》篇的大道与小康之别是众所周知的例子。历代注释都承认这种情况，如八十一章王弼注云："国既小，民又寡，尚可使反古。"吕惠卿云："三代以来至于周衰……老子之言、救之以质，以反太古之治。"释德清云："可复太古之化也。"总之，《老子》认为存在时代下降的情况。

时代下降之说，于古人为常识，《老子》基于此而认为现实政治状态是由原初转变而来，合情合理，逻辑自洽。但在今人看来，这个与现实政治状态相对应的政治形态，未必从来就有，称之为理想政治状态更合适。

《老子》的认识具有时代性，今人很难完全同意，所以我们不妨把《老子》所设定的原初有道的政治状况称为理想模式。基于这个定义，《老子》的政治思想可以分成理想政治模式以及由现实到理想的转变两部分。

一、理想政治模式

《老子》的政治思想中君主是中枢，君主做到公而不私，实现内圣，然后万物自化，内圣自然地拓展为外王，实现天下大治。

1. 以君主为中枢

君主是《老子》政治思想的中枢。《老子》是以君主作为言说对象，可以说，整个政治学说都是为君主打造的。直接地表现在《老子》中把守道与侯王联系起来。如：

> 侯王若能守之，万物将自宾。（三十二章）

> 道常无为，侯王若能守之，万物将自化。（三十七章）

又如多次言及为天下、取天下，如：

> 故贵以身为天下，若可托天下；爱以身为天下，若可寄天下。（十三章）
> 取天下常以无事，及其有事，不足以取天下。（四十八章）
> 以正治国，以奇用兵，以无事取天下。……"奈何万乘之主而以身轻于天下？（五十七章）

万乘之主，非寻常人，取天下，非寻常事。又如，言大国、小国之关系。六十一章云：

> 大国者下流。天下之牝，天下之交。……故大国以下小国，则取小国；小国以下大国，则取于大国。故或下以取，或下而取。大国不过欲兼畜人，小国不过欲入事人。夫两者各得其所欲，大者宜为下。

国际关系不是普通人所能干预，听者必是高位之人。

理想化的君主即是圣人。《老子》所设定的圣人都是有德有位者。

> 第三章：是以圣人之治，虚其心，实其腹；弱其志，强其骨。常使民无知无欲。
> 第五章：圣人不仁，以百姓为刍狗。
> 四十九章：圣人常无心，以百姓心为心。……圣人在天下歙歙焉，为天下浑其心。百姓皆属其耳目焉，圣人皆孩之。
> 五十七章：以正治国，以奇用兵，以无事取天下。……故圣人之言云：我无事而民自富，我无为而民自化，我好静而民自正，我欲不欲而民自朴。

> 六十六章：圣人处上而民不重，处前而民不害。是以天下乐推而不厌。
>
> 七十八章：以圣人云：受国之垢，是谓社稷主；受国不祥，是为天下王。

第三章前文云"圣人之治"，下文说"使民无知无欲"，圣人者，治民者也。第五章、第四十九章圣人与百姓对文，五十七章、六十六章圣人与民对文。四十九章云圣人在天下、为天下。五十七章云上言取天下，下言圣人云。七十八章圣人云社稷主、天下王，圣人者必是有德有位之君主无疑。

2. 以"公"为核心

理想政治的核心就是君主的"大公无私"，"公"主要包含三个方面内涵：抱一无心，无所不容，不积利他。

（一）抱一无心。《老子》的政治思想不是孤立的，源于君主对道的认识。对道的认识方式就是"一"，对认识的结果坚持就是"抱一"。十四章云：

> 视之不见名曰夷，听之不闻名曰希，搏之不得名曰微。此三者不可致诘，故混而为一。一者，……执古之道，以御今之有，能知古始，是谓道纪。

这里的"混而为一"是动词，谓视、听、搏皆是一端，不能知道始之全体，故而要去其诸端，混而为一来"认知"这个全体。下文云"一者……"，可见"认知"的结果也可称为"一"。认知的结果本质上就是道，"抱一"即对守持道而不偏离。第十章云：

> 载营魄抱一，能无离乎？专气致柔，能婴儿乎？

五十五章云：

> 含德之厚，比于赤子。……心使气曰强，物壮则老，谓之不道，不道早已。

抱一不离，则如婴儿，五十五章说"含德之厚，比于赤子"，则君主抱一则有德，有德之貌即如婴儿。理想的君主体道而有一之德。抱一有德的具体操作就是要让气柔和，气柔下来则如婴儿，也就有德了。"抟气致柔"与"心使气曰强"相关，以心驾驭气则强，任气之自然，不以心驾驭之，则至于柔和之境。举例而言，有仁之心，则求仁以去不仁，气就被求仁的心驾驭，就不合于道，则求仁者身有危殆。去此求仁之心，则气柔身安。欲使气不被驾驭，就必须是无心。四十九章"圣人常无心，以百姓心为心。善者吾善之，不善者吾亦善之。"无心，就不会明辨善恶，无善无恶是《老子》政治逻辑的基础。

（二）无所不容。君主无心则无善恶，无善恶才能容纳种种不同。十六章云：

> 知常容，容乃公，公乃王，王乃天，天乃道，道乃久，没身不殆。

简而言之，常也就是道。明道乃能容，能容纳种种不同，即为公，这样才能体天道而不会危殆王本身。这样的能容即善与不善皆能容，四十九章"善者吾善之，不善者吾亦善之"，二十七章"是以圣人常善救人，而无弃人，物无弃财，是谓袭明。故善人，善人之师；不善人，善人之资"，都说明了这种能容。能容则无所偏私，所以才会"故不可得而亲，亦不可得而疏；不可得而利，亦不可得而害；不可得而贵，亦不可得而贱"（五十六章）。无所偏私正是公的体现。

（三）不积利他。君主虽然"不可得而利"，但因其无己而能容，故而客观上是利他的。

> 圣人不积，既以为人己愈有，既以与人己愈多。天之道，

利而不害；人之道，为而不争。(八十一章)

　　孰能有余而有取奉于天者，唯有道者。(七十七章云)

　　是以圣人执左契，而不责于人。有德司契，无德司彻。
(七十九章云)

君为天下中枢，其功能就是利万物。君主在其位而行其事，行之而
已，不知其为何人，利何人。客观上，君主就是不自积聚，不自有
余，只是给予他人，而不向他人索取。

　　公的三个方面以道论为基础，相互关联为一体。抱一无心，是
"公"的基础，而"一"又是《老子》所说道德的核心，通过抱一，
治理者与道联系到一起。抱一则无善恶之分，无所弃取，故而能容
众且无所偏私。治理者既能无心，又能容众，必然无己而利他，至
于荡然公平。三个方面融为一体，是《老子》道论在政治领域的
体现。

　　3. "公"的三个特点

　　"公"是《老子》政治模式的核心，围绕这个核心，又有这样
三个特点：不智，无为，不争。下面分别叙述。

　　(一)不智。第十章"爱民治国，能无以知乎?"之"知"通作
"智"，六十六章与此说法类似，云：

　　　　古之善为道者，非以明民，将以愚之。民之难治，以其智
　　多。故以智治国，国之贼；不以智治国，国之福。知此两者，
　　亦稽式。常知稽式，是谓玄德。

"以智治国"，即明于善恶，创造仁义等观点，设立礼法等制度以治
理国家。理想的政治以抱一为中心，"圣人在天下歙歙焉，为天下
浑其心"，以混一为目的，而"智"主张各种创设，是对"一"的
割裂，以此治国，只能越治越乱，所以理想政治不需要这些观念与
制度。

　　(二)无为。《老子》多张中提到无为，无为是理想政治的标

志。往往与圣人相关：

> 圣人处无为之事，行不言之教。（第二章）
> 故圣人之言云：我无事而民自富，我无为而民自化。
> （五十七章）
> 是以圣人无为，故无败。（六十四章）

无为之世，万物自化，无所不成，不会有失败。

> 我无为而民自化。（五十七章）
> 道常无为，侯王若能守之，万物将自化。（三十七章）
> 无为而无不为。（四十八章）
> 圣人无为，故无败。（六十四章）

政治至于此则为极境。四十三章云："不言之教，无为之益，天下希
及之。"结合第二章所说的"处无为之事，行不言之教"，无为即是
指"不言之教"。蒋锡昌云：《老子》'言'字多指政教法令而言。"
甚是。不言，就是无政教法令。以无政教为政教，即是不言之教。
十七章云：

> 太上，下知有之；其次，亲而誉之；其次，畏之；其次，
> 侮之。信不足，焉有不信。悠兮其贵言。功成事遂，百姓皆谓
> 我自然。

政教法令不发，则下只知道有君主，却感觉不到其存在，是太上之
境，其他都等而下之。
　　无为是理想政治中"抱一无心"与"无所不容"的体现。抱一
无心，则无善无恶，无是无非，得一之全，而无所偏。无为的反面
即是有为，有为的基础是有是非，求其所是，弃其所非，即是有为
之法。如求仁义，则为礼乐。制礼作乐即是有为，仁义即是是非。

无是无非，故不创设。无所创设，当然不需有言，不言之教，即是无为。至于荡然公平，必然是无为而治，因此无为作为理想政治的一个标志是十分合理的。

（三）不争。《老子》常以水比喻不争。

> 水善利万物而有静，处众人之所恶……夫唯不争，故无尤。（第八章）
> 江海所以能为百谷王者，以其善下之，故能为百谷王。……以其不争，故天下莫能与之争。（六十六章）

水具有不争的德行，具体而言，就是处下，即上文所谓"处众人之所恶"、"以其善下之"。处下自然不会骄矜自显，故而二十二章云：

> 圣人执一为天下牧。不自见，故明；不自是，故彰；不自伐，故有功；不自矜，故长。夫唯不争，故天下莫能与之争。

不自见、不自是、不自伐、不自矜都是不争的体现。不自显，则不会居功。

> 是以圣人为而不恃，功成而不处。其不欲见贤。（七十七章）
> 是以圣人……万物作焉而不始，为而不恃，功成而弗居。（第二章）

既不居功，也不会占有，为之主宰。第十章云：

> 生而不有，长而不宰，是谓玄德。

以上所举不争的表现，都是"公"的体现。推究有争之肇始，皆因有己。因有己，故自显、自居，以所生之物为己有。理想的治理者无己利他，没有自身观念，所以也就无所谓争，从根源上取消了争的可能，故有诸多不争的表现。

4. 理想政治的向外拓展

理想政治以君主为枢纽，一旦君主做到抱一而公，实现其内圣，可自然地拓展为外王。以《老子》的话说，即是"万物将自化"，不要强求或推行什么，世界自动进入有道状态。

> 侯王若能守之，万物将自宾。天地相合以降甘露，民莫之令而自均。（三十二章）
>
> 侯王若能守之，万物将自化。……知足以静，天下将自定。（三十七章）
>
> 我无事而民自富，我无为而民自化，我好静而民自正，我欲不欲而民自朴。（五十七章）

自化、自均、自定、自富、自正、自朴，都说明只要君主有道，无须作为，世界自会安定。

怎么理解《老子》所说的自化呢？关键在于了解《老子》对于君主功能的时代性认识。《老子》思想基于一个古典的预设，居于高处的统治者，可以管理阴阳，对国家社会具有绝对影响力。这种预设是当时人之普遍常识。如《国语·周语上》：

> 伯阳父曰："夫天地之气，不失其序；若过其序，民乱之也。阳伏而不能出，阴迫而不能烝，于是有地震。"

韦昭注云："言民者，不敢斥王也"。王行为错乱，导致阴阳失其序，明言君主的行为可以影响阴阳变化。《国语·周语下》：

> 伯禹……高高下下，疏川导滞……合通四海。故天无伏阴，地无散阳。

又《庄子·在宥》：

> 黄帝……闻广成子在于空同之山，故往见之，曰："……
> 吾欲取天地之精，以佐五谷，以养民人。吾又欲官阴阳，以遂
> 群生，为之奈何？"

又《淮南子·览冥训》：

> 昔者，黄帝治天下，而力牧、太山稽辅之，以治日月之行
> 律，治阴阳之气，节四时之度，正律历之数。

这些材料的共同点是与阴阳发生关系的人物或是帝或是王，材料非见一处，非只一条，可见帝王管阴阳绝不是空穴来风，当是古来自有的说法。

《左传》中有一个君主官冰雹的实例。《左传》昭公四年：季武子文问是否可以抵御冰雹，申丰说圣人在不会有冰雹，即是有也不会成灾。其原因在于圣人可管理阴阳。古代冬至时开始藏冰，春天把冰搬出来，冬天藏冰要藏在"深山穷谷"，这样可以把阴寒之气锁闭起来，春天出冰，则要对它举行祭礼，这样才能将阴寒之气释放出来，藏冰时要用黑牡、秬黍来祭享司寒，出冰时要用桃弧棘矢奉献神灵。可是如今藏川池之冰，又"弃而不用"，当然会引发冰雹之灾。从以上诸例证可以清楚地知道，古人认为圣明的君主可以管理阴阳，以此来影响群生。

君主管阴阳与《老子》中侯王的功能十分契合。三十二章云："侯王若能守之，万物将自宾。天地相合以降甘露，民莫之令而自均。"侯王有道，可影响于万物，具体的体现就是天地交泰，甘露降下，正是基于君主管阴阳，才会有这样的文句。《老子》把王称为域中四大之一也就是合情合理，毫不奇怪的事情。

君主对民众具有绝对影响，以为上有所行，下必有所效。如《论语·颜渊》"苟子之不欲，虽赏之不窃"，也有类似的观点。又

如《墨子·兼爱中》说：人一般把少吃饭、穿破衣服、杀身视为难事，但如果君主欣赏，则天下人乐于为之，如果君主欣赏兼爱利人这些相对容易的事，那么天下人更乐于为之。一切只在于君主是否以此为核心为政。《墨子》所说，也是以为上有所行，下必有所效，君主具有绝对影响力。《老子》第三章"不尚贤，使民不争；不贵难得之货，使民不为盗"，君主不贵重贤能、珍宝，则民众必然也不会看重贤能、珍宝，不看重自然不会争或为盗，其潜在逻辑也是君主对民众具有绝对影响。古人此类观点有夸大，但我们需要知道的是：古人往往以上行下效为必然，这是了解古代思想的必要背景。只有理解这种背景，《老子》思想才顺遂合乎逻辑。

君主可以影响阴阳，进而影响群生，并且这种影响具有绝对效力，是当时人普遍的知识。《老子》的政治思想中的万物自化，只有基于这种预设才能成立。所以在《老子》设定的政治模式中，天下治理的关键只在君主一人，君主是治理的中枢，只要君主实现内圣，就可自然发为外王，天下会自动进入风调雨顺、无令自均的状态。

二、由现实至于理想

《老子》认为当前的现实政治情况不是从来如此的，而是脱离原初有道形成的，因此要实现天下大治，必须要返回到原初的混然状况。自今而言，这种原初政治形态，就是我们上面所说的理想政治模式。理想政治模式为当世的君主树立一个标杆，引导其改变现实政治状况，复返初始，这是十分合乎《老子》理论内在逻辑的结论。

《老子》对时代下降原因的理解基于道论。万物本混然为一，无所谓善恶美丑之分。有分则有善恶、美丑等之别，以善为善，以美为美。知善美则有所求，恐人不明，故设仁义之说以明辨之。仁义不能遍行，则设立礼法以约束矫正之。仁义之说，精微细致，不学不能明；礼有经礼三百，曲礼三千，如不学，动则失礼；刑法繁苛，"五刑之属三千"（《尚书·吕刑》），非学不能恰当运用之。仁义礼法，不是一时能掌握，遂需讲学之。学就是熟悉这些仁义礼法的众多分别。治理者不知大道，以学当讲，以为仁义礼法当行，因而政令频发而力行之，就是有为、有事。

> 大道废，有仁义；智慧出，有大伪；六亲不和，有孝慈；国家昏乱，有贞臣。（十九章）
> 失仁而后义，失义而后礼。夫礼者，忠信之薄而乱之首。前识者，道之华而愚之始。（三十八章）

治乱之源头在于混然的破裂，欲天下大治，必须复返于初，仁义礼法等"聪明人"设立的东西，就是复归之路上的障碍，必须要除去。故而十九章云"绝圣弃智，民利百倍；绝仁弃义，民复孝慈；绝巧弃利，盗贼无有"，二十章云"绝学无忧"，六十四章云"学不学，复众人之所过"。创设皆以有智，故不欲民有智，而求其愚，六十五章云："古之善为道者，非以明民，将以愚之。"待民众无知欲，不妄为，天下就太平了，故第三章云："常使民无知无欲，使夫知不敢、弗为，则无不治"。

在上的治理者除去各种"聪明"的创设，复返于初，自然至于无为之境。四十八章：

> 为学日益，为道日损。损之又损，以至于无为，无为而无不为。取天下常以无事，及其有事，不足以取天下。

损之又损，可以理解为除去复归之路上的全部障碍，而无为是减损的结果。通过减损达到无为，而不是反之。无为是为政的理想状态，损则是可以把握的实施原则。

"圣人处无为之事"，"圣人无为，故无败"是以无为归之圣人，是政治的理想境界。"为道日损，损之又损，至于无为"，"道常无为，侯王若能守之"，是言今之侯王也可以无为，则圣人之境并非不可期待，今之侯王努力而行，减损有为，复归于初，同样可以达到无为。《老子》中的现实模式与理想模式没有悬绝的沟壑，理想模式是为了使现实中的侯王有所取法，体会《老子》所说的道的并能践行的统治者就是圣人。

达到无为治下的天下的样貌就是八十章所描述样子：

> 小国寡民，使有什伯人之器而不用，使民重死而远徙。虽有舟舆，无所乘之；虽有甲兵，无所陈之；使人复结绳而用之。甘其食，美其服，乐其俗，安其居。邻国相望，鸡犬之声相闻，民至老死不相往来。

人民生活简单，自足而自安，甚至距离很近都没有相见的欲望，其他的欲求更加没有。这样的天下就是有道的天下，复归也就完成了。

综观《老子》的思想，以道论为核心，以政治论为目标。道论承袭西周春秋关于道的认识，以与某一目标相关的行事原则的总和为基本内涵，并创造性地使道含有本根意味。创立万物生成论来解释现实世界的形成，提出万物不是从来就如此，曾经有个万物未形、混然为一的状态，称为"始"。万物生成是混然的整一分裂的结果。万物已成之后，可复归的混然状态称为"母"。并认为始母本质相通，始母都可以称为"道"。"道"体现在行动中就是以"反者道之动，弱者道之用"为核心的一系列原则。《老子》创立道论是为了更有力的阐释其政治论。基于《老子》的道论，认为现实状态是脱离原初状态而来，这种脱离表现为时代的下降，原初政治形式也就是最好的政治模式。理想模式中君主是中枢，君主体道而做到大公无私，万物就会自动转化，最终实现天下大治。理想政治的失去，究其原因在于混然之分，分有善恶，有是非，有仁义、有礼乐政刑，所以去除这些仁义礼乐政刑，就可以恢复到理想状态。

《老子》摒弃了神话思维方式，理性的探讨了世界的本源与理想的政治形态，首先创造性的探讨了本根问题，并从玄理到现实构成一个完整体系，展现了极大的思想深度以及巨大的思想的力量，为中国思想做出了不可磨灭的贡献。同时，他的理论是建立在诸多具有时代性的预设之上的，具有很强的时代局限性。尽管如此，《老子》奠定了绵延至今的道家学派的基础，强烈地影响了以后的思想家，以及此后的人们的生活，甚至在当代也具有很大的影响力。《老子》思想的生命力和影响力决定了其在中国思想史上，乃至世界思想史上，不可撼动的重要地位。

中国古代名著全本译注丛书

周易译注　　　　　　　　中说译注
尚书译注　　　　　　　　老子译注
诗经译注　　　　　　　　庄子译注
周礼译注　　　　　　　　列子译注
仪礼译注　　　　　　　　孙子译注
礼记译注　　　　　　　　鬼谷子译注
大戴礼记译注　　　　　　六韬·三略译注
左传译注　　　　　　　　管子译注
春秋公羊传译注　　　　　韩非子译注
春秋穀梁传译注　　　　　墨子译注
论语译注　　　　　　　　尸子译注
孟子译注　　　　　　　　淮南子译注
孝经译注　　　　　　　　近思录译注
尔雅译注　　　　　　　　传习录译注
考工记译注　　　　　　　齐民要术译注
　　　　　　　　　　　　金匮要略译注
国语译注　　　　　　　　食疗本草译注
战国策译注　　　　　　　救荒本草译注
三国志译注　　　　　　　饮膳正要译注
贞观政要译注　　　　　　洗冤集录译注
吕氏春秋译注　　　　　　周髀算经译注
商君书译注　　　　　　　九章算术译注
晏子春秋译注　　　　　　茶经译注（外三种）修订本
　　　　　　　　　　　　酒经译注
孔子家语译注　　　　　　天工开物译注
荀子译注　　　　　　　　人物志译注

颜氏家训译注
梦溪笔谈译注
世说新语译注
山海经译注
穆天子传译注·燕丹子译注
搜神记全译

楚辞译注
六朝文絜译注
玉台新咏译注
唐贤三昧集译注
唐诗三百首译注
花间集译注
绝妙好词译注

宋词三百首译注
古文观止译注
文心雕龙译注
文赋诗品译注
人间词话译注
唐宋传奇集全译
聊斋志异全译
子不语全译
闲情偶寄译注
阅微草堂笔记全译
陶庵梦忆译注
西湖梦寻译注
浮生六记译注
历代名画记译注